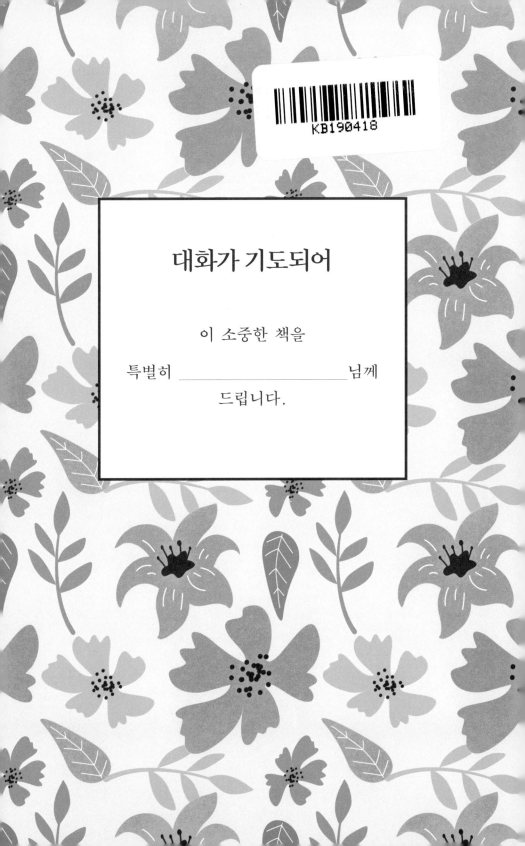

대화가 기도되어

이 소중한 책을

특별히 _____님께

드립니다.

대화가 기도되어

조신자 지음

나침반

목차

프롤로그 ··· 6

절망으로 눈앞이
캄캄해진 이들에게…

지난해는 내 인생에서 가장 여유롭고 한가한 시간이었다. 잠 한 번 푹 자는 게 소원일 정도로 숨 돌릴 틈도 없이 바쁘게만 살아왔던 인생이었지만 작년 한 해 동안은 나를 재촉하는 일정이 하나도 없었다. 15년의 투병 생활 끝에 남편은 주님 품으로 떠났고, 아들의 경영 체제가 안정화되면서 나는 회사에서도 경영 일선에서 물러났다.

1인 다역으로 역할에 충실하며 삶의 여백 없이 촘촘히 살아온 내게 선물처럼 주어진 여유는 반갑기보다 낯설고 어색했다. 여행도 다니고 원 없이 책도 읽었지만 목표가 정해지지 않은 충전은 나를 점점 공허하게 만들었다. 누구보다 열심히, 힘껏 살아온 인생이라고 자부했는데 약속의 땅에 들어와 길을 잃은 것처럼 마음이 허전했다.

이런 내 마음을 알았는지 아들이 하루는 나에게 인생을 회고해 보라고 권유했다.

아들은 어떤 의미로 권했는지 모르겠지만 나는 지난 세월을 돌이켜 보는 게 망설여졌다. 어떤 삶이든 그 안에는 명암이 있기에 속을 내보이는 건 부끄러운 일이다. 해묵은 상처를 헤집어야 하니 아픈 일이기도 하다. 그럼에도 불구하고 내 삶을 돌아보고자 결심한 건 고통과 아픔이 돌처럼 박혀 있는 보잘것없는 내 인생을 통해서도 주님이 친히 인도하시고 하나님의 살아계심을 나타내셨기 때문이다.

'나의 나 된 것은 하나님의 은혜'라는 사도 바울의 고백처럼 나 역시 내 인생의 모든 열매가 주님으로부터 말미암았음을 고백하기 위해 나의 여든 평생을 자식들과 사람들 앞에 내보이기로 결심했다. 나의 자랑도 내 것이 아니요, 수치도 내 것이 아니라 주님이 아름답게 빚어가실 것이기에 큰 용기를 낼 수 있었다.

나의 전 생애를 통해 주님은 나를 단련하시고 변화시키셨다. 욕심을 비전으로 바꾸어 꿈꾸게 하셨고, 인생에서

짐으로 여겨졌던 일들을 사명으로 감당케 하시어 관계를 풍성하게 하셨다. 이제, 그 연단의 시간 속에 오롯이 주님과 동행하며 살아온 나의 이야기를 해 보려고 한다.

나의 삶이 절망으로 눈앞이 캄캄해진 사람들에게 힘이 되길 바란다.

내가 살아오면 겪은 고통은 구체적이었고 현실적이었다. 잘 곳이 없어 남의 집 살이를 전전했고, 애정으로 포장된 남자들의 폭력 앞에 무력해지기도 했으며, 빚에 쪼들리고 세무서 직원들에게 쫓기기도 했다. 살아야 할 이유보다 죽고 싶은 마음이 더 강했다. 간신히 하루를 견뎌내도 다시 찾아올 내일이 두려워 잠들기 싫었던 시간들이 영원같이 길었다. 끝이 보이지 않는 터널에 갇힌 것 같은 세월들이었다.

눈앞의 한 줄기 빛조차 보이지 않는 어둠 속이었지만 주님이 나와 함께 하셨다.

주님은 광야 같은 내 삶에 친히 길을 내주시고, 사막 같은 인생에 샘이 솟아나게 하셨다.

주님은 구체적으로 일하셨고 현실적으로 응답하셨다. 그러나 그 현실은 '보이지 않는 실상'이었고, 믿음의 도전이 전제된 성취였다.

믿음 없는 나를 주님의 축복의 통로로 사용하시기 위해

주님은 오랜 시간 참고 인내하시며 내 안에 믿음을 심어 주셨다. 그러니 '나의 나 됨은 하나님의 은혜'라고 고백할 수밖에….

우리는 모두 만복의 근원이신 하나님에게서 축복의 통로로 지음 받은 사람들이다.

비록 지금 이해할 수 없는 고난과 감당할 수 없는 고통 중에 있을지라도 내 이야기가 끝날 즈음 모두 고개를 들어 주님을 바라보며 각자에게 예비하신 큰 은혜와 큰 복을 받길 간절히 바라고 또 기도한다.

"너희 믿음의 확실함은 불로 연단하여도 없어질 금보다 더 귀하여 예수 그리스도께서 나타나실 때에 칭찬과 영광과 존귀를 얻게 할 것이니라" – 베드로전서 1장 7절

주님의 희망을 나누고 싶은
조신자

1

일제 강점기와
한국전쟁을 거치며…

나와 같은 시대에 태어나고 자란 사람들은 모두 비슷하겠지만 내 인생 역시 한반도의 운명과 그 궤를 같이 했다. 삼팔선으로 한반도의 허리가 두 동강 나면서 내 인생도 변곡점을 맞았다. 내가 태어난 곳은 평안북도 신의주로 분단의 그림자가 이 땅에 드리워지기 전만 해도 그곳은 기회의 땅이었다.

압록강을 경계로 중국 요령성 단동시와 마주하고 있는 국경도시이자 우리나라 국도 1호선과 경의선의 종착지였던 신의주는 무역과 상공업의 중심지였다. 압록강 범람으로 농사를 지을 수 없었던 땅에 제방을 쌓아 만든 신의주는 당시 서울과 평양에 버금가는 도시였다. 논밭보다는 공장이 흔하고 흙길 대신 포장도로가 깔려있는 현대화된 도시, 암울한 시대였지만 신의주에는 새로운 기회에 대한 조심스러운 기대가 곳곳에서 피어나고 있었다. 당시 아버지는 압록강 다리를 건너다니셨고, 삼촌과 큰 고모 결혼식에서 꽃을 뿌리며 식장에 입장하던 것과 신부가 흰색 치마저고리에 흰색 면사포(레이스)를 쓰고 있던 기억이 난다.

하지만 대여섯 살 계집아이에 불과했던 나에게 고향인 신의주는 어른들의 경험과는 다르게 다가왔다.

고향에 대한 내 기억은 나풀거리던 하얀 세일러복 옷깃과 반질반질하게 윤이 났던 검정 구두의 앞코, 새하얀 눈 위에서 붉게 도드라졌던 빨강 스케이트 같은 소소한 조각들이다. 1942년, 해방을 앞둔 혼란한 정세에 태어나 휘몰아치는 시대의 격변기를 지나는 중이었지만 신의주에서의 내 어린 시절은 노란 물감을 풀어놓은 것처럼 밝고 따뜻한 풍경으로 가득했다.

나는 신의주에서도 땅 부자로 소문난 부잣집 맏딸로 태어났고, 외가도 부자였다.

물려받은 땅만으로도 자자손손 너끈히 살 수 있을 만큼 풍족한 살림이었지만 아버지는 유산에만 의존해 살지 않고 중국과 일본, 우리나라를 오가며 무역을 하셨다. 아버지 덕분에 우리 집엔 희한한 물건들이 많았다. 출장에서 돌아오실 때면 아버지는 항상 달구지에 내 선물을 가지고 오셨다. 인형이나 장난감도 제법 많이 사 오셨다. 덕분에 나는 또래 아이들이 구경조차 못했던 인형이며 장난감을 갖고 노는 호사를 누렸다. 그중에서도 에나멜 구두와 레이스가 풍성하게 달린 원피스는 지금도 기억이 난다.

어른들의 손에 받쳐 귀하게 자란 나는 입도 짧았다.
쌀밥은 입에도 안 대고, 김치나 나물은 냄새만 맡아도 도리질을 했다. 그나마 군말 없이 먹는 건 팥밥과 장조림뿐이었는데 그마저도 푹푹 떠먹지 않고 떠먹여 주는 밥숟갈 그대로 입에 물고 있어 식구들 애간장을 태웠다. 오죽하면 식구들이 나를 보기만 하면 입을 벌려보고 밥을 삼켰는지 확인했을까. 손녀 밥 먹이는 걸 가장 중대한 사명으로 삼으셨던 할머니는 작은 쟁반을 들고 종일 내 뒤를 따라다니시며 한 숟가락이라고 더 먹이려고 애쓰셨는데 그때마다 나는 미꾸라지처럼 할머니 품을 빠져나가 토마토 밭으로 달아났다. 평소에는 막내 고모와 토마토 밭에서 노는 것이 일상이었다.
어린 시절을 함께 했던 막내 고모는 안타깝게도 이후 일어난 난리 때 피난을 나오진 못했다.

할머니 댁은 신의주에서 58km 정도 떨어져 있는 선천이었다. 대지주였던 할아버지는 대목산의 낮은 용천 평야 일대에서 농사를 지으셨다.

할머니 댁에는 계절마다 한 번씩 가서 며칠씩 지내다 왔는데 그때마다 끝없이 펼쳐진 논밭에 쌀이며 귀리, 감자와 양배추 따위가 싱싱하게 자라고 있었다. 그중에서 내가 제일 좋아한 것은 토마토 밭이었다. 하늘과 땅이 맞닿은 지평선까지 이어진 토마토 밭은 할머니의 밥상을 피해 숨기엔 안성맞춤이었다. 토마토 밭에 들어가면 할머니는 더 이상 나를 쫓아오지 못하고 안타까운 손짓을 하시며 나를 부르기만 하셨다.

할머니의 목소리를 뒤로 하고 토마토 밭을 달릴 때면 고랑 사이에 고여 있던 달큼한 냄새가 내 몸 사이로 흩어졌는데 그 느낌이 너무 좋았다. 그대로 한참을 달리다 보면 어느 순간 똥내가 훅 덮쳐오면서 토마토 밭에 거름을 주고 있는 중국인 일꾼이 보였다. 체구가 자그마하고 얼굴이 누르스름했던 그는 나를 봐도 웃는 법이 없었다. 주인댁의 손녀인 걸 알면서도 내 인사를 받아주지도 않았다. 그래도 나는 그 일꾼이 좋았다. 중국인들은 친해지기가 어려워서 그렇지 일단 친해지면 깊은 주머니의 사탕도 빼줄 만큼 신의가 깊다는 걸 경험으로 알고 있었다.

사실, 중국인은 내게 익숙한 존재였다.

아버지는 평북 도청소재지가 있는 시내 한복판에 3층 건물을 갖고 있었는데 그 건물 1층에 친척이 운영하는 비단 가게가 있었다. 아무리 신의주가 계획도시로 만들어졌다 해도 1940년대에 3층 건물을 보기란 쉽지 않았다. 그러니 어린 내 눈에 그 건물이 어떻게 보였겠는가. 옥상에만 올라가도 하늘 높이 떠 있는 것 같이 짜릿해서 틈만 나면 어머니를 졸라 옥상에 가곤 했다. 그때마다 1층 비단 가게 진열장 안쪽의 어두컴컴한 구석에 중국인이 표정 없이 앉아 있었다. 그는 친절하지 않았지만 한결같았고, 가끔 아버지와 갈 때면 사탕을 손에 쥐여주기도 했다.

옥상에서 바라보는 세상은 신기하고 친근했다. 까마득히 높아 보였던 교회탑 십자가도 내 눈앞에 바로 보였고, 커다란 엉덩이를 둥싯거리며 날마다 시골에서 보내오는 물건을 실어다 나르던 달구지 소도 만만해 보였다. 무서울 게 없었던 어린 시절, 옥상에서 바라본 세상은 좋기만 해 보였다.

일하던 언니와 옥상에서 소꿉놀이를 하다 지루해지면 나는 어머니와 함께 교회 마당에 가서 놀았다. 신의주에서 우리가 섬겼던 교회는 영락교회를 세우신 한경직 목사님이 시무하셨던 신의주제2교회였다. 우리 집은 교회와 도로 하나를 사이에 두고 마주 보고 있었기 때문에 매일 가다시피 했다.

미션스쿨인 보성여고 재학 시절부터 신실하게 주님을 섬기셨던 어머니는 나를 거의 교회에서 키우셨다. 어머니가 내게 가장 먼저 알려주신 노래가 찬양이었고, 제일 먼저 읽게 하신 책이 성경이었다.

부잣집에서 태어나 손에 물 한 방울 안 묻히고 공부만 하셨던 어머니는 시집올 때도 몸종과 함께 오셨다고 한다. 아버지 집에도 일꾼들이 많았지만 낯선 환경에서 살아갈 딸이 걱정되어 외할아버지가 혹시 몰라 굳이 보내셨다고 한다. 이토록 귀하게 자란 데다 시댁도 부자이다 보니 우리 어머니는 결혼 후에도 오로지 신앙생활에만 매진하실 수 있었다. 어머니는 다른 어떤 일보다 예배를 중시하셨고, 교회 일을 모든 일에 우선으로 생각하셨다. 교회에 일손이 부족하면 어머니가 가장 먼저 달려 나가셨고, 재정이 부족할 때도 말없이 그 필요를 채우셨다. 그런 어머니 덕분에 나는 뱃속에서부터 교회생활을 몸으로 익혔다. 그러나 아버지의 신앙은 엄마 같지는 않았던 것 같다.

하지만 우리 집안에 신앙의 가풍을 세운 건 어머니가 아니라 할아버지셨다.

할아버지는 일찍이 기독교를 받아들인 1세대 신앙인으로 우리 집안 뿐 아니라 평북 지역의 믿음의 뿌리를 내리신 분이었다.

6살이 되자 어머니는 나를 신의주제2교회에서 운영하는 유치원에 보내셨다. 항상 어른들 틈에서 지내다 또래를 만나니 어찌나 새롭던지 유치원에 간 첫날부터 나는 친구들과 노는 재미에 푹 빠졌다. 아침이면 친구들을 만날 생각에 눈이 번쩍 떠졌다.

당시 교회는 내게 학교이자 놀이터였다.

하지만 내가 기대했던 내일은 어느 날부터 오지 않았다. 그 당시 어른들의 세상은 그 어느 때보다 급박하게 돌아가고 있었다.

해방 이후 허리가 잘리고 한반도의 북쪽을 차지한 소련과 공산당은 자신의 체제에 반대하는 사람들에게 반동 딱지를 붙여 사정없이 숙청했다.

예배를 금지하고, 종교의 자유가 박탈됐고, 그리스도인은 숙청의 대상이었다.

반동으로 낙인찍힌 지주들은 재산을 빼앗겼고 식자층과 기독교인은 비난과 경멸의 대상이 되었다. 그 당시 북한에서는 사회주의 사상이 복음이었고, 인민위원회가 하나님 대신 사람들을 심판했다. 어둡고 불안한 시절이었다.

영원할 것 같았던 나의 평온한 나날과 집안의 보호막은

시대의 거센 폭풍을 만나 속수무책으로 무너졌다.

느닷없는 할머니의 방문이 불길한 징조의 시작이었다.

평소에는 방문은 고사하고 기별도 자주 주시지 않던 할머니가 소리 소문도 없이 우리 집에 오셨던 그날, 집 안 분위기가 뒤숭숭했다. 어머니는 수심에 가득 찬 얼굴로 안방과 서재를 오가며 짐을 챙기셨고 할머니는 일하는 사람들을 재촉하고 계셨다. 작게 읊조리는 소리와 잰 발걸음 소리가 집안을 가득 채우며 긴장감을 고조시켰다.

태어나 처음으로 어른들에게 방치된 채 혼자 아침을 맞이했지만 온 집안에 서려있는 불안한 분위기에 압도되어 나는 말 한마디 꺼내지 못하고 여동생 손을 꼭 잡고 한쪽 구석에서 말없이 서 있었다. 정신없던 상황 속에서 방치된 우리 자매의 상황을 어른들에게 알린 건 백 일 된 남동생이었다. 칭얼대는 법도 없이 잘 먹고 잘 자던 순둥이가 그날은 마치 누가 꼬집기라도 한 것처럼 자지러지게 울어대는 바람에 어머니가 혼비백산하여 동생에게 달려가셨고, 그제야 우리를 발견한 할머니는 서둘러 씻기고 세일러복과 구두를 신겨 주셨다.

그렇게 갖춰 입으면 항상 외출을 했기 때문에 평소 같으면 동생과 재잘대며 할머니께 응석을 부렸을 텐데 그날은 나도 여동생도 조용히 마루 끝에 서 있었다. 할머니는 그런 우리를 꼭 끌어안아 주시고는 목에 금목걸이를 걸어 주시고, 손가락에 금반지를 끼워 주셨다. 그리고 자꾸만 자꾸만 우리의 얼굴을 쓸어내리며 눈물을 훔치셨다.

　할머니는 어머니가 짐 가방을 꾸리자마자 우리를 몰아 내듯 급하게 소달구지에 태우셨다.
　그리고 곧장 신의주 기차역으로 향했다.
　기차역으로 가는 길에는 커다란 짐을 꾸린 사람들의 행 렬이 이어져 있었다. 엄청난 인파에 놀란 나와 여동생은 잔뜩 얼어붙어 할머니 손을 꼭 쥐었고, 어머니는 남동생 을 들춰 업은 채로 여동생 키만 한 가방 두 개를 끌어안고 있었다.

　그때부터 기차를 타기까지는 기억이 나지 않는다.
　혹시라도 어머니를 놓칠세라 손톱이 박히도록 어머니 치맛자락을 붙들고, 사람들에게 밀리고 치이면서 걸었던 기억만 얼핏 난다. 분명히 소달구지에서 할머니와 함께 내렸는데 언제 그 손을 놓쳤는지도 생각나지 않는다. 그 저 할머니가 어머니 손에 기차표를 쥐어주시며 "뒤돌아 보지 말고 가거라. 이제 너희는 여기서 살 수가 없으니 절 대 뒤돌아보지 말고, 돌아올 생각하지 말고 가거라"라고 당부하신 것과 할머니도 함께 가자고 조르는 내게 "할머 니는 못 간다. 대신 서울 가면 아버지가 있으니 얼른 가서 아버지를 만나라"라고 하시며 내 얼굴을 쓰다듬어 주셨던 것만 생각난다. 그것이 할머니와의 마지막 인사였다.

당시에는 몰랐지만 / 지금 와 생각해 보니…
    아브라함이 본토 친척 아비 집을 떠나던 상황과 비슷한 심정이었던 것 같다. 영문도 모른 채 어딘지도 모르는 곳으로 무작정 떠나야 하는 상황…. 그 역시 주님의 인도하심이었지만 당시에는 평온한 일상을 떠나 알 수 없는 미래를 향한다는 사실에 마음이 두렵고 힘들었다. 다가온 미래는 내 생각보다 훨씬 힘들었지만 그보다 더 귀한 하나님의 연단과 보호하심 역시 내 삶에 임했다.

"여호와(하나님)께서 아브람에게 이르시되

너는 너의 고향과 친척과 아버지의 집을 떠나

내가 네게 보여 줄 땅으로 가라" – 창세기 12장 1절

2

어머니와
우리 삼 남매만⋯

우리가 어딘 가로 떠난 것은 피난길이 처음이 었다. 집에서도 어머니 혼자 우리를 돌봐주신 적은 없었 다. 언제나 도와주시는 분들이 계셨고, 밖에서는 아버지 가 궂은일을 맡아 하셨다.

기차표 한 장 당신 손으로 사 본 적이 없으셨던 어머니 가 세 아이를 데리고 혼자 피난길에 올랐으니 얼마나 막 막하셨을까. 유리창에 비친 어머니의 표정은 어둡고 무거 웠다.

반면에 여동생과 나는 기차에 익숙해지면서 엉덩이가 들썩이기 시작했다.

낯가림이 심했던 나는 여기저기서 손짓을 해도 조용히 자리를 지켰으나 4살배기 여동생은 뒤뚱거리며 기차 안을 돌아다녔다. 넋이 나가다시피한 어머니는 여동생이 자리를 비운 것도 모르셨기에 내가 동생을 따라다녀야 했다. 그러다가 손님들 눈에 띄어 여기저기서 러브콜을 받았다. 깜찍하게 장신구까지 달고 있는 모습이 인형 같다며 어떤 아주머니는 내 손을 잡아끌어 무릎 위에 앉혀놓고 머리를 쓰다듬어 주셨고, 한 아저씨는 일부러 우리 좌석에 와서 사탕을 한 움큼 주고 가셨다.

그러는 사이 기차는 목적지인 해주에 도착했고, 어머니는 우리를 데리고 곧장 항구로 가셨다. 해주에서 배를 타고 서울까지 가는 것이 우리의 계획이었다. 그런 생각을 한 것은 어머니만이 아니어서 이미 항구는 사람들로 바글거렸다.

우여곡절 끝에 배를 구했다. 하지만 문제는 그다음이었다. 어머니가 약속을 받고 돌아서자마자 선주가 "갓난쟁이 아기는 태울 수 없다"라며 남동생을 두고 타라고 했다. 혹여 아기가 울면 군인들에게 들킬 수 있으니 태울 수 없다는 것이다. 어머니는 자식을 버리고 갈 수는 없다며 함께 태워달라고 애원했지만 선주는 그럴 수 없다고 단호하게 말했다. 우리 가족만 탈 수 있는 쪽배였는데도…. 목숨을 내건 상황이었기에 아무도 어머니 편을 들어주지 않았다. 무섭도록 캄캄한 밤이었고, 야속하리만큼 비정한 상황이었다. 어린 나는 겁에 질려 어머니의 치맛꼬리만 붙잡고 있었다.

어머니는 가방에서 금가락지를 꺼내 선주에게 건네며 바짓가랑이를 붙들고 늘어졌다. 만약 다른 보석이 필요하면 그것도 얼마든지 줄 수 있다며 어머니는 가방 하나를 열어젖히셨는데 거기에는 곱게 접힌 비단과 금붙이 그리고 보석들이 가득 차 있었다.

배편도 아이도 절대 포기할 수 없다는 어머니의 결연한 태도에 선주도 한 걸음 물러섰다.

그는 가방은 한 개만 갖고 갈 수 있고, 중간에 아이가 울면 그 즉시 바다에 버려야 한다는 조건으로 남동생의 승선을 허락했다. 그것만으로도 어머니는 세상을 다 얻은 것처럼 기뻐하셨다. 그리고 남동생을 이불로 겹겹이 둘러싸기 시작했다.

"주님, 주님의 생명 싸개로 이 아이를 지켜 주옵소서."

지금도 어머니의 기도 음성이 귓가에 들리는 것 같다.

애간장이 끓는 간절한 기도, 그 절절한 기도를 주님이 들으셨는지, 캄캄한 밤에 불빛 하나 없이 망망대해를 지나는 동안 동생은 울지 않았고 우리 네 식구의 생명을 지켜주셨다.

안도하며 감사하는 마음으로 배에서 내린 것도 잠시, 곧바로 어머니의 외마디 탄식이 들렸다.

해주 배를 타기 전에 다른 가방을 챙겨오신 것이다. 피난살이 밑천으로 챙겨온 귀금속이 들어있는 가방 대신 옷가지와 일상용품을 욱여넣은 가방을 가져온 걸 확인한 어머니는 그대로 바닥에 주저앉으셨다.

멍하니 한참을 하늘만 바라보시던 어머니는 마음을 추슬러 우리를 데리고 용산 이모네로 가셨다. 비록 무일푼 신세였지만 그래도 그때 어머니에게는 아버지라는 히든카드가 있었다. 미리 약속한 것은 아니지만 우리가 피난 온 걸 알면 아버지가 분명히 이모네로 올 거라고 생각하셨다.

하지만 그 희망도 속절없이 무너졌다.

수소문 끝에 알아낸 아버지의 소식은 참담하기만 했다.

사업차 우리보다 먼저 서울에 오신 아버지는 종이를 수입하기 위해 중국과 일본 쪽에 선을 대다가 만주의 제지 회사와 연결이 되었다고 한다. 당시에는 물자가 귀해서 종이는 없어서 못 팔았는데 만주 회사에서 충분한 물량을 약속하자 아버지는 종이 사업에 올인 하셨다. 시장을 독점할 수 있는 기회를 놓치지 않고 배 한 척 분량의 종이를 주문하신 것이다.

그리고 물건이 도착하는 날, 인천 부둣가에서 배를 기다리는데, 멀리서 다가오던 배가 아버지 눈앞에서 가라앉고 말았다. 바다에 뛰어들기엔 먼 거리였고, 배를 띄워 가기엔 시간이 촉박했다. 속수무책으로 전 재산이 바다에 침몰하는 걸 볼 수밖에 없었던 아버지는 울화병으로 몇 날 며칠을 앓으시다가 결국 폐병에 걸리셨다.

그런 몸으로 가족을 만날 수 없다고 생각하신 아버지는 우리가 서울에 왔다는 소식을 듣고도 아무 기별도 하지 않으셨다.

하지만 어머니는 아버지 소식을 듣자마자 뾰족한 수도 없이 무작정 인천으로 가셨다. 폐병에 걸린 남편을 혼자 둘 수 없다는 생각에 무조건 달려가신 것이다. 그리고 이모의 도움을 받아 부평 변두리에 작은방을 하나 구해서 다섯 식구가 함께 살았다.

우여곡절 끝에 다섯 식구가 만났지만 이북에서 살 때와는 환경이 하늘과 땅 차이다 보니 예전 같은 여유와 유쾌함은 찾아볼 수 없었다. 호탕하고 너그러웠던 아버지는 신경질적으로 변해 폭언을 일삼으셨고, 돈을 쓸 줄만 아셨던 어머니는 졸지에 가장이 되어 날마다 막둥이를 업고

품을 팔러 나가셨다. 나와 여동생은 언제 폭발할지 모르는 아버지를 피해 마당에서 소리 없이 얌전하게 놀았다.

그러던 중에 여동생이 세상을 떠났다.
그야말로 급사였다.
그날도 나뭇가지로 마당에 그림을 그리며 놀았는데 여동생이 갑자기 픽 쓰러졌다. 장난인 줄 알고 일어나라고 팔을 툭툭 쳐봤지만 여동생은 축 늘어진 채 일어나지 못했다. 황망하기 짝이 없는 죽음이었다. 방 안에 있다가 졸지에 딸의 죽음을 목격한 아버지는 자책과 괴로움으로 더 심해지셨다. 집안은 매일이 살얼음판이었고 삼중고에 시달리던 어머니는 눈물로 밤을 지새셨다.
동생을 떠나보낸 슬픔을 미처 추스르기도 전에 우리 집에 또 다른 불행이 찾아왔다.

결국 어머니는 나와 남동생을 용산 이모 댁에 맡기고, 아버지를 돌보며 장사를 하셨다. 그리고 얼마 안 있어 아버지가 돌아가셨다. 어머니는 나와 남동생에게는 알리지 않고, 혼자 조용히 아버지 장례를 치르셨다.
그때 우리는 이모네에서 더부살이를 하고 있었다.
이모부가 한전 직원이라 용산에 있는 한전 사택에 살았는데 거기에는 이모네뿐 아니라 시댁 식구도 함께 살았다. 이모네 시댁은 신문보급소를 하고 있어서 들고 나는 식구가 많아 항상 번잡하고 시끄러웠다. 나와 남동생이 없을 때도 이모는 혹독한 시집살이에 어머니만 만나면 눈물 바람이었는데, 조카 둘까지 혹으로 붙였으니 시부모님 눈치가 얼마나 보였을까…. 이모는 힘든 내색 한번 하지 않고 언제나 밝은 얼굴로 우리를 다정하게 대해주셨다. 하지만 남의 집은 남의 집이었다. 나는 이모네가 불편하고 낯설기만 했다.

아니 집을 떠나온 삶 자체가 힘들었다.
남한에 온 지 3년이 되었지만 여전히 벗어나고 싶은 마음뿐이었다. 갑자기 바뀐 처지도 적응하기 힘들었고, 옹색하게 변한 어머니를 보는 것도 싫었다. 이렇게 가족이 헤어져 고생하느니 다시 신의주로 갔으면 좋겠는데 왜 고향에 갈 생각을 하지 않는지 어머니를 볼 때마다 답답했다. 그래서 오랜만에 만나는 어머니를 보고도 샐쭉해서는 데면데면하게 굴었지만 밤이면 어머니가 그리워 이모 품속을 파고들었다.

그 당시 나는 신의주로 돌아가는 꿈을 자주 꾸었다.
칠흑 같은 밤에 쪽배를 타고 바다를 건넜던 밤, 서울로 피난 왔던 그 길을 똑같이 되돌아가는 꿈이었다. 바람에 배가 흔들리고 집채만한 파도에 배가 곤두박질할 것 같아 덜덜 떨던 밤, 토악질이 날 만큼 무서웠지만 부스럭 소리만 들려도 곤두서는 사람들의 눈빛에 질려 입을 틀어막던 밤, 그 공포가 꿈에서 그대로 재현되었다.

그래도 나는 그 꿈에서 깨고 싶지 않았다.

그 항해를 멈추고 싶지 않았다.

울렁거리는 배를 부여잡고 있으면서도 나는 꿈속에서 간절히 바랐다.

제발 이 꿈이 깨지 않기를, 그리고 이 배가 무사히 신의 주에 도착하기를….

 당시에는 몰랐지만 / 지금 와 생각해 보니…

아버지의 채색 옷을 입고 풍족하게 지내던 요셉이 노예 상인에게 팔려가던 당시 요셉도 이런 심정이 아니었을까? 그 시절의 나처럼 요셉도 매일 아버지의 품 안에서 부족함 없이 지내던 그날의 추억을 매일 밤 꿈꾸었을지도 모른다. 그러나 요셉은 하나님의 섭리가 자신의 삶에서 이루어지리라는 것을 믿고 있었을 것이다. 마찬가지로 당시 나의 모든 삶의 걸음들도 하나님의 섭리 가운데 있었음을 고백한다.

"그 때에 미디안 사람 상인들이 지나가고 있는지라

형들이 요셉을 구덩이에서 끌어올리고 은 이십에

그를 이스마엘 사람들에게 팔매 그 상인들이

요셉을 데리고 애굽으로 갔더라" – 창세기 37장 28절

3

어머니와 다시
함께 살게 된 것은…

내가 아홉 살, 남동생이 네 살 때였다.

내가 초등학교에 입학할 나이가 되자 어머니는 서울 충무로 5가에 있는 언덕길을 올라간 동네에 방 한 칸을 얻어 우리 남매와 같이 살았다.

처음 어머니 손을 잡고 그 동네에 갔을 때 나도 모르게 엉덩이를 뒤로 뺐던 기억이 난다. 어린 내가 보기에 그곳은 사람이 살 만한 곳이 아니었다. 경사 급한 좁은 길에 얼기설기 지어놓은 판잣집이 다닥다닥 붙어 있었는데, 조금만 내려오면 충무로 길이었고, 길 건너 골목길로 가면 교회가 있었다.

그 궁상스러운 산동네에서도 우리 집은 하늘 아래 첫 집, 가장 꼭대기에 있었다.

충격적인 첫인상에도 불구하고 그 집에서 살았던 기억은 거의 없다. 이사한 지 반 년도 안 돼서 전쟁이 터졌기 때문이다.

전쟁이 발발했던 주일 새벽, 나는 집에 없었다.

그날따라 먼 친척뻘 되는 아저씨네에 놀러 갔다가 하룻밤을 잤다. 나와 단짝으로 지내는 동갑내기 딸이 있어서 아저씨네를 수시로 들락거렸는데 하필이면 자고 가기로 한 그날 전쟁이 난 것이다.

그날 아침은 평소의 아침과는 전혀 달랐다.

밥상을 차릴 때쯤 우리를 깨우셨던 아주머니가 밥 지을 생각도 하지 않고 나와 당신 자식들을 흔들어 깨워 빨리 짐을 싸라고 했다. 방 안에는 이미 이불이며 옷가지를 뭉쳐놓은 보따리가 놓여있었고, 쌀자루도 나와 있었다. 아저씨는 연신 방안을 들락거리며 바쁘게 다니셨는데 허둥대기만 할 뿐 뭘 해야 할지 모르는 것 같았다. 어느 집에선가 크게 틀어놓은 라디오에서는 잔뜩 흥분한 남자가 '전쟁'이라는 말을 계속해서 외치고 있었다.

전쟁이 뭔지 모르던 나였지만 덜컥 겁이 났다. 분위기로 보아 심상치 않은 일이 벌어진 것만은 분명했다.

집에 가고 싶은 마음이 굴뚝같았지만 차마 아저씨에게 데려다 달라는 말을 할 수가 없었다.

벙어리 냉가슴 앓듯 말도 못 하고 아침 내내 아저씨 뒤꽁무니만 졸졸 따라다녔지만 아저씨네도 경황 중에 나까지 챙길 여력은 없었다. 결국 나는 집에 가지 못하고 아저씨네 피난 행렬에 끼어 부산까지 갔다.

부산은 전국에서 몰려든 피난민들로 북새통을 이루고 있었다. 우리나라 남단이라 안전하다 생각했지만 인민군은 이미 부산을 향해 다가오고 있었다. 내일을 기약할 수 없게 되자 사람들은 점점 각박해지고 사나워졌다.

가장 크게 돌변한 사람은 아주머니였다. 본인 자식 거두기도 힘겨운 판에 혹으로 달려온 내가 달가울 리 없었겠지만 아주머니는 대놓고 나를 식모 취급하며 눈엣가시로 여겼다.

부산 피난 시절을 생각하면 지금도 가슴이 욱신거린다.

콩알만한 아이가 새벽부터 일어나 손이 부르트도록 일을 했다. 쌀 씻는 것부터 설거지, 잔심부름뿐 아니라 골목 서너 개를 지나야 갈 수 있는 우물에서 물을 떠오는 것도 내가 했다. 우물에서 두레박을 떠올릴 때 몹시 추웠고 힘이 달려 두레박과 같이 곤두박질할뻔한 게 한두 번이 아니었다. 손등이 터져 피가 나기도 했다. 그 모든 일을 심지어 그 집 막둥이를 업어 재우면서 해야 했기 때문에 말 그대로 허리가 휘었다. 아주머니는 아이가 자는 걸 뻔히 알면서도 방안에 누이라는 말을 하지 않아서 축 늘어져 있는 아이를 업고 종종걸음을 걸었다. 한 번은 너무 힘들어서 아이를 업은 채 쓰러지기도 했다. 밤에 잘 때도 편치 않았다. 좁은 방이라 나는 네 식구가 자는 발끝에서 가로로 누워 자야 했다. 그 다음날도 내 앞에 포대기가 던져져 있었다.

몸도 고달팠지만 배고픈 설움에 비하면 아무것도 아니었다.

하루는 아주머니가 나를 부산시장에 데려갔다.
내 앞에 배추를 한 무더기 갖다 놓더니 그걸 다 팔라고 했다.
배추를 보니 한숨이 나오고, 사람들을 보니 무서웠다.
그때 사람들 사이에 어머니의 뒷모습이 보였다. 좁다란 어깨, 가느다란 목이 분명 어머니였다. 어머니를 놓칠세라 정신없이 달려가 치마 끝을 붙잡았는데 얼굴을 보니 처음 보는 사람이었다.

그때 얼마나 신세가 서러웠는지 지나가는 여자는 모두 어머니로 보였다.

나는 울며불며 미친 아이처럼 어머니를 찾았다. 길가는 여자마다 따라가 얼굴을 확인했지만 어머니를 만날 수는 없었다.

그러는 사이 어스름이 해가 져서 사방이 어두워지자 정신이 번쩍 들어 배추를 쌓아두었던 곳에 달려가 봤지만 배추는 이미 온데간데없었다. 눈앞이 캄캄했다. 식은땀이 났다. 그래도 갈 곳은 그 집밖에 없었다. 네 식구들 발치에서 겨우 등만 붙이고 오그려 누워 잘지언정 전쟁고아가 될 수는 없었다.

인고와 시련의 피난살이 3개월을 버티고 나는 아저씨 가족들과 함께 서울로 돌아왔다.

국군과 유엔군이 서울을 탈환했다는 소식을 듣자마자 아저씨는 짐을 꾸리셨다. 그리고 서울에 도착하자마자 아저씨는 나를 집에 데려다주셨다. 아저씨는 참 감사한 분이셨다. 아내의 행동을 보다 못해 나를 위해 화를 내주기도 하셨고, 아주머니와 아이들 모르게 뒤에서 슬쩍 먹을 걸 주기도 하셨다. 아저씨 덕분에 부산 피난 시절을 견딜 수 있었고 무사히 서울에 올 수 있었다.

돌아온 서울은 내가 생각했던 것보다 훨씬 피폐했다.

폐허가 된 서울을 보며 전쟁이 얼마나 무서운 것인지 실감할 수 있었다. 전쟁이 훑고 지나간 자리는 그야말로 참혹했다. 분명히 내가 살던 동네인데 집터는 흔적도 없이 사라졌고 조각난 기와와 벽돌만 나뒹굴고 있었다. 폭격 맞은 상흔이 남아있는 기둥들만 흉물스럽게 남아 있는 곳에서 우리 집을 찾기란 불가능했다.

그때 내가 3개월 넘게 날마다 꿈꿔왔던 일이 실제로 벌어졌다. 폐허 속에서 어머니의 음성이 들린 것이다.

"신자야."

밤마다 원하고 바라던 어머니의 음성이 실감이 나지 않았다.

"신자야."

다시 한번 들리는 어머니의 음성, 그때도 어리벙벙하여 가만히 서 있는 나를 아저씨가 번쩍 안아들고 어머니에게로 데려갔다.

나를 본 어머니는 "아이고 감사합니다. 이제 됐습니다. 감사합니다. 정말 감사합니다"라고 말씀하시며 내 얼굴을 쓰다듬고 손과 발을 어루만지며 우셨다.

어머니는 나와 길이 엇갈릴까봐 서울을 떠나지 않고, 목욕탕 담 아래 거적때기 한 장 깔아놓고 전쟁을 고스란히 겪으셨다고 했다. 폭격을 피해 방공호에 갔다가도 혹시나 내가 와서 울고 있을까 염려되어 급히 되돌아오셨다고. 인민군 치하가 아무리 무서워도 나를 영영 잃어버릴

까 봐 서울을 떠날 수 없었다며 어머니는 나를 치마폭에
감싸 안고 밤이슬을 맞으며 주님께 감사 기도를 하셨다.

💟 당시에는 몰랐지만 / 지금 와 생각해 보니…

잃은 양 한 마리를 찾으려고 목숨을 거는 목자의 진실한 사랑
을 나는 이때의 어머니를 통해 느낄 수 있었다. 하나뿐인 딸을 혹여나 잃
어버릴까 봐 노심초사했던 어머니의 그 마음, 지금 생각해 보면 어머니
의 그 사랑을 통해 나는 부족하나마 하나님의 사랑이 어떤 느낌인지 어
렴풋하게 체험할 수 있었다.

"너희 생각에는 어떠하냐

만일 어떤 사람이 양 백 마리가 있는데

그 중의 하나가 길을 잃었으면 그 아흔아홉 마리를

산에 두고 가서 길 잃은 양을 찾지 않겠느냐

진실로 너희에게 이르노니 만일 찾으면 길을 잃지 아니한

아흔아홉 마리보다 이것을 더 기뻐하리라" – 마태복음 18장 12-13절

4

전쟁은 가장 약한 자를
공격한다

삼십대에 청상과부가 된 어머니에게 전쟁은 가혹했다. 하루가 멀다하고 뒤집어지는 정세는 어머니처럼 하루 품팔아 사는 사람에게는 치명적이었다. 사람은 흔하고 물자는 귀하다 보니 나와 남동생을 키우며 하루 세 끼 먹고살기가 빠듯했다. 이 와중에 일사 후퇴로 또 한 번 피난을 떠났다. 중공군이 인해전술로 밀려온다는데 한강 이남으로 가는 길이 요원했다. 다리는 끊겼고 한강은 살얼음판이라 걸어가기엔 위험했다.

결국 노량진으로 가서 기차를 탔는데 좌석이 없어 지붕에 올라탔다.

비스듬하게 경사진 지붕은 가만히 있어도 슬금슬금 미끄러져 낙상하기 십상이었다. 굴을 지날 때마다 얼굴은 검댕이로 새카매졌고, 먼지 때문에 숨을 쉴 수가 없었다. 얼굴이 하얗게 질려 숨이 넘어갈 때쯤이면 멀리 보이는 하얀 동그라미가 점점 커지면서 굴이 끝났다.

그보다 견디기 힘든 것은 죽음에 대한 공포였다, 어머니를 붙잡은 손이 찬바람에 곱아져서 점점 힘이 빠지는데 기차는 계속 덜컹거려 발이 쭉쭉 미끄러졌다. 그대로 미끄러져 기차에 깔릴 것 같아 오금이 저리고 등골이 오싹했다. 그래도 어머니는 내릴 생각을 하지 않으시고 남동생과 나를 번갈아 끌어올려 주셨다. 영동쯤 지나자 어머니도 기진맥진하셨는지 다음 정차역인 김천에서 내리자고 하셨다.

김천에서 한두 달 지내다가 1.4 후퇴 때 다시 어렵게 부산까지 피난 가서 작은 어머니 친정 댁에 머무르다 사정이 안돼서 어머니가 여기저기 헤매던 때 나를 어느 집에 맡기고 갔었다. 전라도 어디인데 어떤 때는 그 집 사람들이 사과를 먹으면 너무 먹고 싶어 사과를 깎아 4등분을 하고는 한쪽 면을 티 나지 않게 조금씩 얇게 저며 먹었던 기억이 있다. 또 참지 못하고 무화과를 몰래 하나 따먹은 기억이 난다. 날마다 울면서 엄마를 기다리며 완전히 식모 취급을 받고 살았던 때도 있었다.

그 당시 내게 남한은 어디나 다 똑같아 보였다.

서울도, 부산도, 김천도 다 구질구질하고 비좁고 냄새
나고 더러운 곳이었다.

다시 서울로 올라와 영락 모자원에서 살 때도 마찬가지
였다. 전쟁 고아와 과부가 넘쳐나면서 영락 모자원도 만
원 사태였다. 공간이 부족해 한방을 두 가족이 나눠서 썼
는데 부엌이 따로 없어 풍로에서 밥을 끓여 먹어야 했다.
하지만 그곳도 우리에겐 감지덕지였다.

김천에서부터 여러 군데를 거쳐 서울로 올라왔을 때 어
머니는 제일 먼저 중구에 있는 영락교회에 가셨다.

당시 영락교회에서 고아와 과부를 돌보는 사역을 하고
있다는 소식을 듣고, 남한에 와서 처음으로 한경직 목사
님을 찾아간 것이다. 남한에서 자리를 잡지 못한 어머니
는 신의주에서처럼 한 교회를 오래 섬기지 못하고 집에서
가까운 지역 교회를 섬기셨다. 그런 상황이니 한경직 목
사님이 영락교회를 세우셨다는 소식을 듣고도 가보지 못
하다가 두 아이를 데리고 갈 곳이 없어지자 목사님을 찾
아간 것이다.

한경직 목사님 덕분에 모자원에 자리를 잡았지만 오래

머물진 못했다.

내가 폐병에 걸린 것이다.

혹시라도 식구들에게 전염될까 봐 어머니는 밥도 따로 먹게 하고, 옷과 그릇도 매일 삶으셨다. 손바닥만한 방이었지만 잠잘 때도 나는 식구들과 가장 먼 쪽에서 자게 하셨다.

병세가 악화되자 어머니는 나와 동생을 데리고 대전에 있는 고아원으로 가셨다. 당시 폐병을 치료할 수 있는 항생제는 페니실린뿐이었는데 시중 약국이나 병원에서는 구할 수가 없었다. 해외 약품은 모두 구호품으로만 들어왔기 때문에 약을 구하려면 병원보다 고아원에 가는 것이 빨랐다.

페니실린을 많이 보급받는 대전의 한 고아원을 물색한 어머니는 바로 나와 남동생을 데리고 대전으로 갔다. 초등학교 3학년 때였다.

어머니는 나와 남동생을 고아원에 맡기고 보모 일을 보셨다. 보육원 생활은 어머니의 희생이었다.

10리 밖 교회 새벽 기도회를 날마다 다니셨다.

너무 추워 손등이 터져서 피가 났던 기억, 겨울 새벽 기도회에 가다 넘어져 팔이 부러져 깁스를 했던 기억이 생생하다.

입 하나 더는 게 큰 부조라고 할 만큼 어려웠던 시절이니만큼 고아원에 부담을 주지 않기 위해 식사도 우리에게 양보하셨다. 하루가 다르게 어머니의 눈이 퀭해지고 얼굴이 누렇게 떴지만 어머니는 항상 내 걱정뿐이셨다. 먹는 게 부실하면 약발도 듣지 않는다며 어디서 구했는지 약초가루와 이것저것 몸에 좋다는 가루를 가져와 아이들 몰래 내 입에 털어 넣어주셨다. 생명에 대한 의지가 누구보다 강하셨던 어머니는 나를 살리기 위해 스스로를 완전히 버리셨다.

어머니의 정성과 지속적인 치료 덕분에 나의 병세는 많이 호전되었다.

혈색이 돌아오고 호흡도 편해지자 어머니는 나와 남동생을 데리고 다시 서울 모자원으로 올라왔다. 나와 5살 터울인 남동생이 어느덧 초등학교에 들어갈 나이가 된 데다 아버지 지인들을 통해 세브란스 병원에서 무료로 치료받을 수 있는 길이 열려 6학년 때 서둘러 올라왔다.

막상 서울에 오니 바로 치료를 받을 수 있는 상황이 아니었다. 무료 환자이기 때문에 일반 접수가 끝난 후 빈자리가 났을 때만 들어갈 수 있었다.

막연히 한 달 정도 기다리는 사이 내 병세는 다시 악화되었다. 항생제를 제때 투여하지 못해 병이 재발한 것이다. 기침에 피까지 토했다. 심지어 전철 안에서도….

약이 없는 상황에서 나를 고칠 수 있는 방법은 아무것도 없었다.

그러다 어느 날 정신을 잃고 쓰러져서 죽음의 문턱을 헤맸다. 그러나 정신은 또렷했다. 어머니는 나를 창문 밑 윗목에 눕혀 놓고 간절히 기도하셨다.

신음소리와도 같은 어머니의 기도가 한참 계속되더니 문 열리는 소리와 함께 사람들이 웅성거리는 소리가 들렸다. 모자원에 함께 사는 아주머니들이 걱정되어 들른 것이다. 희한한 것은 입도 벙긋할 수 없고, 눈도 뜰 수 없는데 귀는 활짝 열려 사람들의 옷자락 소리, 나를 보고 놀라 멈칫하여 숨을 들이쉬는 소리는 또렷이 들렸다.

그들 보기에 나는 이미 죽은 목숨이었다.

겨우 숨만 붙어 있는 나를 보고 아주머니들은 살릴 방법이 없냐며 안타까워하셨다.

내가 불쌍하다고 우시는 분도 계셨다.

어머니조차 "이제는 어쩔 수 없어요", "할 수 없어요"라며 한숨을 내쉬었다. 그 말을 듣자 죽음이 실감 나면서 마치 벼랑 끝에서 떨어지는 것처럼 정신이 아득해졌다.

그런데 그때마다 바람 소리가 나를 깨웠다.

허술하게 지은 집이다 보니 평소에도 바람이 세게 불면 창문을 부술 듯 요란한 소리가 났는데 그날은 희한하게 내가 혼절할 때마다 바람이 창문을 흔들어 정신을 차릴 수 있었다. 그렇게 세 번을 반복하다 보니 의식이 회복되었고, 눈도 뜨고 말도 할 수 있게 되었다.

생사의 기로에서 다시 살아난 것이다. 의지할 데 없는 과부들의 슬픔을 외면하지 않으시고 욥바의 다락방에서 다비다를 살려주신 주님께서 그날 꺼져가는 내 생명의 불씨를 회복시켜 주시고, 새 생명을 입혀 주셨다. 할렐루야!

 당시에는 몰랐지만 / 지금 와 생각해 보니…
너무도 두렵고 떨리는 순간에도 하나님을 믿을 때 극복할 수 있다는 사실을 당시 상황 속에서 깨달았다.

"그 이름을 믿으므로 그 이름이 너희가 보고 아는
이 사람을 성하게 하였나니 예수로 말미암아 난 믿음이
너희 모든 사람 앞에서 이같이 완전히 낫게 하였느니라"

– 사도행전 3장 16절

5

죽을 고비를
넘기고

얼마 안 있어 세브란스 병원 소아과에서 정기적으로 진료를 받을 수 있다는 연락이 왔다. 그때부터 받은 치료는 내가 중학교 3학년이 될 때까지도 이어졌다.

당시 모자원은 돈암동에 있었기 때문에 병원에 가려면 전차를 타야 했다. 오가는 길이 힘들어 전차 안에서 피를 토하기도 했지만 중학교에 입학한 후에는 거진 병이 나아 병원에 가지 않아도 될 정도로 호전됐다.

어머니는 완치 판정을 받을 때까지는 무조건 진료를 받아야 한다며 2차 성장이 시작된 나를 계속해서 소아과로 보내셨다. 아버지 지인으로부터 소개받은 의사가 소아과

전문의였기 때문에 무료 진료를 받기 위해서는 소아과를 가야 했다. 자존심이 강했던 나는 돈 때문에 다 큰 처녀가 코흘리개 아이들과 함께 진료를 받아야 한다는 사실이 너무나 부끄럽고 속상했다.

의사 선생님도 나를 부담스러워했다.

하지만 내 병이 깨끗이 나았다는 증거 없이 어머니의 고집을 꺾을 방법은 없었다. 결국 소아과 의사가 "이제는 신자가 커서 흉부 내과로 가야 한다"라고 하면서 나를 소개해 주어 그 후부터는 소아과가 아닌 곳에서 무료로 진료를 받을 수 있었다.

그 당시 우리 집 형편으로는 내가 학교에 갈 수 있는 형편이 안됐다.

그런데…

어머니는 나를 서울 중심에 있는 여중에 보내셨다.

그 교장 선생님이 어머니와 여고 동창이라 사정을 말하고 나를 맡기신 것이다. 교장 선생님 덕분에 나는 3년 동안 장학금을 받으며 공부할 수 있었다.

어머니는 "주님께서 네가 중학교에 갈 수 있도록 형통한 길을 열어 주셨다"라고 기뻐하셨지만 나는 철이 없어서였는지 하나도 감사하지 않았다. 아무리 생각해도 그 학교가 성에 차지 않았다. 성적이 나쁘면 모르지만 성적이 좋은데도 소위 일류 학교에 지원서조차 넣지 못하는 상황이 화가 났다.

욕심이 많은 만큼 공부도 잘했던 나는 소위 명문교라 불리는 학교에 가고 싶었다. 병치레를 하느라 결석일수가 많았어도 언제나 성적은 상위권이었기에 시험을 보면 붙을 자신이 있었다. 하지만 내가 학교에 갈 수 있는 기준은 다른 아이들처럼 성적이 아니었다.

학비를 감당할 능력이 없었던 어머니는 나를 기숙사 같은 곳으로 보내셨다.

공짜로 먹고 자면서 공부도 할 수 있는 곳이었고 고등학교도 보내준다고 했기 때문이다.

그런데 막상 가보니 있을 만한 곳이 아니었다.

난방도 제대로 안 되는 좁은 방에서 학년이 다른 10명이 함께 지냈는데 나 같은 신입생은 구석빼기에서 온갖 허드렛일을 맡아서 해야 했다. 집에서 가져간 이불을 제대로 펼 만한 자리도 없어 냉골에서 벌벌 떨며 지냈다. 심지어 학교 책임자가 사기꾼으로 들통나서 문을 닫게 되어 결국 다시 집으로 돌아왔다.

'어머니는 왜 나를 이렇게 고생시킬까?
남들 다 가는 중학교를 나는 왜 못 갈까?'
중학생이 되어서도 돈 때문에 소아과에 다녀야 하는 굴

욕감, 성적이나 적성, 꿈과는 상관없이 학비를 내지 않고 다닐 수 있는 학교를 선택해야 하는 것, 내가 실감한 가난이었다. 나에게 가난은 그런 것이었다.

기숙사에서 집으로 오는 길에 서러움과 원망이 가슴속에 가득 찼고, 어머니를 보는 순간 치밀어 오른 화를 못 이기고 숨겨왔던 불평을 쏟아놓았다.

내가 보기에 어머니는 세상 답답한 분이셨다.
밥도 할 줄도 모르고, 단추도 혼자 못 달았다.
장사하는 걸 보면 한숨이 절로 나왔다.
오죽하면 초등학교 6학년인 내가 장충단 고개를 걸으면서 어머니에게 장사하는 법을 훈수를 두기도 했다.

어머니는 사람들이 원하는 걸 파는 게 아니라 주어진 물건을 파셨다.
요즘 말로 치면 블루오션이 눈앞에 있어도 그걸 알아차리지 못하고, 레드오션만 만지작거리다 손해 보는 격이었다. 그릇이 주어지면 그릇을 팔고, 좌판이 생기면 떡을 팔고, 보험회사에 들어가서는 보험 상품을 파셨다.
문제는 장사라는 게 상대도 좋고, 나에게도 이득이 되어야 하는데 어머니는 상대방 입장에서만 물건을 파셨기 때문에 새벽부터 밤중까지 일해도 남는 게 없었다. 그렇게 장사를 하셨으니 아무리 밤낮없이 일해도 나를 학교에 보낼 학비조차 없는 상황이 된 것이다.

더 참을 수 없었던 건 환경이 획기적으로 변하지 않는 한 나는 계속해서 차선책에 만족하며 살아가야 하는 삶이었다. 거처할 곳이 없어 떠돌이 생활을 하고, 먹고사는 문제로 씨름해도 생계가 보장되지 않는 불확실한 삶, 앞으로도 계속 그렇게 살 생각을 하니 끔찍했다.

가난에 발목 잡히는 삶은 더 이상 살고 싶지 않았다.

이런 나의 심정과는 다르게 어머니는 천하태평이셨다.

어떻게 하면 두 아이를 데리고 잘 살 수 있을지 고민하기보다 신의주에서와 같이 교회생활에만 전념하셨다. 어디든 살 집이 정해지면 제일 먼저 섬길 교회부터 찾으셨고, 새벽 기도부터 저녁예배까지 빠지지 않고 참석하셨다.

밥할 때마다 쌀 한 줌씩 덜어놓고, 날마다 번 돈에서 일부를 떼어서 모아두었다가 절기나 부흥회 때 깨끗한 새 돈으로 정성껏 헌금하였다. 새 지폐가 없을 때는 헌 지폐를 이불 밑에 깔아놓아 빳빳하게 펴지면 그것을 주님께 드렸다. 팔이 부러져서 장사는 못 나가도 십 리 길 되는 교회에 새벽 기도는 가신 분이 우리 어머니다. 빙판 길에 다리를 삐끗해도 다음날 새벽이면 어김없이 문을 열고 교회에 가시는 어머니의 발소리가 들릴 때면 나는 속이 터졌다.

나는 어머니를 도저히 이해할 수 없었다.

나 역시 모태신앙이고, 한 번도 교회를 떠나본 적이 없었지만 내가 보기에 어머니의 신앙은 맹목적인 것 같았다. 그리고 패배주의적인 것 같았다.

나는 원하는 것을 구하지 않고 그저 주시는 것에만 주님께 감사하는 것은 스스로를 속이는 일이라고 생각했다. 어머니는 나를 위해 날마다 기도하신다고 했지만 내가 무엇을 원하는지, 내 꿈이 무엇인지 모르면서 대체 무엇을 위해 기도하시는지 궁금했다.

어머니는 주님이 날마다 일용할 만나를 내려주시니 얼마나 감사하냐고 말씀하셨지만 나는 고작 만나로 만족할 수 없었다.

나는 내가 원하는 것을 모두 얻고 싶었다. 빵도 먹고 싶었고, 고기와 우유, 싱싱한 과일도 필요했다. 가도 가도 끝이 없는 광야를 걷는 것만도 고달픈데 만나로만 평생 배를 채우는 건 끔찍했다. 하루빨리 광야를 벗어나 넓고 호화로운 집에서 여유롭게 살고 싶었다. 가난이라는 꼬리표를 떼어내고 마음껏 살고 싶은 생각이 항상 나의 온 신경을 지배했다.

사실 내가 하고 싶었던 것은 음악이었다.

어머니를 닮아 음색이 곱고 성량이 풍부했던 나는 성악가가 되고 싶었다.

어머니와 내가 찬양 대회에 나가 이중창을 부르면 일등은 떼놓은 당상이었다. 과장을 조금 보탠다면 찬양 대회 때 받은 상품으로 살림 장만을 했을 정도다. 폐병 치료차 대전 고아원에서 지낼 때도 음악 선생님 눈에 띄어 학교 대표로 뽑혀 대전 KBS방송국에 나가 '우리의 소원은 통일'을 부른 적도 있다.

워낙 노래 부르기를 좋아하고 어릴 적부터 성가대원으로 찬양을 해서인지 나는 목사님 말씀이나 성경을 묵상할 때보다 찬양을 할 때 더 기뻤다. 힘을 다해 찬양할 때면 하나님의 은총이 하늘에서 나를 향해 쏟아지는 것 같았다. 내게 주어진 달란트로 주님께 영광을 돌릴 수 있다면 나는 성악가가 되어 찬양으로 주님의 이름을 높이고 싶었다.

하지만 중학교도 원하는 곳에 갈 수 없는데 성악을 한다는 건 언감생심이었다.

나는 원하는 것을 포기해야 할 때마다, 갖고 싶은 것을 내려놓아야 될 때마다, 하고 싶은 것을 접어야 할 때마다 어머니를 원망했다. 어머니라면 응당 자식을 잘 키워야 할 의무가 있는데, 돈 벌 궁리보다 하나님만 찾는 어머니를 참 많이 미워했다.

어머니를 향한 복잡한 애증의 마음은 점점 곪다가 고등학교 진학을 앞두고 터져 나왔다.

중학교를 졸업했지만 여전히 우리 집은 나를 명문고에 보낼 여력이 없었다. 다행히 학교마다 야간반이 생기기 시작했다.

60년대 초반 경제개발 정책과 함께 사무직이 증가하면서 주경야독하는 이들이 늘었기 때문이다. 내가 졸업한 여중과 같은 재단인 여고에도 야간이 설립됐다.

기막힌 타이밍이었다.

어머니는 역시나 하나님의 은혜라며 감사하셨지만 나는 중학교 입학할 때처럼 마뜩잖고 실망스러웠다.

어머니는 원하는 중학교에 가지 못하게 된 나를 위로하시며 용의 꼬리보다 뱀의 머리가 되는 게 낫다고 하셨지만 나는 용의 머리가 되고 싶었다. 중학교 다니는 3년 동안 반장을 도맡아 했지만 여기선 아무리 잘해봤자 한계가 있음을 느꼈다. 뱀은 뱀일 뿐이다. 내가 원하는 삶을 살기 위해서는 용이 되어야 했다. 그러기 위해서는 어머니만

믿고 두 손 놓고 있을 수 없었다. 어떻게든 내가 생활 전
선에 나서야 했다.

🖤 당시에는 몰랐지만 / 지금 와 생각해 보니…

이런 상황들이 훗날 내 인생에 중요한 경험이 되었지만 당시 너무 어리고 철이 없었던 나는 무작정 내 힘으로 인생을 어떻게 해보려고 했다. 돌이켜보면 모든 것이 하나님의 계획안에 있음을 인정할 수밖에 없는데도…. 인생의 고비고비마다 하나님은 여전히 가장 좋은 길로 나를 인도하셨다. 내 삶을 하나님이 가장 좋은 길로 인도하여 주신다는 믿음은 역경을 극복하고 성공하는 인생에서 가장 중요한 요소이다.

"사람이 마음으로 자기의 길을 계획할지라도

그의 걸음을 인도하시는 이는 여호와시니라" – 잠언 16장 9절

6

야간 고등학교에
다니기로 결정한 후

나는 돈을 벌기로 결심했다.

여기저기 일자리를 알아보고 있던 중 어머니가 어떤 주소를 적어주시며 찾아가 보라고 하셨다. 먼 친척뻘 되는 분이 중국 대사관 앞에서 개인적으로 운영하는 투자회사였다. 가서 '필동 아주머니'라고 불리는 분을 찾으면 일을 소개해 줄 것이라고 했다.

투자회사가 뭔지도 몰랐지만 필동 아주머니를 만나면 돈을 벌 수 있을 거라는 생각에 명동 중국 대사관 앞에 있는 작은 사무실로 한달음에 달려갔다.

필동 아주머니는 머리끝부터 발끝까지 화려하게 차려

입은 멋쟁이였는데 반해 나는 촌스럽고 통통한 볼품없는 행색이었다. 말을 붙이기 쉽지 않은 상황이었지만 그 당시에는 그런 것을 생각할 여력조차 없었다. 어떻게든 일을 해야겠다는 조바심에 아주머니를 보자마자 대뜸 일하게 해달라고 달려들었다.

아주머니는 나를 힐끗 보시더니 말없이 일어나 가방에서 돈을 꺼내오셨다.

"여기까지 오느라 고생했다. 이건 교통비로 써라"라고 하시며 차비를 챙겨주셨다. 친절하셨지만 확실한 퇴짜였다.

얼떨결에 인사를 드리고 집에 와서 가만히 생각해 보니 너무나 자존심이 상했다.

하다못해 "생각해 보겠다"라고 말할 법도 한데 얼마나 형편없어 보였으면 단번에 거절할까…. 입 한 번 못 떼고 순순히 물러난 게 억울하고 또 후회되었다. 그때 나는 그 필동 아주머니가 나를 가난이라는 굴레에서 벗어나게 해줄 유일한 동아줄이라고 생각했다. 어떻게 찾아온 기회인데 이렇게 허무하게 놓칠 수는 없었다.

다음 날 아침 일찍 다시 사무실로 갔다.
이번에는 쭈뼛거리지 않고 어깨를 쫙 펴고 들어갔다.
필동 아주머니 눈을 보며 당당하게 일을 달라고 요구

했다.

"저에게 일을 한 번만 시켜봐 주십시오. 마음에 들지 않으시면 군말 없이 그만두겠습니다."

당돌하게 말은 했지만 한껏 긴장이 되어 숨도 쉬지 못했다. 필동 아주머니는 나를 힐끗 보시더니 입가에 미소를 띠시며 "그래, 그럼 한번 해 보자"라고 하셨다.

그때부터 나는 돈을 만지기 시작했다.

1960년대 초반만 해도 국내에서 생산할 수 있는 물자가 없었기 때문에 쓸 만한 물건은 전부 현금으로 사야 했다. 일찍이 무역에 능하고 시대의 흐름을 잘 읽었던 이북 출신의 피난민들은 이 분야에 투자를 많이 했다.

필동 아주머니도 모아 놓은 종잣돈을 회사 사장들에게 빌려주는 일을 하셨는데 그 돈 심부름을 내게 맡기셨다.

사장님들과 만날 장소가 정해지면, 내가 돈을 종이에 둘둘 말아서 겨드랑이에 꼭 끼워 넣고 약속 장소까지 갖다주었다. 그때 우리나라에서 내로라하는 사장님들을 다 만난 것 같다. 큰 건물이 들어설 때도 목돈이 들어가야 했기 때문에 명동에 높은 건물을 지을 때 수시로 들락거리며 돈 심부름을 했다.

호텔로 처음 심부름 갔던 날은 지금도 생생하게 기억이

난다.

행여나 돈뭉치를 잃어버릴까 봐 어찌나 겨드랑이에 힘을 주고 걸었던지 어깨까지 얼얼하고 아픈데다, 심부름 가는 내내 긴장했던 게 풀려서인지 방광이 부풀어 금방이라도 터질 것 같았다.

사장님에게 돈을 건네 드리자마자 급히 화장실을 찾았는데 아무리 봐도 소변을 보는 곳이 없었다. 양변기를 한번도 본 적이 없어서 도자기에 물이 담겨 있다고 생각해 한참을 발만 동동 굴렀다. 당시 내가 얼마나 열악한 환경에서 살고 있었는지를 알 수 있는 에피소드이기도 하다.

하지만 그런 날은 오래가지 않았다.

일은 금세 익숙해졌고, 날마다 돈을 끼고 다니다 보니 어느덧 집 한 채를 살 수 있는 거금을 들고 다녀도 별다른 감흥이 없었다. 돈에 대한 감각을 잃어버린 것이다. 은행에서 돈을 찾아오면서 돈뭉치들을 종이에 싸지 않고 그냥 겨드랑이에 끼고 오가다 뭉치 하나를 잃어버린 적도 있었다. 다행히 필동 아주머니가 이해해 주셔서 탈 없이 넘어갔지만 그런 일을 겪으며 돈에 대한 경계심이 사라지고 큰돈을 주무를 수 있는 배짱도 생겼다.

이 일을 하며 가장 감사했던 것은 어린 나이지만 나름

실물 경제의 큰 흐름을 볼 수 있는 조그마한 안목이 생겼다는 점이다. 아주머니의 고객들은 주로 큰 회사 사장님들이었기 때문에 나는 내가 전달한 돈이 어떻게 풀려서 더 큰돈을 만들어내는지 신문을 통해 자세히 볼 수 있었다. 마치 돈이 살아있는 생명체처럼 느껴졌다. 똑같은 돈도 누구를 만나 어떻게 사용되느냐에 따라 전혀 다른 결과를 낳았다. 그걸 실제로 보고 경험하면서 나는 돈을 어떻게 다루어야 하는지를 어느 정도 터득한 것 같았고 실제로 살아가면서 교훈이 되었다.

소위 돈맛을 보자 공부는 점점 뒷전으로 밀려났다.
고등학교에 처음 입학했을 때만 해도 나는 노래에 대한 꿈을 버리지 못해서 독학으로 피아노를 공부했다. 오전에는 직장에 다녀야 했기 때문에 새벽에 학교에 가서 경비 아저씨께 음악실을 열어달라고 부탁했다. 그리고 선생님들이 출근하시기 전까지 혼자 피아노 연습을 했다. 그리고 출근해서 일하고 저녁에는 학교에 갔다.

하루에 두 번씩 등교하면서 일과 공부, 거기에 음악까지 병행하다 보니 가뜩이나 약한 몸이 견뎌 내질 못했다. 처음에는 코피를 쏟더니 다음에는 빈혈이 왔다. 일을 마치고 학교에 가다가 거리에서 쓰러지기까지 했다. 바이엘을 겨우 떼고 체르니로 넘어갈 무렵이었다. 폐병을 호되

게 앓았던 나는 건강을 잃으면 아무것도 할 수 없다는 걸 뼈저리게 경험했기에 다시 그 일을 겪을 수 없다는 생각에 어쩔 수 없이 피아노 치는 걸 중단했다.

오랫동안 품었던 마음속의 목표가 사라진 것이다.

음대생의 꿈이 좌절되자 대학을 꼭 가야겠다는 생각도 시들해졌다. 지갑에 돈도 두둑하다 보니 마음에 여유도 생기며 독하게 공부할 맘도 들지 않았다.

집안 형편은 여전히 어려웠지만 어머니는 내 월급은 손대지 않으셨다. 철없던 나는 어머니를 도울 생각을 하지 않고 그 돈을 오직 나를 위해 썼다. 친구들과 명동을 쏘다니며 쇼핑을 하고, 맛있는 것도 사 먹었다. 그 나이에 벌수 없는 큰돈을 갖게 되자 세상이 달리 보였다.

이렇게 마음이 콩밭에 가 있다 보니 공부할 새가 없었지만 배짱은 늘었다. 학년이 바뀌면 맡겨놓은 듯이 반장을 했고, 학생회장까지 했다. 애쓰지 않아도 학교에서 인정받고, 노력하지 않아도 우등생 대열에 끼어주었으니 반드시 대학에 가야겠다는 결심도 느슨해졌다.

그래서 고등학교를 졸업하고 별다른 고민 없이 오퍼상에 취직했다. 필동 아주머니의 소개로 꽤 규모가 큰 무역회사의 타이피스트로 일하게 되었는데 거기서 일하다 보니 '아차' 싶었다.

사회에 나가보니 고졸과 대졸자에 대한 대우가 하늘과 땅 차이였다.

나보다 썩 잘난 것도 없는 것 같아 보이는데 대학을 나왔다는 이유로 나의 상사가 된 사람들을 보면서 나는 다시 대학에 가야겠다는 결심을 했다. 남들이 써 놓은 서류나 만지면서 한평생 살 수는 없었다. 자존심과 오기가 발동하면서 다시 대학에 가야겠다는 생각이 간절해졌다.

그 길로 나는 필동 아주머니를 찾아가 회사를 그만두고 대학에 가야겠다고 했다.

도저히 이 생활에 만족하지 못하겠다고 그동안 느낀 점을 상세히 말씀드리자 필동 아주머니는 단번에 "알았다"라고 하시며 돈 걱정 말고 바로 대학 입시학원에 등록을 하라고 하셨다. 자신이 입시 뒷바라지를 해 줄테니 대학에 합격할 때까지 필동 집에 와서 지내라고 하셨다.

그 말을 듣자 어깨에서 무거운 짐을 내려놓은 것처럼 가벼워지면서 자신감이 생겼다. 그토록 원했던 시간, 오롯이 공부만 할 수 있는 기회가 내게도 온 것이다. 나는 상과 대학을 목표로 꼼꼼히 계획을 세워 차근차근 공부해 나가기 시작했다.

당시에는 몰랐지만 / 지금 와 생각해 보니…

그때 일찍 본 돈맛 때문에 정신을 못 차렸다면… 필동 아주머니가 뒷바라지를 해주지 않으셨다면… 지금의 내가 있지는 못했을 것이다. 광야의 이스라엘 백성들처럼 먼 길을 돌 뻔했지만 그래도 하나님의 은혜로 다시 약속의 땅을 향해 인생의 방향을 정할 수 있었다. 다시 한번 길을 잃은 내 인생의 방향을 바른 곳으로 돌려주신 분은 역시 하나님이셨다.

"나는 너희의 하나님이 되며 또 가나안 땅을 너희에게 주려고
애굽 땅에서 너희를 인도하여 낸 너희의 하나님 여호와이니라"

– 레위기 25장 38절

7

대입을
준비하는 기간은…

내 인생에서 가장 자유로웠던 시기였다.

남한으로 피난 온 날부터 고등학교를 졸업할 때까지 하고 싶은 걸 마음껏 해 본 적이 없었다. 늘 상황에 밀려 원치 않는 선택을 해야만 했었는데 그때만큼은 내가 원하는 인생을 마음껏 살아볼 수 있었다. 멋진 원피스에 하이힐을 신고 친구들과 명동을 활보하는 것도 즐거웠고, 진도에 맞춰 공부하는 것도 신났다. 무엇보다 성적이 잘 나와서 시험 날짜가 다가올수록 긴장되기는커녕 앞으로 다가올 대학생활에 대한 기대로 마음이 들떴다.

하지만 그런 호사는 오래가지 않았다.

시험을 한 달 앞두고 있던 1964년 2월 1일, 서울에 폭설이 내린 날 어머니가 갑자기 하늘나라로 가셨다.

당시 어머니는 남동생과 함께 방 한 칸을 얻어 살고 계셨는데 산동네다 보니 집과 집 사이에 위험한 곳이 꽤 많았다. 특히 어머니가 살던 집은 기초 공사도 하지 않고 돌을 얼기설기 쌓은 높은 축대가 있었다. 난간도 없는 돌층계 옆은 바로 낭떠러지였다. 골목까지 가려면 반드시 그 층계를 지나야 했는데 어머니가 돌아가신 날은 밤새 얼어붙은 눈 위에 또 눈이 내려 돌층계를 지나기가 여간 힘들지 않았을 것이다.

그날 아침 어머니는 남동생 등교 시간에 맞춰 같이 출근을 하시면서 돌층계를 먼저 내려가셨다고 한다. 남동생이 미끄러질까 봐 앞서 걸으며 길을 터주신 것이다. 그런데 돌층계를 디디다 미끄러져 축대 아래로 굴러떨어지면서 옆집에서 묻어놓은 김장독 뚜껑에 머리를 부딪쳐 돌아가셨다. 남동생이 뛰어 내려갔을 때는 이미 어머니가 숨을 거둔 상황이었다.

나는 학원에 가기 전 미용실에 들러 머리를 하다가 어머니의 부음을 들었다. 놀란 가슴에 국립의료원에 달려가 어머니가 돌아가신 것을 확인하고, 교회와 필동 아주머니에게 장례가 걱정되어 전화를 했다. 필동 아주머니는 단

숨에 뛰어오셔서서 50,000원을 주며 모자라면 연락하라고 말씀하셨다. 그때 내 가방에는 지폐 몇 장이 있을 뿐이었다. 어머니가 그렇게 충성 봉사하시던 교회의 도움을 받아 장례를 치렀지만 전혀 실감이 나지 않았다.

어떻게 그렇게 황망하게 돌아가실 수가 있단 말인가.

창졸간에 너무 엄청난 일을 당하니 현실감이 없어 슬픈 줄도 몰랐다.

장례를 다 치르고 남동생과 둘이 어머니 영정 사진 앞에 앉아 있는데 기가 막혔다. 그때가 동생이 고등학교 3학년 올라갈 때였고, 나는 사회생활을 하다가 대학에 진학하려고 공부하는 재수생이었다.

모든 것이 꿈만 같았다.

그렇게 맥 놓고 앉아 있던 나를 현실로 끌어내린 건 남동생이었다.

어머니의 장례를 치르고도 남동생은 충격에서 헤어나지 못하고 있었다. 원래 섬세하고 말이 없던 남동생은 어머니 장례식을 치르면서 눈빛이 달라지더니 밤마다 휘파람을 불며 온 동네를 헤매고 다니면서 쓰레기를 주워 모았다.

처음에는 그런 행동을 하는 남동생이 안쓰러웠다.

오죽하면 몸을 혹사해하며 저렇게 방황할까 싶어 남동

생이 알아서 되돌아오길 말없이 기다렸다. 심지어 학교에서도 남동생을 감당하기 어렵다며 보호자를 호출했다.

어떻게든 고등학교는 졸업시켜야겠다는 생각에 선생님께 남동생을 잘 돌보겠다고 약속하고 돌아서는데 억장이 무너졌다. 그제서야 어머니의 죽음이 실감났다.

이제 가장의 책임은 고스란히 내 몫이었다.

집안의 가장이 된다는 것은 대학을 포기하는 것과는 차원이 다른 문제였다. 내 꿈을 포기하는 것뿐 아니라 정신적 타격으로 심신이 온전치 못한 남동생을 돌봐야 할 책임도, 생계도 고스란히 내 몫이 된 것이다. 나를 붙잡아 줄 손 하나 없는데 천 길 낭떠러지 끝에 서 있는 것 같았다.

그때 처음으로 가슴 깊은 곳에서부터 통곡이 터져 나왔다. 가장이 되자 선택의 기준이 달라졌다.

꿈이 아니라 현실, 생계가 우선이 되었고, 직장을 선택할 때도 조금이라도 더 돈을 많이 주는 곳을 찾게 되었다. 당장 먹고살기 위해서는 일을 해야 했기 때문에 조금이라도 더 월급을 많이 주는 곳을 찾아 사방팔방을 헤맸다.

고심 끝에 미군부대 식당의 캐셔로 가기로 결정했다. 일반 사무직과 비교하면 월급이 2배 가까이 많은 데다 일도 까다롭지 않아 누구나 가고 싶어 하는 알짜 자리였다.

한 가지 흠이라면 미군부대가 경기도 파주에 있었기 때문에 서울에서 출퇴근하는 건 불가능했다. 캐셔 일을 하려면 부대 근처에 방을 얻어야 했는데 부대 인근에는 소위 '양색시'라 불리는 여자들이 전부 차지하고 있어 남동생과 살만한 방을 찾기가 어려웠다. 결국 남동생은 친척집에 맡기고, 고등학교 후배와 함께 당시 양색시라고 불려지는 이들이 사는 집의 문간방을 하나 얻어 살았다.

처음에 나는 미군부대 내에 있는 사병 식당에 출근했다.

거기서 일을 해보니 왜 사람들이 한번 일을 잡으면 놓지 않으려는지 알 수 있었다. 수입만 짭짤한 게 아니었다. 일도 수월하고 시간적 여유도 충분했다. 캐셔 업무만 담당했기 때문에 식당을 운영하는 시간에만 일해도 되는 데다, 잔업이 없어 자유롭게 시간을 쓸 수 있었다.

이미 3년 동안 명동 사무실에 다니면서 어깨너머로 현금 출납 업무에 대한 기본적인 지식을 배웠기 때문에 캐셔 일도 남들보다 빨리 파악했다.

그래서인지 출근한 지 얼마 되지도 않았는데 바로 장교 식당으로 자리를 옮겨 주었다. 사병식당에 비해 장교 식당의 캐셔 월급이 훨씬 높고 팁도 무시할 수 없었다. 직장으로 치면 승진을 한 셈이었다. 그렇게 몇 년 동안 돈을 모으면 곧 남동생과 함께 살 집을 장만할 수 있을 것 같았다.

하지만 통장에 돈이 쌓일수록 고민도 깊어졌다.

돈을 생각하면 미군부대 식당 캐셔만한 일이 없지만 치근덕거리는 몇몇 미군들 등쌀에 견디기가 힘들었다. 식당 프런트에 서 있으면 식당에 들어오는 군인들마다 나를 보며 윙크를 했다. 밥 먹다 말고 달려와 사랑 고백을 하는 군인부터 데이트를 하자면서 쪽지를 보내는 군인까지 계급과 상관없이 몇몇 미군들은 한결같이 나를 쫓아다녔다.

처음에는 미군들의 그런 행동이 싫지 않았다.

동년배는 아니지만 20대의 혈기왕성한 나이에 이국땅에 와서 부대 안에 갇혀 사는 게 딱해 보였기 때문이다. 그래서 내게 말을 걸면 웃으며 대답해 주고, 친절하게 대했다. 그래봤자 밥값을 계산하는 그 짧은 시간에 주고받는 토막말이 전부였지만 미군들은 내가 작은 미소로 화답할 때면 엄지손가락을 치켜세우며 "뷰티풀"을 연발했다.

그러다 그중 한 사람이 본격적으로 사랑을 고백하면서 상황이 곤란해졌다.

그 군일을 기점으로 갑자기 너도나도 적극적으로 대시하기 시작한 것이다.

어떤 장교는 나를 볼 때마다 자기가 전역해서 미국으로

돌아갈 때 화물칸에 태워서라도 꼭 데리고 가겠다고 말하기도 했다. 그래도 그들은 농담조로 호감을 표시할 뿐 선을 넘지는 않았다.

그러던 중에 하루는 피엑스에서 일하는 언니가 쉬는 날에 용산에서 만나자는 쪽지를 건넸다.

모처럼 시내 구경을 가자는 것이었다. 평소에 친하게 지내던 언니라서 별다른 생각 없이 알겠다고 대답하고 약속 시간에 맞춰 용산에 갔다. 나를 보자마자 언니는 갈 곳이 있다며 서울역에 있는 호텔로 나를 데려갔다.

영문도 모르고 객실 앞까지 언니를 따라갔던 나는 객실 문이 열리자마자 놀라서 바닥에 털썩 주저앉았다. 객실에서 나온 사람은 다름 아닌 미군 장교였기 때문이다. 나를 진심으로 좋아한다며 미국에 꼭 같이 가자고 날마다 출근 도장 찍듯 약속을 했던 장교, 그 사람이 나를 보며 활짝 웃고 있었다. 언니는 장교에게 한마디 하고는 나를 그대로 두고 가버렸다.

그제야 정신이 번쩍 들면서 이대로 있다가는 큰일 나겠다 싶었다. 그래서 나를 잡아 일으키려는 장교를 뿌리치고 혼자서 일어서려는데 다리에 힘이 풀려 중심을 잡을 수가 없었다. 두려움과 막막함 그리고 수치심에 눈물이 쏟아졌다. 친한 언니에게 속은 게 분하고, 호텔 앞까지 아무런 낌새도 알아차리지 못하고 따라온 내가 너무 한심했다.

무엇보다 나를 가볍게 여긴 장교에게 화가 나서 견딜수가 없었다. 서러움과 억울함, 비참함이 북받쳐 올라 터져 나오는 눈물을 걷잡을 수가 없었다.

아이처럼 엉엉 소리 내어 우는 나를 보고 장교는 당황하여 문고리를 붙잡고 사과를 했지만 이미 상처를 받을대로 받은 나는 그를 상대할 기분이 아니었다. 간신히 붙들고 있던 의지의 끈이 툭 끊어지면서 그동안 참아왔던 서러움이 폭발한 것이다. 한참 기다려도 내가 진정될 기미가 보이지 않자 장교는 그만 울고 집에 가라며 객실 안으로 들어갔다. 그제야 나도 일어나 호텔을 나왔다.

그리고 집으로 오는 내내 나는 버스 창가에 얼굴을 기대고 하염없이 울었다.

그 눈물은 호텔 복도에서 흘린 눈물과는 다른 의미였다. 그런 수모를 겪고도 일을 그만둘 수 없다는 현실이 비참해서 눈물이 났다. 아무리 찾아봐도 미군부대만큼 보수가 후한 곳은 없었다. 어머니 돌아가시고 이듬해 취업하여 1년 남짓 다녔을 뿐이니 아껴 모았어도 통장에 돈이 많지 않았다. 남동생과 함께 살 집을 구하기 위해서는 치욕스럽더라도 옷깃을 단단히 틀어쥐고 버텨야 했다.

그날 밤 나는 짐을 싸서 양색시라고 불리는 이들이 사는 집에서 나와 산꼭대기에 있는 집으로 옮겼다.

그 동네에서는 몇 안 되는, 양색시가 없는 집이었다. 그곳에서 부대까지 가려면 한참을 걸어야 했지만 교통이 편한 평지에 있는 집은 양색시들과 함께 사용해야 했다. 아니면 집값이 한참 비쌌다. 그래서 인가로는 마지막 위치에 있는 산꼭대기 집을 얻은 것이다.

그런데 그 집에도 술 취한 미군이 찾아왔다.

한밤중에 찾아온 미군은 대문을 발로 차며 문을 열어달라고 고래고래 소리를 질렀다. 나를 만나야겠다는 것이었다.

낡은 대문은 금방이라도 떨어져 나갈 것처럼 요란한 소리를 내는데 가슴이 두방망이질하며 두려움에 터질 것 같았다. 그때 주인 할아버지가 내 방문을 두드리시더니 집에 있으면 위험하니까 빨리 뒷문으로 나가서 파출소에 신고하라고 하셨다. 부대 근처에서 살다 보니 이런 일은 이골이 나게 겪으셨다고 하시면서 할아버지는 산을 넘어 파출소로 가는 지름길을 알려주셨다.

나는 미군이 눈치채지 못하게 뒷문으로 빠져나와 산에 올랐다. 하지만 몇 걸음 못 가서 주저앉고 말았다.

마음은 앞으로 내달리는데 숨이 막힐 것 같은 공포가 길을 막아섰다. 금방이라도 미군이 나를 잡을 것 같아 마음이 허둥거려 걸을 수가 없었다. 그래도 파출소에 가야만 살 수 있다는 일념으로 걷다가 뛰다가, 미끄러지고 넘어지기를 반복했다. 한치 앞도 안 보이는 캄캄한 산에서 손전등 하나에 의지해서 발밑만 보며 걸었는데 멀리 까막까막하게 불빛이 보였다.

파출소였다. 파출소에 신고는 했지만 마음이 놓이지 않았다. 도저히 그 집에 다시 갈 엄두가 나지 않아 나는 동트기를 기다려 첫 차를 타고 서울로 왔다.

하지만 서울에 와도 뾰족한 수는 없었다.

당장 갈 데도 없었다. 목적지도 없이 마냥 갈 수 없어서 서울역에 내렸는데 눈물이 왈칵 쏟아졌다. 작은 아버지가 서울에 계셨지만 남동생을 맡겨놓은 처지라 갈 수 없었고, 이모네는 시어른들이 계시니 못 가고, 필동 아주머니 댁에도 갈 수 없는 상황이었다.

첫 새벽에 서울역 광장에 쭈그리고 앉아 아는 사람들 이름을 전부 떠올렸다가 잊기를 수십 번 반복하다가 결국 충무로 교회에 다닐 때 지휘하시던 이창호 집사님 댁에 가기로 하고 버스를 잡아탔다.

어머니가 살아 계실 때 함께 신앙생활을 하시면서 가족처럼 의지하던 집사님이셨는데 어머니가 돌아가신 후에도 나와 남동생을 물심양면으로 도와주셨다. 평소에도 미군부대에서 일하다 서울에 오게 되면 항상 그 집사님 댁에서 묵었기 때문에 그분이라면 이런 일에도 당황하지 않고 도와주실 것 같았다. 역시나 집사님은 내게 방을 내주시며 걱정 말고 지내라고 하셨다. 그날 이후 나는 다시는 미군부대에 가지 않았다. 그 집사님은 훗날 미국으로 이민을 가셨고 목사님이 되셨다.

♥ 당시에는 몰랐지만 / 지금 와 생각해 보니…

내 의지와 뜻대로 이루어지는 것이 하나도 없는 인생이었다. 왠지 무얼 하든 모든 일이 어그러지고 그렇게 힘이 드는지 도대체 알 수가 없었다. 그러나 어떤 순간에도 하나님은 최후의 비빌 언덕은 허락하셨다.

"우리가 사방으로 욱여쌈을 당하여도 싸이지 아니하며

답답한 일을 당하여도 낙심하지 아니하며" – 고린도후서 4장 8절

8

미군부대 일을
그만두면서

나는 이제 부모도, 집도, 직장도 없는 신세가 되어 버렸다. 의탁할 곳이 없어 이 집 저 집 돌아다니며 지내다 보니 내 신세가 처량해 보였는지 사람들은 각자 자기 방식대로 나를 도우려고 했다.

그중에 하나가 결혼이었다.

안정을 찾는데 있어서는 결혼보다 더 좋은 게 없다면서 중매를 서주겠다는 사람들이 있었지만 나는 아무리 삶이 힘들어도 결혼할 마음은 전혀 없어 모두 거절했다.

만나보라는 사람들 중에는 띠동갑이 훨씬 넘는 중년의 남자도 있었다.

어른들은 재산도 많고, 직장도 안정적인 사람과 결혼하

면 더 이상 고생도 하지 않고 귀여움 받으며 살 텐데 아까운 자리를 놓쳤다며 안타까워하셨지만 나는 하나도 아쉽지 않았다. 오히려 그렇게 지내다가는 내가 원치 않는 선택을 할 수도 있겠다는 생각이 들어 일자리를 더 열심히 알아봤다.

마침 그때 필동 아주머니에게 연락이 왔다.

지인을 통해 내 일자리를 알아봤다고 하시면서 충무로에 있는 J사 본사에 가서 면접을 보라고 했다.

J사는 우리나라 최초로 회중시계를 만든 중견기업으로 시계 제조업에서는 1등 기업으로 정평이 난 회사였다.

본사는 충무로에 있고 공장은 뚝섬에 있었는데 나는 공장 경리로 일하게 되었다.

취직이 결정되자마자 제일 먼저 공장 근처에 방을 얻었다. 그리고 작은 아버지 댁에서 지내고 있는 동생을 데려왔다. 보잘것없는 방 한 칸이었지만 그동안 남의 집에서 더부살이하던 동생과 함께 살게 되자 그제야 쫓기던 마음에 여유가 생기며 안정을 되찾았다.

회사 생활은 생각보다 훨씬 재밌었다.

공장의 경리 업무라는 게 숫자 놀음만으로 되는 게 아니었다. 현장에서 발로 뛰는 일이 더 많았다. 예를 들면 직원들의 식사도 경리가 책임졌다. 물론 밥을 짓거나 반찬을 하는 일은 주방 아주머니들이 하셨지만 음식을 하는 데 필요한 모든 식재료, 가령 쌀이라든지 부식비용을 경리가 지불했기 때문에 식비 예산을 어떻게 짜느냐에 따라 식사의 질이 완전히 달라졌다.

내가 J사에서 일할 당시 공장 직원만 4백 명이었다.
거기에 사무직 직원들까지 합하면 하루에 책임져야 할 식사량이 어마어마했다. 쌀과 잡곡류는 가마니로 쌓아두고 먹었지만 부식은 매일 조달해야 했기 때문에 날마다 새벽 장을 봐야 했다. 주방팀과 의논하여 식단을 짰지만 새벽시장에서 어떤 재료를 사느냐에 따라 반찬이 달라지기 때문에 장보기 재량권을 가진 경리의 힘이 막강했다.

그 위력은 시장에서 가장 크게 발휘됐다.
뚝섬 공장에서 일하기 시작한 날부터 나는 매일 뚝섬 시장으로 출근했다.
동 트기 전에 일어나 뚝섬 시장에 도착하면 시장 골목은 이미 활기로 넘쳐났다. 산지에서 밤새 달려온 싱싱한 채소며 해물이 진열대 위에서 펄펄 살아났고, 겨울이건 여름이건 땀을 뻘뻘 흘리며 물건을 꺼내 나르는 상인들의 얼굴엔 생기가 넘쳤다. 뚝섬 시장은 인정이 넘쳤고, 매일 아침 나는 그곳을 놀이터처럼 누비고 다녔다.

매대에 물건들이 제자리를 찾아 놓일 때쯤 나는 시장을 찾았다.

내가 시장 골목에 들어서면 상인들은 너 나 할 것 없이 달려 나와 '미스 조'를 외쳤다. 내가 마수걸이를 하는 가게는 그날 장사 걱정은 덜어도 되니 어떻게든 내게 물건을 팔려고 했다. 가게마다 가장 좋은 물건을 보여주며 흥정을 붙였다. 굳이 발품을 팔지 않아도 그날 시장에 들어온 최상품은 항상 우리 공장 몫이었다.

4백여 명분의 곳간 열쇠를 쥐고 있던 나는 시장 상인들에게 큰손으로 불리며 특급 대우를 받았다. 상인들은 내가 어린아이같이 웃고 다닌다며 좋아하면서도 물건 보는 눈이 야물딱지고 눈썰미가 좋다고 감탄했다. 시장에 갈 때마다 나는 어른들 틈에서 사랑받으며 지냈던 어린 시절이 생각났다. 투박하고 거칠지만 정겨운 상인들은 어린 시절 내 할머니 같고, 어머니 같았다.

시장 가는 일이 즐겁고 장 보는 일이 신나다 보니 내가 경리를 맡고부터는 식비 예산이 항상 초과됐다. 돈보다 사람을 우선으로 생각해 이것저것 챙기다 보면 예산을 넘기기 일쑤였다. 그 당시만 해도 단체 급식은 밥, 국, 김치에 나물 한 가지 얹어 먹는 게 기본이었고, 일주일에 한 번, 혹은 한 달에 한두 번 여는 고기파티가 전부였다.

내가 입사하기 전에 J사의 식사도 그랬다.

그런데 아무리 생각해도 그 정도 먹고서는 힘이 날 것 같지가 않았다. 그래서 날마다 포식할 수 있도록 식단을 짜다 보니 달마다 적자가 난 것이다. 총무부 담당자는 나를 볼 때마다 적자를 메우라며 엄포를 놨지만 나는 그때마다 웃는 낯으로 다음 달에는 적자를 줄여보겠다고 적당히 둘러댔다. 그럼에도 재정보다 직원들이 더 중요하다고 생각했기 때문에 퇴사할 때까지 그 약속을 지킬 수는 없었다.

당시에는 몰랐지만 / 지금 와 생각해 보니…

좋은 조건의 일자리를 잃으며 다시 알 수 없는 상황에 내몰렸지만 결국 그 가운데 많은 것을 배우고 더 좋은 일을 하도록 하나님이 나를 인도하신 것이다. 좋은 자리를 얻었는데 왜 나쁜 일들이 생기는지 당시에는 알 수 없었다. 하지만 그때 그런 사건들로 내가 일을 그만두지 않았더라면 이후에 하나님이 주시는 복을 결코 누릴 수는 없었을 것이다. 하나님은 이미 내 인생을 위해 필요한 모든 것들을 미리 예비해두셨다.

"내가 사자를 네 앞서 보내어 길에서 너를 보호하여
너를 내가 예비한 곳에 이르게 하리니" – 출애굽기 23장 20절

9

뚝섬 공장에서 나는
정말 신명나게 일했다

일이 적성에 맞는 데다 사람들로부터 칭찬받고 인정을 받으니 즐겁지 않을 이유가 없었다. 거기에 마음을 나눌 친구까지 있어서 더없이 행복한 직장 생활을 할 수 있었다.

나와 함께 J사에 다녔던 W라는 친구는 교회 고등부 때 함께 몰려다니던 가장 친한 친구 다섯 명 중 한 명이었다. 고등부 시절 우리는 하루가 멀다 하고 만났다. 그렇게 자주 만나도 해야 할 일은 수두룩했고, 단지 함께 하는 것이 좋아서 우리는 한 번 만날 걸 두 번으로 늘려가며 매일 만났다. 머리를 맞대고 주보를 작성해 등사기로 밀었고, 각자 역할에 따라 악보를 준비하고, 반주를 연습해 와서 성가대 연습도 했다. 주일학교 아이들을 가르칠 준비도 다 같이 모여서 했다. 크리스마스가 되면 칸타타 연습으로 밤을 새웠고, 성탄 전야에는 예수님 탄생을 축하하며 또 한 번 밤을 새웠다.

각별했던 그 다섯 명 중 W는 나보다 5일 늦게 태어났지만 오히려 남동생 같은 친구였다.

색시같이 곱상하게 생긴 데다 얌전하고 공부도 잘해서 어머니도 생전에 유독 W를 예뻐하셨다. 가정사가 복잡했던 W는 우리 어머니를 친어머니처럼 따랐고, 어머니도 W를 아들처럼 대하셨다. 어려운 형편에도 우리 집에는 W 전용 숟가락과 밥그릇까지 있을 정도로 W에 대한 어머니의 사랑은 지극했다.

그렇게 한 가족같이 지냈기 때문에 어머니가 돌아가신 후에도 우리 관계는 변하지 않고 오히려 더 돈독해졌다. 눈물 많고 마음이 여린 W를 나는 보호자처럼 돌봐주었고, 그 친구는 내 남동생을 친동생처럼 감싸주었다. 우리 모두 한 어머니를 여읜 형제로 서로를 애틋하게 여기며 슬픔을 위로했다. 그러다 나는 미군부대 장교 식당에서 일하게 되었고, 학비를 마련하지 못해 서울대를 중퇴한 W는 카투사에 지원했다.

더구나 카투사 부대가 파주에 있어서 우리는 저녁마다

만났다. 미리 약속하지 않아도 일을 마치고 나오면 항상 W가 부대 앞에서 기다리고 있었다. 논둑을 걸어가며 우리는 노래를 부르기 시작했다. 찬송가부터 가곡까지 레퍼토리도 다양했다. 우리 둘 다 성가대원으로 W는 테너, 나는 알토였기 때문에 노래를 부르다 보면 자연스럽게 화음이 맞춰졌다. 깨끗한 미성으로 W가 멜로디를 잡아 나가면 나는 거기에 화음을 얹어 노래를 풍성하게 만들었다.

아무도 없는 논둑길을 걸으며 노래를 부르던 순간은 황홀하고 아름다웠다.

우리의 노래는 논둑이 저녁노을에 붉게 물들 때까지 계속됐다. 어쩌다 시간이 될 때에는 밤이 늦도록 노래를 불렀다. 불량배를 만나 혼쭐이 나기도 했지만 다음 날이면 다시 자연스럽게 발걸음이 논둑으로 향했다. 그 친구와 함께 있으면 어린 시절의 꿈을 되찾은 것 같았다. 노래만으로 맘이 통할 정도로 W와 나는 말이 필요 없는 친구였다.

W가 카투사를 제대하고 직장을 구하지 못해 힘들어할 때 마침 우리 회사에 무역부가 신설되었다. 영어에 능통했던 W에게 적임인 자리였다. 나는 사장 사모님께 W를 이종사촌 동생이라고 소개하고 취직을 부탁하여 무역팀에 면접을 볼 수 있는 기회를 얻었고, W는 그 기회를 놓치지 않고 입사에 성공했다. 그렇게 우리는 회사 동료로, 오

래된 친구로, 대내외적으로는 이종사촌으로 지내며 파주에서 그랬듯 퇴근 후에 만나 차 마시고 저녁 먹으며 지냈다. 어른들의 세계 속에서 치열하게 살았지만 순수함을 간직할 수 있었던 것은 그 친구 덕분이었다.

그 친구와의 인연은 평생 계속되었지만 마음과 생각의 기울기가 조금씩 달라지다 길이 완전히 어긋나면서 한동안 만나지 않게 됐다. 내게 마음을 모조리 줘버렸는지 W는 내가 결혼한 후에 엄마 손을 놓친 아이처럼 어쩔 줄 몰라 했다. 술만 마시면 우리 남편을 찾아와 넓은 땅을 사서 아래윗집에서 다 같이 살자고 졸라댔다.

좀처럼 마음을 잡지 못하던 W를 경리로 온 H 양이 많이 좋아했다. 그 사실을 안 나는 적극 결혼을 권했다. H 양은 예쁘지는 않았고 체격은 좀 있었지만 인물이 좋았고 활발했다. W는 왜소한 편이었다. 일이 잘 되어 둘은 결혼을 결정했다. W는 은행 통장과 도장을 가지고 와서 결혼 준비를 해 달라고 부탁했다.

나는 누나 입장에서 정성껏 준비했다.

집을 알아봐 주고, 음악을 좋아하는 W를 위해 전축도 구입해 주었다. 약혼식은 반도 호텔 룸에서 했는데 결혼식 때는 다이아반지를 준비하는 것까지 도왔다.

결혼도 했지만 W의 마음의 방황은 쉽게 끝나지 않는 것 같았다. 순수했던 시절을 그리워하느라 어른의 세계가 너무나 힘들었는지 방황을 하며 계속 겉돌다 결국 몸도 마음도 피폐해져서 큰 병을 얻고 말았다.

그 친구 소식을 다시 들은 것은 10년 전쯤이다.

갑자기 W의 처가 전화를 해서는 지금 남편이 호스피스 병동에 있는데 와 줄 수 있냐고 물었다. 전신에 퍼진 마비가 점점 올라와 이제는 말도 못 하는 상황인데 그날 아침 남편에게 "승은이 엄마를 불러줄까?"라고 물으니 고개를 끄덕였다는 것이다.

그 말을 들으니 가슴이 철렁했다.

그동안 간간이 들리는 소식이 별로 좋진 않았어도 그래도 살아있어 다행이라고 가슴을 쓸어내리곤 했는데 이제 정말 볼 날이 얼마 안 남았을 것이라고 생각하니 다리가 후들거려 혼자 갈 엄두가 나지 않아 교구 목사님께 연락을 드려 모시고 갔다. 교회에서 만나 함께 신앙생활을 했던 친구였지만 세상에서 방황하는 시간이 길어지면서 믿음도 다 잃어버린 상태였기에 아직 W의 마음 안에 남아있을 믿음의 불씨를 되살려주고 싶었다.

병원까지 가는 내내 오만가지 생각이 다 들었다.

땀을 뻘뻘 흘리며 등사판에 주보를 찍어내던 고등부 시절의 앳된 모습도 지나가고, 미군부대에서 나와 필동 아주머니 댁에 잠깐 머물 때 보고 싶어 왔다고 하면서도 벨

누를 용기가 없어 누군가 올 때까지 대문 앞에서 마냥 기다리고 서 있던 모습, 술에 잔뜩 취해 교회도 다니고 싶지 않을 만큼 자기 인생에서 가장 힘든 시기라고 소리쳤던 모습도 생생하게 떠올랐다. 곧 마주할 모습은 어떨지, 그 모습을 볼 용기가 나지 않았다.

호스피스 병동에 도착해 보니 W는 눈만 살아있었다.

나무토막처럼 뻣뻣해진 사지는 마비로 인해 움직이지 못했고, 입도 굳었는지 나를 보고도 아무 말이 없었다.

그런데 눈은 살아있었다.

안간힘을 써도 뿌연 눈동자가 겨우 보일 만큼 작게 뜬 눈이지만 물끄러미 나를 보고 있는 W의 시선은 분명히 느낄 수 있었다. 그리고 곧 그의 두 눈에 이슬 같은 눈물이 맺혔다.

그때 목사님이 뒤에서 찬송가를 부르기 시작했다.

나는 정말 간절하게 고운 음성으로 그리고 작은 목소리로 목사님과 화음을 맞춰가며 불렀다.

"나 같은 죄인 살리신 주 은혜 놀라와

잃었던 생명 찾았고 광명을 얻었네."

다른 환자들에게 방해가 될까 봐 병상 커튼을 치고 들릴락 말락 한 소리로 부르셨는데 마음이 울컥하며 가슴이 뜨거워졌다. 40년 전 논둑길에서 W와 내가 함께 불렀던

찬양이었다. 나도 모르게 목사님을 따라 화음을 넣어 찬
양을 부르기 시작했다. 얼마나 불렀을까. 목사님과 나는
가빠진 W의 숨소리가 편안해질 때까지 '나 같은 죄인 살
리신'을 부르고 또 불렀다.

그리고 사흘 뒤 W는 세상을 떠났다.
W의 부고를 들었을 때 그때의 눈동자가 떠올랐다.
어른 세계에 적응하지 못하고 순수했던 시절에 머물러
있던 이슬 맺힌 눈, 그 눈과 함께 아름다운 화음으로 어우
러졌던 우리의 찬양 소리가 귓가에 들리는 것 같았다.
그는 나의 가장 빛나고 소중했던 시절을 함께 한 가슴
아픈 친구다.

♥ 당시에는 몰랐지만 / 지금 와 생각해 보니…

W와의 추억을 떠올릴 때마다 인생의 덧없음과 인생의 소중함
을 함께 느끼곤 한다. 성경 말씀처럼 안개처럼 사라지는 것이 우리 인생
임을 깨달을 때 한정된 이 시간을 가장 가치 있게 채워주는 것은 오직 믿
음이라는 사실을 알게 된다. 지금도 인생에서 가장 중요한 것은 세상의
복락을 누리는 것이 아닌 하나님을 예배하며 누리는 풍성한 은혜라는
것을 그 시절의 추억을 통해 되새기곤 한다.
"내일 일을 너희가 알지 못하는도다

너희 생명이 무엇이냐

너희는 잠깐 보이다가 없어지는 안개니라" – 야고보서 4장 14절

Part
2

10

적성에 맞는 일을
찾는 건 쉬운 일이 아니다

나는 공장에서 경리 일을 하면서 내가 돈 만지는 걸 좋아하고 또 잘한다는 걸 알게 되었다.

4백 명 넘는 직원들의 봉급을 주는 것이 생각보다 쉬운 일이 아니었다. 당시에는 계좌이체라는 개념이 없어서 현금을 세어 봉투에 넣어줬는데 봉급날 정해진 돈을 한 번에 받아 가는 사람이 거의 없었다. 가불은 기본이었고 한 달 내내 그어 놓은 외상값을 봉급에서 떼 준 후에 나머지 금액만 봉투에 넣어 주어야 하기 때문에 계산이 복잡했다.

그런데도 그 일이 번거롭거나 귀찮지 않고 오히려 재밌

었다.

봉급날이 되면 돈 가방을 들고 시장을 한 바퀴 돌면서 직원들의 외상값을 먼저 갚았다. 다들 어떻게 알았는지 내가 시장에 나타났다는 소식이 전해지면 다방 레지, 술집 마담, 식당 주인, 화장품 가게 사장, 옷집 아줌마들이 열 일 제쳐두고 골목으로 달려 나와 '미스 조'를 불렀다. 회사 근처 상인들은 현찰 장사가 아니라 관계 장사였기 때문에 대부분 외상으로 매출을 올렸다. 직원들의 봉급날이 상인들의 봉급날이기도 했으니 내가 얼마나 반가웠겠는가. 봉급날 느껴지는 시장의 생기가 싫지 않았던 나는 매달 25일이면 회사에 출근 도장만 찍고 곧장 시장으로 나갔다.

직원들의 봉급은 외상값과 가불을 공제하고 남은 금액이었다. 두툼해야 할 월급봉투가 외상값을 빼고 홀쭉해진 걸 보면서 다들 이걸로 어떻게 사나 싶었지만 그들에게는 가불이라는 히든카드가 있었다. 마치 주급을 받듯 주말마다 직원들은 가불을 신청했다. 토요일이면 가불을 받으려는 직원들이 경리과 앞에 줄을 섰다. 춤 배우고, 쇼핑하고, 여행을 가기 위한 경비를 가불로 충당하는 것이었다.

직원들에게 숱하게 가불을 해주었지만 정작 나는 한 번도 가불을 한 적이 없었다.

직원들과 회사 밖에서 어울리지도 않았다.

나는 여흥을 즐기는 데 별 관심이 없었다. 그 흔한 고고장 한번 같이 간 적 없었지만 직원들과는 외상장부와 가불이라는 비밀을 공유한 사이였기 때문에 꽤나 돈독했다. 게다가 내 성격이 워낙 활달하고 명랑해서 비슷한 연배뿐아니라 나이 차이가 많이 나는 관리자급과도 스스럼없이 친밀하게 지냈다. 내가 있는 자리에선 언제나 웃음이 터져 나왔고, 회사에서 나는「명랑한 미스 조」로 통했다.

직원들과 허물없이 지내다 보니 어느새 내 자리가 참새방앗간이 되었다. 다들 어딘가를 오며 가다가도 내 자리에 들러 객쩍은 농담이라도 던지고 가는 게 일상이 됐다. 이런 분위기에도 한 번도 내 자리에 오지 않은 사람이 딱한 명 있었다.

나보다 2개월 늦게 입사한 자재과 직원으로 그때는 승진하여 과장 직함을 달고 있는 L이라는 직원이었다.

입사 당시에는 군에서 제대한 후 바로 취업을 했기 때문에 영락없는 시골뜨기였다. 얼굴은 새카맣고 몸은 삐쩍마른 데다 소심해 보여서 별다른 관심을 두지 않았지만 시간이 지나며 은근히 호기심이 생겼다. 무슨 이유인지는 몰라도 그는 내게는 전혀 말을 걸지 않았다. 또한 2년 동안 가불을 한번도 하지 않은 유일한 사람이었다.

대부분의 직원들은 가불을 주급처럼 여겼기 때문에 외

상 빚이 밀려 있어도 항상 가불을 받았다. 별다른 대책 없이 일단 돈을 쓰고 보자는 게 그들의 생활철학이었다. 그런 모습을 볼 때마다 답답하기도 하고, 안타깝기도 하여 가불을 해 주면서도 마음이 편치 않았는데 월급을 옹글게 가져가는 사람이 있으니 달리 보인 것이다.

게다가 그는 과묵한 성격이라 속내가 드러나지 않았다.

일할 때를 제외하고는 누구와 이야기하는 모습을 본 적이 없을 정도로 말이 없었다. 보통 2년 정도 직장 생활을 하면 어느 정도 삶의 이력이 드러나는데 그는 이러저러한 추측만 있을 뿐 새어 나오는 이야기가 없었다.

다만 선 굵은 이태리 배우 같은 얼굴에 선비같이 점잖고 깨끗한 이미지 덕분에 여직원들의 관심을 한 몸에 받고 있었기 때문에 이런저런 추측성 정보는 많았다. 그중에서도 전라도에서 내로라하는 부잣집 아들이라 월급을 아쉬워할 형편이 아니라는 소문이 돌면서 그에 대한 여직원들의 관심이 한층 뜨거워졌다. 그런 분위기를 아는지 모르는지 그는 누구에게나 한결같이 눈이 마주치면 빙그레 웃어줄 뿐 말을 거는 법이 없었다.

그런데 하루는 그가 우리 집에 찾아왔다.

물론 혼자는 아니었다. 몸살에 걸려 결근한 내가 걱정돼서 직원 대여섯 명이 퇴근 후에 문병을 왔는데 껴서 온 것이다. 과일이며 통조림을 잔뜩 사들고 온 직원들은 내가 없으니 회사가 텅 빈 것 같다고 큰소리로 떠들어대며 너스레를 떨었는데 그는 나와 눈이 마주쳐도 싱긋 웃기만 했다.

평소에 친하게 지낸 것도 아닌데 문병까지 따라온 그가 의아하긴 했지만 싫지는 않았다. 아무에게도 관심이 없어 보였는데 내 빈 자리를 알아차렸다는 게 왠지 뿌듯했다. 그래서인지는 몰라도 그날 다른 직원들의 백 마디 응원보다 나를 보고 슬쩍 웃어주는 그 사람의 웃음에 더 큰 위로를 받았다. 그렇다고 그에게 특별한 감정이 생긴 건 아니었다. 무뚝뚝해도 만날 때마다 웃어주는 게 좋았고, 다른 직원들과 달리 말수가 적고 침착한 모습이 믿음직스러워 보였을 뿐이었다.

그러던 어느 날 퇴근을 하려는데 같은 조 씨인 총무과장이 내게 할 얘기가 있다면서 회사 옆에 있는 다방으로 나를 데려갔다. 총무과장은 매너도 좋고 멋쟁이 신사인데다 나를 친동생처럼 아껴주어서 평소에 오라버니라 부를 정도로 가깝게 지냈다. 그런데 그날따라 총무과장의 태도가 영 수상했다. 다방에 앉아서 차를 시켰는데 얘기는 하지 않고 뭔가 재미있는 일을 꾸미는 사람처럼 혼자 입가를 실룩거리며 웃기만 했다. 그러더니 불쑥 내게 "L 과장을 어떻게 생각해?"라고 물었다.

'어떻게 생각하냐니…?'

한 번도 그에 대해 생각해 본 적이 없었던 나는 할 말이 없어 멀거니 총무과장만 쳐다보았다. 그러자 그는 큰소리로 웃으면서 내 어깨를 두어 번 두드리고는 자리에서 일어났다. L 과장이 곧 올 테니 가지 말고 기다리라고 하면서 "L 과장이 미스 조를 좋아한다네"라고 툭 내뱉었다.

그런데 그 말을 듣자 가슴이 덜컥 내려앉으며 심장이 두근거리기 시작했다. 짧은 시간이었지만 한 번도 경험하지 못한 오묘한 감정이 생겼다. 마음이 뒤숭숭하고, 설렜다. '대체 왜 나를?'이란 생각이 들다가도 나와 눈 마주칠 때마다 웃어주던 얼굴이 떠오르면서 괜스레 얼굴이 빨개지고 부끄러운 마음이 들었다.

총무과장이 나가고 나서 곧 L 과장이 들어왔다.

그런데 어찌 된 일인지 나와 눈도 마주치지 못하고 덜덜 떨기만 했다. 항상 의연한 모습만 보다가 다 큰 어른이 내 앞에서 쩔쩔 매는 걸 보니 우습기도 하고, 안쓰럽기도 했다. 그래서 이런 말 저런 말을 끌어다가 내가 먼저 말을 붙였다.

처음에는 묻는 말에 겨우 대답하던 그도 시간이 지나자 뜸직뜸직 자기의 마음을 표현했다. 자기와 사귀지 않겠냐고 단도직입적으로 물었다.

그때는 L 과장이 그 말 한마디를 하기 위해 얼마나 끙끙 앓았는지 몰랐다. 총무과장을 통해 그 자리를 마련한 것도 그가 직접 한 게 아니라 회사 옆 하숙집에서 L 과장과 한방을 쓰던 룸메이트가 총무과장에게 부탁해서 성사시킨 것이었다. 2년 가까이 나를 마음에 두고 있었으면서도 고백 한 번 못하고 속앓이하는 L 과장을 보다 못해 룸메이트가 나선 것이다. 그는 일면식도 없는 우리 회사의 총무과장을 찾아와 자기를 믿고, 나와 L 과장이 한번 만날 수 있도록 주선해 달라고 부탁했다.

2년 동안이나 가슴속에 묵혀 두었던 고백을 겨우 내뱉었으니 그는 내가 빨리 대답하길 바랐겠지만 나로서는 너무 느닷없었다. 총무과장의 귀띔으로 L 과장이 무슨 말을 할지 짐작했지만 막상 들으니 대답할 말이 궁색했다. 남들 보기엔 혼기 꽉 찬 스물다섯 처녀였지만 그때까지 나는 연애를 하거나 연애 감정을 느껴본 적이 없었다. 남자는 친구 아니면 동생만 있었기 때문에 이성으로 다가오는 남자를 어떻게 대해야 할지 몰랐다. 그래서 엉겁결에 일주일만 시간을 달라고 했다. 그리고 먼저 상의한 사람이 W였다.

퇴근 후 충무로에서 만나서 뚝섬에 있는 우리 집까지 함께 노래하며 걷다가 청혼 받은 이야기를 했더니 W는

"회사 직원 중에 L 과장이 제일 점잖고 괜찮은 사람 같아. 한번 사귀어 봐"라고 말했다. 그 말을 듣자 마음이 놓였다. 남자는 남자가 정확히 본다는데 내가 가장 의지하고 믿었던 친구가 긍정적으로 말하니 더 이상 고민할 필요도 없었다. 뚝섬 집에 도착하니 밤 12시 경이었다.

그날 이후 나는 일주일 동안 그를 눈여겨보기 시작했다.

마음이라는 게 참 이상했다. 그 전날까지만 해도 아무 감정이 없었는데 그 사람이 나를 좋아한다고 생각하니 볼 때마다 심장이 떨렸다. 생전 처음 겪는 감정이라 그런 것이 사랑인지 헷갈리고 혼란스러웠지만 마음을 터놓고 의논할 사람도 없었다.

어머니가 살아계셨다 해도 마찬가지였을 것이다.

어머니는 내가 목회자 사모가 되길 바라셨다. 당시 우리 교회에서는 신학생과 결혼하는 사람들이 꽤 많았는데 그들을 볼 때마다 어머니는 무척 부러워하시며 목회자 사위를 얻고 싶다고 하셨다. 나는 그럴 마음이 추호도 없었다. 교회에서 녹을 받는 것도 아니면서 밤낮없이 교회에서 사는 분은 어머니로 족했다.

나는 어머니가 신학생 사진을 내밀며 한번 만나보라고 하실 때마다 "내 사전에 목사 사모란 말은 없다"라며 일언

지하에 거절했다. 그래도 어머니는 미련을 버리지 못하고 괜찮은 신학생이 있을 때마다 은근히 내게 압박을 가하셨다. 내가 고등학교를 졸업할 무렵에는 없는 살림에 혼수용 비단을 구해 오셔서는 다락에 고이 접어놓으시며 "앞으로 사모님 될 신자 꺼"라고 하시기도 했다.

물론 어머니가 원하신 건 목회자 사위가 아니라 딸의 든든한 믿음이었을 것이다.

내가 주님의 품 안에서 안전히 살 수 있는 길은 목회자 아내가 되는 거라고 생각하셨을 것이다. 하지만 하나님만 바라는 어머니의 절대적인 신앙을 지긋지긋해 하면서 부정했던 내게 어머니의 소원은 얼토당토하지 않은 꿈같은 이야기였다.

어머니가 내 결혼에 대한 말씀 하실 때마다 나는 절대로 사모가 되지 않을 거라고 못을 박았다.

"엄마, 나는 절대 사모는 못해요. 아니, 사모가 되고 싶지도 않아요. 하지만 걱정하지 마세요. 목회자 사모가 되는 대신 나중에 돈 많이 벌어서 교회에 봉사할게요. 내 남편을 장로 만들어서 교회에 충성하게 할게요."

만약 어머니가 살아계셨다면 L 과장의 신앙부터 점검하셨을 것이다. 목사는 아니지만 장로감은 되는지, 식구 모두 예수를 믿는 기독교 집안인지 먼저 물어보셨을 것이다. 하지만 그 일주일 동안 나는 그 사람의 종교에 대해서는 생각해 보지 않았다. 내가 좋다면 당연히 교회는 다닐 거라고 생각했고, 교회에 다니면 믿음은 생길 거라 믿었다.

약속했던 일주일을 채우고 다시 만난 자리에서 나는 L 과장에게 마음을 정했다고 고백했다. 그렇게 만나 내 생애 처음으로 연애를 하게 되었다.

💗 당시에는 몰랐지만 / 지금 와 생각해 보니…

전혀 생각지도 못했던 사람이 어느 날 갑자기 내 눈에 들어오고, 부부라는 연을 맺게 되었다. 리브가를 기다리던 이삭의 마음으로 우리 부부는 서로를 기다렸고 만났던 것 같다. 사람과 사람이 만나는 건 우연일까 필연일까? 이때의 나는 아마도 우연이라고 생각했던 것 같지만 시간이 지나고 나서 하나님이 맺어주신 필연이었음을 알게 됐다.

"리브가가 눈을 들어 이삭을 바라보고 낙타에서 내려

종에게 말하되 들에서 배회하다가 우리에게로

마주 오는 자가 누구냐 종이 이르되 이는 내 주인이니이다

리브가가 너울을 가지고 자기의 얼굴을 가리더라"

– 창세기 24장 64-65절

11

L 과장과 서로 마음을
확인한 후에는

회사 생활이 예전과 같지 않았다.

회사에서 L 과장을 만나면 어떻게 대해야 할지 몰라 어색했고, 다른 사람들과 웃고 떠들 때는 은근히 눈치가 보였다. 물론 그는 내가 다른 사람들과 이야기를 해도 불편한 기색을 보이지 않았다. 그는 영화나 드라마에서 보는 남자들처럼 낯간지러운 고백을 할 줄도 몰랐고, 적극적으로 애정을 표현하지도 않았다.

하지만 그의 시선은 언제나 나를 향해 있었다.

드러나지 않게 뒤로 물러서 있다가 내가 어려운 일을 당하거나 혼자 있게 되면 슬쩍 다가와 곁에 있어 주었다,

내가 보든 보지 않든 L 과장은 언제나 나를 묵묵히 지켜보았다. 그 따뜻한 시선에서 나는 처음으로 안정감을 느꼈다. 어려서 아버지를 잃고 낯선 타향에서 전전긍긍하며 살았던 내게도 든든한 보호자가 생긴 것 같았다.

언제나 그 자리에 있는 산그늘처럼 커다랗게 품어주는 그의 인품에 나는 반했고, L 과장은 그늘진 데 없이 밝고, 복사꽃 같이 환한 내 미소에 반했다. 서로에게 깊이 반한 우리 두 사람은 곧 결혼을 약속했고 나는 회사를 그만두었다.

우리가 사귄 후에도 남편의 태도는 변함이 없었지만 나는 많은 것이 변했다.

남편에게 마음을 준 후로는 멀찍이서 남편 그림자만 봐도 화색이 돌았다. 나도 모르게 마음이 들뜨고 목소리가 높아졌다. 사람들에게 연애 중인 걸 들키는 건 시간문제였다. 남편은 우리의 연애 사실이 드러났을 때 겪어야 할 상황을 걱정하며 내게 퇴사를 권유했다. 혹여 입방아에 오르거나 불필요한 대답을 해야 하는 상황에서 나를 벗어나게 하려는 것이었다.

어차피 그와 결혼하려 마음먹고 있었기 때문에 회사에 대한 미련은 없었다. 하지만 당장 돈을 벌지 않으면 집세며 생활비는 어떻게 한단 말인가. 그렇다고 결혼도 하지 않았는데 생활비를 달라고 할 수도 없었다. 앞으로 살 일이 걱정됐지만 나를 걱정해서 회사를 그만두라는 L 과장의 말을 거절하긴 어려웠다.

순순히 알겠다는 나의 대답에 L 과장은 말없이 봉투 하나를 내밀었다.

꽤 큰 금액이 들어있는 돈 봉투였다.

깜짝 놀라 L 과장을 보니 빙긋이 웃으며 그 돈으로 장사를 한번 해 보라고 했다. ROTC 때 받은 봉급을 모아둔 거라 일종의 비상금이니 부담 없이 쓰라고 했다. 그렇게 나보다 한발 앞서 내 길을 걱정해 주는 사람을 만난 것은 처음이었다.

그런 남편이 될 L 과장이 고마워 눈물이 핑 돌았다.

내가 회사를 그만두고 장사를 할 거란 소문이 시장통에 돌자 상인들은 하나씩 자신들이 알고 있는 정보들을 알려주었다.

그중 이문동에 가서 장사를 하란 말이 내 귀에 들어왔다. 그 당시 이문동은 개발이 막 시작되어 어디든 집만 지어 팔면 돈을 벌 수 있다는 소문이 파다했다. 다들 눈독을 들이는 곳이라 중개업자와 큰손들이 모여든다는 이야기도 있었다. 목이 아주 좋은 도심은 아니지만 사람이 모이는 곳이라면 장사를 해 볼만 하겠다는 생각이 들었다.

무작정 이문동에 찾아가 가게를 낼만한 자리를 알아 봤다.

골목 코너지만 길가에 있는 가게를 얻을 수 있었다.

진열장 하나, 탁자 3개를 놓으면 꽉 차는 작은 가게였지 만 뒤쪽에 살림방이 달려있어 남동생과 지내기에도 안성 맞춤이었다.

거기서 나는 빵을 팔기 시작했다.

일대가 전부 집을 짓고 있는 공사판이었기 때문에 인부 들이 간단하게 먹을 수 있는 간식거리를 팔면 승산이 있 을 것 같았다. 그래서 선택한 것이 프랜차이즈 제과점이 었다. 당시 제과점은 뉴욕제과, 고려당, 태극당 밖에 없었 다. 직접 만들지 않아 품도 들지 않고, 검증된 맛이라 사 람들의 호불호도 적을 것 같았다. 예상은 적중했다. 오픈 전까지 들었던 이런저런 고민들이 무색할 정도로 개업 첫 날부터 빵이 날개 돋힌 듯 팔려나갔다.

점점 손님들이 늘기 시작하더니 급기야 추가 메뉴를 요 청하는 사람들까지 생겼다. 빵이랑 같이 마실 커피도 팔 라는 것이었다. 커피 분말에 설탕과 우유만 넣으면 되는 데 왜 팔지 않냐며 커피를 찾는 사람들이 많아졌다. 그래 서 옛날 의자매였던 송자를 오게 해 메뉴에 커피를 추가 시켰다.

반응은 폭발적이었다.

커피를 팔면서 빵도 더 많이 팔려서 가게를 늘려야 할 판이었다. 그러다 보니 점점 영업시간이 늘어났고 밤늦게까지 가게 문을 여는 날이 많아졌다.

커피를 팔다 보니 손님들이 찾아서 다른 음료도 팔게 되었다. 장사가 잘 되니 좋은 일이었지만 L 과장은 달가워하지 않았다.

L 과장은 날마다 이문동에 있는 우리 가게로 퇴근했다. 그렇다고 가게 안에 들어와 자리를 차지한 게 아니라 건너편 길가에 서 있다가 손님이 뜸해지면 건너와 얼굴만 보고 갔다.

저녁 손님이 많아지자 자리 날 틈이 없이 가게 안은 북적였고, 퇴근하자마자 와서 기다려도 통금 시간 때문에 내 얼굴도 제대로 보지 못하고 돌아갈 때가 많았다. L 과장도 마음이 상했는지 하루는 가게를 그만두라고 했다. 밤늦게까지 일하는 것도 싫으니 빵 가게를 정리하고 뚝섬으로 다시 가자고 했다.

여간해서는 감정을 표현하지 않는 사람이 처음으로 단호하게 자기 생각을 말한 것이라 나는 두말 않고 가게를 접었다.

다행히 당시 퇴직하고 놀던 친구가 자주 놀러 왔는데, 내가 가게를 접는다고 하니 자기가 맡겠다고 해서 웃돈을 좀 받은 덕분에 뚝섬 시장에서 옷 가게를 할 만한 밑천이 생겼다. 장사 경험이라고 해봤자 빵을 팔아본 게 전부였지만 다른 곳도 아니고 뚝섬 시장이면 한 번 해 볼만하겠다는 생각이 들었다. 공장 다닐 때 외상값 결제해 주러 다니며 배운 방식대로 나도 직원들을 대상으로 외상 판매를 했다.

옷 장사는 빵을 팔 때와는 다른 재미가 있었다.
내가 어떻게 진열하느냐에 따라 똑같은 옷도 사람들의 반응이 완전히 달랐기 때문에 공부하는 재미가 쏠쏠했다. 새벽 도매시장에 펼쳐놓은 옷 무더기에서 맘에 드는 옷을 골라내 진열해 놓으면 사람들이 감탄을 하며 사 갔다. 그 재미에 꼭두새벽마다 힘든 줄도 모르고 옷을 떼러 다녔다.

모든 것이 평탄하게 흘러가는 나날이었다.
성수동으로 다시 돌아오면서 L 과장과 나는 더 애틋해지고 서로에 대한 마음이 깊어졌다. L 과장은 결혼을 더 이상 미룰 수 없다며 고향에 계신 부모님께 결혼 승낙을 받겠다고 했다. 먼 길이니 혼자 다녀오겠다며 주말이면 고향에 내려갔다.

그때는 고작 하루인데도 서로 떨어져 있는 게 아쉬워 일요일 아침이면 기차 시간에 맞춰 서울역에 마중을 갔다. 휴대폰이 없던 시절이니 혹여 기차를 놓치면 기약 없이 기다려야 했지만 그 시간마저 즐거웠다. 어쩌다 기차를 놓치면 L 과장은 승강장에서부터 헐레벌떡 뛰어와 미안하다는 말도, 고맙다는 말도 하지 않고 빙그레 웃는 것이 인사였지만 그의 쿵쾅거리는 심장소리가 천 마디의 말을 대신했다.

💗 당시에는 몰랐지만 / 지금 와 생각해 보니…

말로는 여간해서 사랑을 표현하지 않는 남편이었지만 말투 하나, 행동 하나, 손짓 하나로 얼마나 나를 사랑하는지 느낄 수 있었다. 말도 중요하지만 그만큼 행동이 더 중요하다는 것을 남편의 사랑을 통해 나는 깨달았다. 그때의 경험을 통해 나는 지금도 가까운 사람들, 가족들에게 사랑을 표현할 때에도 말 못지 않게 행동으로 사랑이 전달되도록 신경을 많이 쓰려고 한다.

"자녀들아 우리가 말과 혀로만 사랑하지 말고

행함과 진실함으로 하자" – 요한1서 3장 18절

12

우리는
종로의 한 예식장에서
결혼식을 올렸다

나는 L 과장인 이금희라는 남자와 태어나서 처음으로 연애를 했고, 결혼까지 했다.

어머니가 계셨다면 교회에서 결혼 예배를 드렸겠지만 남편도 시댁도 믿지 않는 집안이라 장소로 교회를 고집하기는 어려웠다. 예식장에서 식은 올리되 대신 목사님을 모시고 예배를 드리기로 했다.

결혼 당일에 웨딩드레스를 입고 대기실에 앉아 있는데 하객들이 끝도 없이 들어왔다.

땀 냄새 밴 외상장부를 공유했던 술집 마담부터 다방 레지까지 시장 상인들이 총출동했고, 공장 직원들도 거의

다 참석했다. 어찌나 하객이 많았던지 그날 뚝섬이 텅 비었다는 말이 나왔을 정도였다.

결혼식이 시작되자 우리는 같이 입장했다. 정신이 없었고, 사시나무 떨리듯 떨렸다. 사람이 그토록 많았건만 내 마음은 허전하기 그지없었다.

하객이 아무리 많아도 부모님이 앉아 계실 자리는 비었고, 가족석에 오도카니 앉아있는 남동생이 마음에 걸려 예식을 하는 내내 이상한 서러움이 북받쳐 올랐다. 그날처럼 내가 '고아'인 것이 실감 난 적이 없었다. 고모나 집안 어른들이라도 자리를 채워주셨다면 덜 쓸쓸했을 텐데 다들 미국으로 이민을 가서서 참석하실 수 없는 상황이었다. 드문드문 엄마와 함께 보험회사에 다니셨던 분들이 앉아 계셔서 그나마 위로가 되었지만 그래도 마음 한구석이 바람 든 것처럼 외로웠다.

그때 내 귀에 목사님의 말씀이 들려왔다.

"이러므로 사람이 부모를 떠나 그 아내와 합하여 그 둘이 한 육체가 될지니… 하나님이 짝지어 주신 것을 사람이 나누지 못할지니라."

목사님이 말씀을 마치자 남편이 성경 위에 손을 얹고 "아멘"이라고 고백했다.

남편은 결혼 전에 목사님을 만나 교회에 열심히 다니겠

다고 다짐을 했지만 그 입으로 "아멘"이라 고백한 적은 없었다. 그런데 아직 하나님이 누구신지도 모르는 사람이 나를 위해 주님을 영접하겠다고, 그 반석 위에 우리 가정을 세우겠다고 고백하는 모습을 보니 마음이 뭉클해지면서 마음 깊은 곳으로부터 찬양이 흘러나왔다.

"사철에 봄바람 불어 잇고
하나님 아버지 모셨으니
믿음의 반석도 든든하다
우리집 즐거운 동산이라
고마워라 임마누엘 예수만 섬기는 우리집
고마워라 임마누엘 복되고 즐거운 하루하루"

남편의 고백은 내가 결혼을 준비하면서 꾼 꿈 중에서 가장 아름답고 큰 꿈을 실현시켜 주었다. 주님을 믿지 않는 사람과 결혼하면서 내심 '과연 내가 믿음의 반석 위에 든든히 선 가정을 이룰 수 있을까' 걱정이 컸었다. 그런데 남편의 "아멘" 한 마디에 그 걱정이 눈 녹듯이 사라졌다.

결혼을 준비하면서도 결혼 뒤에 꽃길만 걸을 거라 기대하지는 않았다. 알고 보니 남편 역시 비빌 언덕이 없는 사람이었다. 소문과 달리 시댁은 전라도의 대부호가 아니었다. 오히려 남편이 그 집의 희망이었다.

남편은 전라도 산골에서 유일하게 광주로 유학한 수재였고, 국립대를 나와 서울에 취직한 마을의 자랑이었다. 남편은 자기 집안이 남에게 손 벌릴 만큼 궁색하지는 않다고 했지만 결혼할 때 시부모님으로부터 아무런 지원도 받지 못했다. 결혼 준비는 고스란히 남편과 내 몫이었다.

당시 성수동으로 옮겨와 옷 가게를 시작한 지 얼마 안 되어 나에겐 여윳돈이 전혀 없었다. 결혼식장이나 예복, 예물은 그동안 번 돈을 끌어모아 어떻게든 해결했는데 문제는 신혼집이었다. 집은 고사하고 방 한 칸 얻을만한 돈도 없어 전전긍긍하던 차에 하루는 시장에서 부식가게를 하는 아주머니가 나를 불렀다.

경사 앞두고 괜한 다리품 팔지 말고 자기네 단칸방을 내줄 테니 들어와 살라고 했다. 당장 돈이 없으면 계약금만 걸고 살다가 보증금 6만 원은 결혼식이 끝나고 축의금이 들어오면 달라고 했다.

너무나 고마웠다.
시장에서 장사하는 사람들에게 날짜는 곧 돈이었다. 은행에서 돈 빌리기 어려웠던 상인들은 서로 돈을 빌리고 빌려줬다. 빌려주기만 하면 충분한 이자를 받았는데 그걸 포기하고 방을 내주었으니 얼마나 감사한가.

돌아가신 어머니가 준비해 두신 비단으로 한복을 짓고, 솜을 틀어 이불까지 만드니 결혼식이 코앞으로 다가왔다. 그때까지 시댁에서는 연락이 없었다.

결혼 승낙을 받을 때도 남편 혼자 시골에 갔기 때문에 나는 결혼 전날까지도 시부모님을 뵙지 못했다.

시부모님은 결혼 전날 밤늦게 서울에 올라오셨다. 그런데 남편이 6남매의 장남이라 동생이 5명이나 되는데도 다른 식구나 친지는 대동하지 않고 두 분만 오셨다.

집안에 처음으로 치르는 결혼이라 하객이 많을 거라고 생각했던 나는 남편의 형제들도 오지 않은 걸 보고 적잖이 당황했다. 우리 쪽은 부모님은 돌아가시고, 친척들은 모두 미국으로 이민을 떠났기 때문에 남동생과 작은 아버지만 결혼식에 참석할 수 있었다. 시댁 손님이 많을 거라 예상하고 종로에 있는 대형 예식장을 빌렸는데 하객이 없어 텅 비면 어쩌나… 괜한 염려에 마음이 편치 않았다.

그날 시부모님은 나를 처음 만났는데도 내게 아무런 관심이 없으신 것 같았다. 남편과 함께 절을 올리고, 두 분 앞에 마주 앉았을 때도 내게는 눈길 한 번 주지 않으신 것 같았다. 결혼을 앞둔 아들에게도 별다른 말씀 없이 봉투를 주시며 "4만 원이 들었으니 결혼에 보태라"고만 하셨다. 남편은 거기서 1만 원을 꺼내 교통비로 쓰시라고 하면서 드리고는 봉투를 받아든 채 말없이 앉아 있었다. 어색한 침묵 속에서 어떻게 해야 할지 몰라 당황스러웠다.

시댁이 전통 있는 양반 집안이라고 들었는데 맏며느리를 보면서 금가락지 하나 준비하지 않은 것도 의아했고, 대대로 내려오는 가풍이나 집안의 분위기 등에 대해서도 일언반구 하지 않는 게 이상했다. 나에 대한 정보야 남편으로부터 들어서 아셨겠지만 새 며느리에게 따로 하고 싶은 말씀도 있었을 텐데 끝끝내 아무 말씀도 안 하셨다. 마음이 불편했다. 정말 이상한 상견례였다.

그런데 그 당시에는 시부모님의 행동이 그리 이상하게 느껴지지 않았다.

남편도 워낙 숫기 없는 사람이라 부모님도 말수가 적고 과묵하신 분들이라고만 생각했다. 게다가 그날은 결혼 전야였기에 챙기고 신경 쓸 게 많아 시부모님의 언사를 마음에 두고 생각할 겨를이 없었다.

결혼식을 마치고 유성온천에서 하룻밤을 자고 이튿날 바로 우리는 광주로 갔다.

결혼 전에는 경황이 없어 찾아뵙지 못했지만 이제 한 식구가 되었으니 시부모님과 가족들에게 제대로 인사를 드려야겠기에 부랴부랴 신행을 떠난 것이다.

시댁 가는 길은 험하고 멀었다.

광주에서도 버스를 타고 2시간 반을 더 들어가야 했다. 그런데 그 길이 만만치 않았다. 비포장도로를 달리며 버스가 덜컹댈 때마다 속이 울렁거리고, 경사 급한 커브를 돌 때마다 신물이 올라왔다. 신행에 대한 부담과 긴장에 멀미까지 더해져 완전히 녹초가 되었을 때에야 겨우 버스가 시댁 동네에 도착했다.

버스에서 내려서도 마을까지는 택시를 탔고 마을 입구부터는 한참을 걸어야 했다. 그런데 도중에 만나는 분들마다 나를 보고 반색하시며 당신들이 집안 어른이라고 하시며 먼 길 오느라 고생했다고 어깨를 다독여 주셨다. 알고 보니 그곳은 집성촌으로 마을 전체가 한 집안이었다. 나를 본 어른들은 집안 경사에 참석하지 못한 것을 미안해하시며 서울 새댁이 왔다고 우리 뒤를 따라 시댁까지 오셨다.

광주에서 유학까지 한 동네의 자랑거리가 누구와 결혼했는지 보고 싶은 마음도 있었을 것이다. 당시에는 전라도 산촌에서 광주까지 유학 가는 건 아무나 할 수 있는 게 아니었다. 성적도 뛰어나고, 뚝심도 있어야만 가능했다. 그런데 남편은 고등학교부터 대학교까지 마친 데다 서울에 있는 큰 회사에 취직까지 했으니 그 동네에서는 최고로 출세한 사람이었다.

마을의 큰 경사이자 집안의 첫 혼사이니 호기심 반 기대 반으로 마을 사람들이 시댁에 모여들었는데 막상 시댁에는 아무도 없었다. 인기척 없이 썰렁한 분위기에 당황한 사람들은 흩어져 부엌으로 창고로 마당으로 가서 시어머니를 찾았고, 남편과 나는 안방으로 갔다. 방안에는 시누이와 시동생들만 있었다. 어렸을 때부터 타지에 나가 있던 큰 오빠가 어려웠던지 막내 시누이는 빤히 내 얼굴만 보고 아랫목에 앉아 있고, 어린 시동생들은 코를 훌쩍이며 서성거렸다.

얼마 뒤에 둘째 시누이와 시부모님이 들어오셨다.

한바탕 잔치를 기대했던 동네 사람들은 준비가 안 된 분위기에 민망해하며 슬금슬금 물러났고, 시어머니는 그제야 가마솥에 씻은 쌀을 부으셨다. 나는 어떻게 저녁 식사를 했는지 정신이 없었다. 동네 분들은 "새색시 오는 날인데 밥상을 안 차리고 밭일 나가는 집이 어디 있느냐?"라고 한마디 하기도 했다.

그런 분위기였지만 그럼에도 시부모님이 나를 못마땅하게 여기실 거라고는 생각하지 않았다. 어딜 가나 칭찬받고 사랑을 독차지했기 때문에 당연히 시댁에서도 나를 좋아하실 거라고만 생각했다.

그런데 그때 일을 돌아보니 시부모님 입장에서는 내가 여간 맘에 들지 않았을 수도 있겠다는 생각도 든다. 남동생만 있을 뿐 가난한 고아나 마찬가지였고, 족보도 잘 알 수 없고, 이북 출신이었기에… 그런 내가 그분들이 훈장처럼 가슴에 달고 다니던 장남과 결혼한 걸 막연히 기쁘게만 받아들이지는 못하셨을 듯싶다. 세상 물정 몰랐던 나는 그럼에도 시부모님을 순수한 눈으로 바라봤다. 그 때 나의 행복을 방해할 수 있는 건 아무것도 없었기 때문이다.

그런데 이상하게도 이제 26살 밖에 안 된 나의 마음에 '이 집은 내가 벌어서 먹여 살려야 하겠구나'라는 생각이 들었다.

♥ 당시에는 몰랐지만 / 지금 와 생각해 보니…

하나님이 주시는 사랑 외에는 인간은 온전한 사랑을 느낄 수 없다. 그러나 부부라는 하나님이 허락하신 틀 속에서 우리는 이따금씩 진짜 사랑의 맛을 보게 된다. 그 때문에 숱한 위기도 이겨내고 남편과 가정의 결실을 맺을 수 있었던 것이다. 물론 그 사랑은 완전하지 않다. 완전하지 않지만 그래도 그런 사랑을 경험했기 때문에 역으로 진정으로 의지해야 할 사랑은 오직 하나님의 사랑뿐이라는 사실을 깨달았다,

"네 헛된 평생의 모든 날 곧 하나님이 해 아래에서 네게 주신 모든 헛된 날에 네가 사랑하는 아내와 함께 즐겁게 살지어다 그것이 네가 평생에 해 아래에서 수고하고 얻은 네 몫이니라"

– 전도서 9장 9절

13

결혼을 해야
어른이 된다는 말은
사실이었다

결혼을 하고 나는 세상 모든 일이 마음 먹은 대로 풀리지는 않는다는 것을 깨달았다.

원인은 바로 남편이었다.

원체 과묵했던 남편은 결혼 후 더욱 말 없는 남자가 되었다.

재밌고 유쾌한 화술을 구사하는 남자들은 나와 함께 있는 동안 한 시도 입을 쉬지 않았다. 그런 남자들의 수다가 싫어 남편의 묵직함을 좋아했지만 달콤한 신혼생활을 꿈꾸었던 새색시에게 남편의 무뚝뚝함은 종종 무관심처럼 느껴졌다.

그래도 신혼은 신혼이었다.

남편은 살갑지는 않았지만 따뜻했고, 다정하지는 않았지만 품이 넓은 사람이었다.

내가 남편의 팔짱을 끼고 코밑에서 웃으며 애교를 피울 때면 계면쩍어 슬쩍 고개를 돌려도, 가게 문을 닫을 때면 어느새 골목 앞에 서 있었고, 빙판길을 걸을 때면 내 손을 잡아 미끄러지지 않게 붙잡아 주었다. 남들은 목석같은 남편과 무슨 재미로 사냐고 했지만 나에게 남편은 큰 나무 같은 사람이었다.

신혼 초 우리 부부에게는 말 못 할 고민이 있었다.

임신하고 얼마 지나지 않아 자꾸만 유산이 되었다. 처음에는 두 사람 모두 건강하고 젊으니까 다시 임신하면 된다고 마음을 다독였는데 그것이 두 번 반복되다 보니 덜컥 겁이 났다. 습관성 유산이 되면 아이를 못 낳을 수도 있기 때문이다. 두 번째 실패했을 때 의사 선생님의 얘기를 듣고 돌아오는데, 처음으로 남편의 눈물을 보았다.

자연유산이 될 때마다 나는 혹시 영영 아이를 갖지 못하게 될까 봐 속이 끓었다. 아무에게도 말하지 못하고 혼자 불안에 떨 때 남편은 가만히 내 어깨를 토닥여 주었다. 아무 말도 하지 않았지만 남편의 손길에서 '아, 이 사람이 내 마음을 아는구나'라는 생각이 들었다. 부부만이 알 수 있는 이심전심(以心傳心)을 경험하면서 나도, 남편도 조금씩 부부가 되어 갔다.

그러다 드디어 세 번째 만에 하나님의 은혜로 첫 번째 아기를 임신하게 됐다.

"자식은 여호와(하나님)께서 주신 기업이요 태의 열매는 그의 상급이로다" – 시편 127:3

오매불망 바랐던 아이를 임신하고 혹여 큰일이 날라 평지를 걸을 때도 조심했다.

감사하게도 아이는 출산일까지 건강하게 잘 버텨주었다. 예정일을 얼마 앞두고 진통이 시작되어 부랴부랴 병원에 갔다. 의사는 아직 자궁이 다 열리지 않았다면서 좀 더 기다려보자고 했다.

나는 다른 산모와 달리 진통의 간격이 빨라 정신을 차릴 수가 없었다.

밤새도록 진통에 시달리고 나니 다음날 아침에는 완전히 탈진해 눈을 뜨기도 힘들었다. 내 상태를 본 의사는 뭔가 심상치 않은 것을 느꼈는지 다시 꼼꼼하게 검사를 했다. 그리고 청천벽력 같은 말을 했다. 내 골반이 작아 자궁이 열려도 아이가 나올 수 없을 것 같다며 자연분만은 어렵겠다고 했다. 경험 많은 의사였지만 개인병원이라 시설도 갖추지 못했고, 무엇보다 이미 진통이 시작되었기에 제왕절개를 할 수 없는 상황이었다. 그때 큰 병원으로 옮긴들 다른 방법도 없었다.

그 말을 듣자 기가 막혔다.

지난 10개월 동안 가슴 졸이며 지켜왔는데 뱃속에서 다 키운 생명을 잃을 수는 없었다. 하지만 상황이 급박했고, 의사는 산모라도 살리려면 빨리 아이를 꺼내야 한다면서 남편에게 수술 동의서에 서명하기를 요구했다. 거기에는 아이를 기계로 꺼낼 때 잘못될 수 있다는 것을 정확하게 인지하고 수술을 진행했다는 내용이 적혀 있었다. 끔찍한 일이었지만 선택의 여지가 없었다. 나는 전신마취로 완전히 잠들기 전까지 아이가 무사히 태어나게만 해 달라고 간절히 기도했다.

마취에서 깨어났더니 남편은 아기가 무사하다며 웃었다.

처음 딸을 마주했을 때, 그 감격은 이루 말할 수 없었다. 생전 감정 표현할 줄 모르는 남편도 아이를 보며 처음으로 아빠가 된 감동에 얼굴이 활짝 피어 있었다.

남편과 함께 새빨간 얼굴로 주먹을 쥐고 우는 아기의 모습을 보는데 가슴이 벅차올랐다.

감사가 절로 나왔다.

간절한 마음은 찬양으로 흘러나와 기도가 되었다.

'나의 생명 되신 주 주님 앞에 나아갑니다.

날마다 날마다 주를 찬양하겠습니다.

주의 사랑 줄로써 나를 굳게 잡아매소서.

나와의 탯줄을 끊고 나온 귀중한 생명,

주님의 사랑의 줄로 이 아이와 저를

다시금 굳게 잡아매어 주옵소서.'

그렇게 어렵게 만난 첫 딸에게 나는 젖 한번 제대로 물리지 못했다.

출산 후에 젖이 도는 느낌이 없어서 이상했는데 역시나 젖이 나오지 않았다. 신생아 때는 두세 시간마다 젖을 물려야 하는데 모유 수유를 못하니 어떻게 해야 할지 막막했다. 아무리 빨아도 젖이 나오지 않자 아이는 숨넘어가게 울어대는데 당장 우유를 구할 길이 없어 우는 아이를 안고 나도 펑펑 울었다.

모유 대신 분유를 먹일 때마다 아이에게 한없이 미안했다. 갓난쟁이인데도 큰 딸은 입이 짧아 먹는 게 시원찮았다. 그래서 3개월부터 미음을 먹이며 이유식을 시작했다. 아이는 다른 아이에 비해 작고 말랐지만 병치레 없이 잘 컸다.

결혼생활은 냉탕과 온탕을 오가는 것처럼 굴곡이 있었

지만 옷 가게는 날로 번창했다.

　단골이 늘면서 매출도 수직 상승했고, 덕분에 집도 조금씩 늘려가다가 결혼 3년 만에 50평짜리 단독주택을 구입했다.

　결혼 후 처음 마련한 내 집이었다.

　피난 내려와 결혼하기까지 살 곳이 없어 남의 집 살이를 숱하게 경험했던 나로서는 참으로 감개무량했다.

　딸도 낳고, 집도 사고… 주님께서 내게 큰 복을 허락하셨다.

　큰 아이가 첫돌을 맞았을 때 1년 동안 건강하게 자라준 것이 고마워 내 집에서 성대하게 잔치를 벌였다. 요리사를 불러 돌상을 차리고, 직장 동료와 시장 상인들 그리고 고등부 시절 친구들까지 모두 초대했다.

　뱃속에서 10개월, 세상 밖으로 나와 1년 동안 자란 아이는 이제 제 발로 서고, 엄마 아빠를 알아볼 정도가 되었다. 나는 그 아이의 시작을 더 많은 사람들이 축하해 주길 바랐다. 귀하게 태어난 아이가 많은 사람들의 축하와 감사 속에서 세상을 향해 자신의 첫 발을 내디딘다면 그 길이 형통하지 않겠는가. 그것이 젖을 못 물리고 키운 어미의 미안한 마음이자 아이를 향한 간절한 소망이었다.

당시에는 몰랐지만 / 지금 와 생각해 보니…

첫 아이에게는 정말 모든 것을 주어도 아깝지 않았다. 결코 나를 포기하지 않으시는 하나님의 크나큰 사랑이 이런 것일지 어렴풋이나마 느껴볼 수 있었다. 항상 하나님의 사랑이 얼마나 큰 지 느끼고 있으며 감히 내 주제에 가늠할 수 있다고 생각했었다.

그러나 아이를 낳으면서, 또한 이후의 내 삶을 구원해 주시는 하나님의 손길을 계속해서 느끼며 하나님의 사랑이 얼마나 위대하고, 다함이 없는 놀라운 은혜인지를 계속해서 깨달아갔다,

"사랑하지 아니하는 자는 하나님을 알지 못하나니

이는 하나님은 사랑이심이라" – 요한1서 4장 8절

14

첫 딸을 낳고
둘째 아이를 낳았다

그리고 얼마 지나지 않아 나는 명동으로 진출했다. 명동 노른자 땅에 들어선 코스모스 백화점에서 점포 분양을 한다는 소식을 듣고 신청했는데 아동복 매장에 당첨이 됐다. 고등학교 시절부터 내 집 드나들 듯 다니던 명동에 다시 오게 된 것이다. 결혼 전에는 원피스에 하이힐을 신고 활보했던 명동을 두 살 터울인 두 딸의 엄마가 되어 고무신을 신고 둘째 아이를 포대기에 둘러업고 명동을 누비며 다녔다.

물론 내가 직접 장사를 한 건 아니었다.
점원을 두 명 두고 나는 관리만 했다.

한 명은 파주 미군부대에 다닐 때 살았던 집 주인 딸로 뚝섬 공장에서부터 이문동에서 빵집을 할 때까지 함께 먹고 자면서 일했던 동생이었고, 다른 한 명은 경력이 풍부한 프로급 점원이었다. 믿고 맡길 수 있는 두 명이 매장을 관리하다 보니 매장은 순풍에 돛 단 듯 잘 굴러갔다.

숙녀복이나 남성복에 비해 아동복은 범위가 넓어서 판매하기가 쉽지 않았다.

나이별로 치수가 다른 데다, 길이와 넓이에 따라 상의와 하의별로 치수를 다 따로 매겨놓기 때문에 고객이 원하는 치수를 정확하게 찾아주기가 까다로웠다.

하지만 일단 고객 마음에 드는 옷을 제때 찾아주기만 하면 그다음에 서너 벌 파는 것은 일도 아니었다. 70년대 초반에는 자녀가 세 명 이상 되는 집이 많았는데 보통 엄마들은 옷 하나가 마음에 들면 아이들 치수대로 한꺼번에 옷을 샀다. 그래서 한 벌도 안 사는 손님은 있어도 한 벌만 사 가는 손님은 없는 게 아동복 장사였다. 그러니 엄마들의 마음을 사로잡는 게 가장 중요했다.

우리 매장의 경험 많은 점원은 엄마들의 마음을 사로잡는 능력이 뛰어났다.

엄마들이 원하는 건 속도와 자세한 정보였는데 그걸 기막히게 파악해 가려운 등 긁어주듯 조곤조곤 설명해 주니 손님들이 좋아할 수밖에 없었다.

입과 손을 함께 놀리며 손님들에게 옷을 파는 모습을 보고 있노라면 감탄이 절로 나왔다.

희한한 건 그 점원은 손님을 가려 받았다.

어떤 사람에게는 착 달라붙어서 생글생글 웃으며 권하는 반면 어떤 손님은 질문을 해도 본척만척하여 손님이 알아서 나가도록 했다. 듣고 보니 그 기준이 재밌었다. 장사를 개시할 때 어떤 사람에게 팔면 종일 재수가 없다고 안 팔고, 큰돈이 나와야 매출을 올리는데 자기 몸을 치장하고 다니는 사람 중에 수표 꺼내는 사람을 못 봤다며 옷치장이 화려한 손님도 패스였다.

자신만의 노하우가 확실한 점원이 있다 보니 자기 기준에 따라 손님을 걸러도 매출이 쑥쑥 올랐다. 명절이나 어린이날을 앞둔 대목에는 수입이 정말 쏠쏠했다.

하지만 그렇게 돈을 벌어도 빚 막음 하기에 벅찼다.

큰아이 돌이 지나고 얼마 안 있어 남편은 사업을 하겠다며 회사를 그만두었다.

그만두기 아까운 자리였다.

자재과장이었던 남편은 중간관리자로 승진하여 꽤 높은 봉급을 받고 있었다. 나는 남편이 안정적이고 소득이 높은 월급쟁이로 있기를 바랐다. 장사도 해 보지 않은 사람이 어떻게 사업을 하겠냐며 말렸지만 남편은 요지부동이었다. 이미 사업 아이템도 정했고, 자금도 마련했다면서 걱정하지 말라고 했다.

회사에 사표를 내더니 바로 택시미터기 제조공장을 차렸다. 평소에 기계를 좋아하고 뭔가 만드는데 관심이 많았지만 덜컥 제조공장을 차릴 줄은 몰랐다. 상과 대학 출신이었던 사람이라 적어도 전공이나 경력과 관련 있는 일을 할 거라고 생각했던 나는 남편의 사업이 불안하기만 했다.

남편은 제조공장을 하면서 한 번도 쇳냄새를 풍긴 적이 없었다. 기술이 없는 남편은 택시미터기를 개발할 기술자와 동업을 했다. 개발비 조달이 남편의 몫이었다. 그런데 개발비가 규모 없이 들어갔다. 꽤 많이 모아두었던 사업자금을 몽땅 쏟아부었지만 완성 소식은 들리지 않았다. 버티다 못한 남편은 내게 돈을 좀 조달해 달라고 부탁하면서 곧 개발이 될 거라고 안심시켰다.

그때부터 빚을 내어 개발비 조달을 시작했는데 택시미터기가 개발되고 판매가 시작되어도 돈이 회수되지 않았다. 남의 돈을 빌릴 때는 신용이 생명이다. 약속한 날짜에 정확하게 갚아야 한다. 그런데 남편은 돈을 언제 줄 수 있는지에 대한 답을 주지 않았다. 택시미터기가 얼마나 팔렸는지, 매출이 어느 정도인지 물어도 어물쩍 넘어갔다.

공장은 잘 돌아가는데 회사에는 돈이 마르는 이상한 날이 계속됐다. 그래도 남편을 믿고 기다리며 버텼는데 결국 사달이 났다. 동업자가 자취를 감춘 것이다. 기계는 멈추고 껍데기만 남은 공장엔 빚만 쌓였다.

상황이 그 지경이 됐는데도 남편은 돈만 투자하고 공장 운영에 관해서는 관여하지 않았기 때문에 뭐가 잘못되었는지를 모르고 있었다. 일단 동업자부터 찾아야 했지만 작정하고 숨은 사람을 어떻게 찾겠냐며 남편은 맥을 놓고 있었다. 상환 날짜는 다가오는데 가장 중요한 남편이 뒤로 물러나 있으니 해결될 기미가 보이지 않았다.
할 수 없이 내가 나서서 동업자를 찾았다.
그런데 주소지를 찾기가 만만치 않았다. 처음 일을 같이 할 때 그는 잠잘 곳이 마땅치 않아 공장에서 숙식을 해결했다. 그러니 회사에 그에 대한 기록이 전혀 남아있지 않았다.

수소문 끝에 동업자를 찾아보니 너무나 멀쩡하게 잘 살고 있었다. 번듯한 독채를 사서 다방 마담과 살림을 차리고 있었는데 거기까지 찾아온 나를 보더니 "왜 찾아왔어요?"라며 화를 냈다. 자신은 정당하게 일해서 번 돈을 받았을 뿐인데 왜 집까지 찾아왔냐는 것이었다. 동업자 간의 일이니 남편과 이야기하겠다며 큰소리를 떵떵 쳤다.

문제는 남편이었다.
공장에 관해서 나와 아무 얘기도 하려 들지 않았다. 꼼짝하지 않는 남편을 움직일 방법은 없었다. 할 수 없이 나는 동업자를 물고 늘어졌다. 문턱이 닳도록 찾아가 애원도 하고 협박도 하고 화도 냈다. 그렇게 해서 겨우 우리 집에 오겠다는 약속을 받아냈다.

마침내 약속시간에 동업자가 우리 집에 찾아왔다.
그런데 동업자가 왔다는 소식을 듣더니 남편은 다락으로 올라가 숨어 버렸다. 순식간에 벌어진 일이라 남편을 말릴 새도 없었다. 사시나무 떨 듯 떨었다. 그렇다고 다락 문을 열어젖히고 억지로 동업자와 만나게 할 수는 없었다. 돈을 찾을 수 있는 마지막 기회를 눈앞에서 놓쳤다. 그렇게 돈 한 푼 다시 받지 못한 채 동업자와는 그 길로 완전히 헤어졌다.

남편은 동업자가 간 것을 확인하고서야 다락에서 내려왔다. 그 상황에서도 남편은 말이 없었다. 그런 남편을 보자니 미심쩍은 생각이 들었다.
'혹시 내게 숨기는 게 있는 건 아닐까?'

'거리낄 게 없다면 왜 동업자 만나는 것을 그렇게 두려워하며 떨었을까?'

'동업자는 왜 그리 여유만만하게 우리 집에 와서 남편을 찾았을까?"

의심을 하기 시작하니 수상한 점이 한두 가지가 아니었다. 그러다 남편이 나를 처음 만났던 날이 떠올랐다.

그날도 남편은 너무 떨어 커피잔을 쏟을 뻔했다.

2년 가까이 나를 좋아했으면서도 내 앞에서는 전혀 내색도 하지 않았고 말 한번 붙이지 않았다. 문제를 돌파하기보다 피하는 사람이었다.

사업과 전혀 맞지 않는 사람 같았는데 남편은 사업에 대한 의지를 꺾지 않았다.

첫 사업이 완전히 실패로 돌아간 후에도 남편은 화장품 케이스를 만들고, 담배 케이스를 생산하고, 인형도 제작했다. 하지만 결과는 택시미터기 때와 똑같았다. 남편은 자금을 끌어다 댔고, 이득은 기술자가 챙겼다. 제품이 개발되면 슬그머니 동업자들이 사라져 우리는 팔아보지도 못하고 사업을 접어야 했다. 그렇게 매번 남 좋은 일만 시키는 남편의 사업 자금은 내가 해결해야 했다.

다행히 옷 가게가 잘 돼서 사업이 여러 차례 망해도 길바닥에 나앉는 상황까지 가지는 않았다. 하지만 아이들은 커 가는데 빚은 줄지 않고 남편의 사업은 돌파구를 찾지 못하고 있어 조바심이 났다. 그럴 때 명동 코스모스 백화점의 분양 소식을 접하게 되어 아동복 매장을 연 것이다.

코스모스 백화점에 입점하면서 사업도 풀리기 시작했다. 나는 유능한 직원 덕분에 장사를 수월하게 할 수 있었고, 남편은 당시 유행했던 휴대용 축음기에 들어가는 턴테이블 부속품을 만들어 팔았는데 제품이 없어서 못 팔 정도였다. 아침마다 도매상들이 줄을 서서 기다렸다가 제품이 나오면 가져갈 정도였다. 사업을 시작한 지 다섯 번만의 성공이었다.

당시에는 몰랐지만 / 지금 와 생각해 보니…

만약 매번 실패할 때마다 남편을 비난하고 새로운 시도를 못하게 막았다면 이때의 성공은 없었을 것이다. 하나님은 정말로 감당할 시험을 주시는 분이기에 실패에도 감사하며 주님을 인정해야 한다,

"사람이 감당할 시험 밖에는 너희가 당한 것이 없나니
오직 하나님은 미쁘사 너희가 감당하지 못할 시험 당함을
허락하지 아니하시고 시험 당할 즈음에 또한 피할 길을 내사
너희로 능히 감당하게 하시느니라" – 고린도전서 10장 13절

15

코스모스 백화점에서
아동복 매장을 할 때가

내 인생의 첫 번째 황금기였다.

두 딸은 무럭무럭 컸고, 남편의 사업도 어느 정도 궤도에 올랐다. 아동복 매장 매출도 꾸준해서 여러모로 안정적이었다. 장사를 하던 사람들과 자주 어울려 맛난 것도 사 먹고 구경도 다녔다.

하루는 그들이 나를 산동네로 데려갔다.

좁은 골목엔 작고 낮은 천장의 집들이 닥지닥지 붙어 있었는데 그 앞에는 00암, 00도사, 사주, 궁합, 팔자를 적어 넣은 간판이 걸려 있었다.

점집 골목에 나를 데리고 간 것이다.

장사하는 사람들은 내일을 예측할 수 없기 때문에 정기

적으로 무속인을 찾아가 앞날을 점치곤 했다. 크리스천인 나는 한 번도 간 적이 없었는데 그날따라 친구가 나를 데리고 간 것이다.

구불구불한 골목을 익숙한 듯 앞서가던 친구는 대나무에 붉은 천과 흰 천을 매달아 꽂아놓은 집으로 불쑥 들어갔다. 신내림 무당집이었다. 제 집 드나들 듯 자주 오는 친구는 스스럼없이 방문을 열고 들어갔고 뒤이어 내가 들어갔다. 방문을 닫으려고 등을 돌렸는데 무당이 내 뒤통수에 대고 호통을 쳤다.

"너는 이런 데 오면 안 돼!"

얼굴도 제대로 안 봤는데 그런 소리를 들으니 놀랍기도 하고 당혹스럽기도 했다.

왜 그런 말을 하냐고 묻자 무당은 눈을 치켜뜨고는 "너네 조상님이 땅속에서 기도하고 있으니까 너는 가서 기도만 하면 돼!"라고 대답했다.

그래도 가지 않고 내가 친구 옆에 앉자 무당은 나를 외면한 채 친구 점괘만 봐줬다. 방울을 흔들어 대고 다락문을 열어 울긋불긋한 형상에 절을 하며 사방에 방울소리를 뿌리더니 깃발 뭉치를 내밀었다. 친구가 깃발을 뽑는 사이 무당이 나를 힐끗 보더니 "너는 저 산꼭대기에 갔다 놔도 너 먹을 것은 다 있으니까 걱정 말고 기도만 해!"라며 쐐기를 박았다.

그 말을 들으니 신기하기도 하고 재밌기도 했다.

그때까지 귀신의 존재에 대해 회의적이었는데 정말 귀신이 있는 게 맞나 싶기도 했다. 우리 어머니뿐 아니라 친가나 외가 할아버지들이 초대 장로님이셨으니 그분들이 나를 위해 얼마나 기도를 하시겠는가….

그런데 그걸 생전 처음 본 무당의 입으로 확인하니 실소를 금할 수 없었다. 무당의 말은 생각할수록 기분 좋은 말이었지만 시험에 들 수 있어 지워버렸다.

"너희는 신접한 자와 박수를 믿지 말며 그들을 추종하여 스스로 더럽히지 말라 나는 너희 하나님 여호와이니라" - 레위기 19장 31절

이후 코스모스 백화점이 내부 문제로 경영이 악화되면서 다른 곳으로 넘어가게 되어 부랴부랴 매장을 정리했다. 아동복 매장을 접은 것은 내게는 잘 된 일이었다.

그 무렵 나는 셋째 딸을 잃었다.

첫째와 둘째와는 달리 셋째 딸은 남자 아이 같을 정도로 건강하고 활발했다. 그런데 돌이 지나고 얼마 안 돼서 세상을 떠났다.

아들 같은 딸이라 마음으로 무척 의지했는데 갑자기 세상을 떠나자 상실감이 너무 컸다. 뱃속에서 아이를 잃었을 때와는 비교도 안 될 만큼 허전했다. 그런데 그 아픔을 나는 남편과 나누지 못했다. 서로를 탓하지는 않았지만

마음 한편에 원망과 죄책감이 뒤섞여 있어 남편과 터놓고 이야기하지 못하고 혼자 가슴 앓이를 했다.

그때 나를 위로해 주셨던 분이 이모였다.

독실한 크리스천이셨던 이모는 수시로 우리 집에 오셔서 기도해 주시며 내 마음을 다독여 주셨다. 그리고 이모가 다니는 기도원의 권사님을 모시고 와서 정기적으로 예배를 드려주셨다. 그 권사님은 예언의 은사가 있는 분이셨는데 기도 중에 나를 위로하시며 "너무 슬퍼하지 말아요. 곧 아들을 주실 거예요"라고 말씀하시면서 축복해 주셨다.

그리고 얼마 후에 정말 임신하여 아들을 낳았다.

아들을 통해 나의 눈물을 마르게 하신 주님, 예비하신 축복을 미처 깨닫지 못하고 슬픔 속에 있었지만 주님은 합력하여 선을 이뤄주셨다.

"우리가 알거니와 하나님을 사랑하는 자 곧 그의 뜻대로 부르심을 입은 자들에게는 모든 것이 합력하여 선을 이루느니라" – 로마서 8장 28절

아들을 낳고 산후조리하는 동안 나는 새로운 장사를 하는 대신 남편의 공장에 나갔다. 주문이 폭주할 정도로 공장이 잘 되어도 내게 들어오는 돈이 없었기 때문이다. 생산을 많이 할수록 생산비가 더 필요하다며 남편은 내가

돈을 좀 더 융통해 주길 바랐다. 공장이 잘 돌아갈수록 빚은 점점 더 늘어나는 기현상이 벌어졌다. 빚을 내어 자금을 주면 갚지도 못하고 돈이 없어졌다. 빌려오는 것은 내 일이고 갚는 것도 내 일이었다.

나는 아들을 포대기에 업고 공장을 찾아갔다.
뚝섬 변두리에 있는 공장은 겉보기엔 형편없었다.
허술하기 짝이 없는 공장이었지만 제품은 불티나게 팔렸다. 주문받은 제품을 생산하기에도 벅찬데 사방에서 문의 전화가 빗발쳤다. 수요보다 공급이 적다 보니 납품업체가 갑이 되어 외상없는 현금거래도 가능했다. 돈을 회수하지 못할 이유가 하나도 없는 상황인데 장부를 보니 적자였다. 돈이 중간에서 다 새어버린 것이다.

당시 남편의 먼 친척 되는 사람이 제품 판매와 경리를 겸해서 보고 있었는데 장부를 보니 돈 새는 게 보였다. 뭉텅이 돈이 어디에도 기록되지 않았기 때문이다. 새나간 게 분명했다. 제품을 판매하고 받은 돈은 남편이 관리를 했는데 그 돈의 행방도 오리무중이었다. 돈을 만진 사람들이 모르쇠로 일관하니 이미 잃어버린 돈은 차치하더라도 더 이상 방치할 수 없어서 사무실로 출근하기 시작했다.
내가 회삿돈을 관리하면서부터 공장은 흑자로 돌아섰

다. 돈의 회전도 빨라지고, 빚도 조금씩 갚아나갔다.

돈이 좀 모이자 남편은 다른 사업을 구상했다. 휴대용 녹음기를 개발하겠다는 것이었다. 첨단 장비와 설비, 전문 인력까지 갖추고 있는 대기업에서도 엄두를 내지 못하는 걸 하청업도 벗어나지 못한 소규모 공장에서 개발한다는 건 어불성설이었다. 나는 이런저런 이유를 대며 남편을 말렸지만 소용없었다. 남편은 사업에 있어서만큼은 자기 고집대로 앞뒤 재지 않고 불도저처럼 밀고 나갔다.

휴대용 녹음기도 개발자는 따로 있었다.
남편은 개발자의 머릿속에 있는 아이디어만 믿고 투자를 약속한 것이다. 그때부터 돈이 다시 무한대로 들어갔다. 턴테이블 부속품을 팔아 남긴 이문이 몽땅 휴대용 녹음기 개발에 들어갔고, 빚도 어마어마하게 졌다. 참 희한했던 것은 담보 하나 없이 돈을 빌렸지만 내가 손을 내밀 때 거절하는 사람이 없었다. 사람들이 나를 믿고 큰돈을 덥석 빌려줄 때마다 마음이 복잡했다. 일단 급한 불은 껐다는 안도감에 한숨을 돌렸지만 점점 늘어나는 빚을 생각하면 가슴이 답답했다.

내 돈 남의 돈 할 것이 없이 쏟아부었지만 휴대용 녹음기 개발 소식은 들리지 않았다. 남편에게 물어봤지만 속

시원한 답을 들을 수가 없어 공장에 직접 나가보았다. 다행히 제품 개발은 완성단계였고, 공장에서는 제품의 포장재를 생산하느라 바빴다. 알고 보니 휴대용 녹음기뿐 아니라 거기에 들어가는 액세서리와 포장재 하다못해 쇼핑백까지 우리가 다 생산하여 완제품으로 판매한다는 게 남편의 계획이었다.

공장은 쉴 새 없이 돌아가고 포장재들이 생산되는 걸 보고 있는데 돈이 한강으로 다 흘러가는 것 같은 환상이 보였다. 그때도 지금도 이유는 모르지만 포장재 찍어내는 기계 소리가 돈을 한강에 퍼붓는 소리로 들리면서 '이건 아니다' 싶었다. 하지만 돌아서기엔 너무 멀리 왔고, 수습하기엔 너무 늦었다.

얼마 안 있어 제품이 개발되었다.
개발자는 샘플 하나 달랑 완성해 놓고 회사를 그만두었다. 자기 역할은 끝냈으니 이제 생산해서 판매만 잘하면 된다며 손 털고 나간 것이다. 우리나라에서 최초로 휴대용 녹음기를 개발했으니 앞으로는 공장에서 돈 찍을 일만 남았다며 큰소리 떵떵 치던 사람이 제품 출시를 코앞에 두고 그만둔다는 게 말이 되는가?
누가 봐도 수상쩍었지만 남편은 그를 순순히 보내줬다. 심지어 그동안 투자금으로 받은 돈을 어떻게 썼는지 내역

조차 확인하지 않고 제품 판매권만 얻은 채 그대로 퇴사시켰다. 나는 "제품을 완성했으면 책임지고 같이 팔아야 하지 않나요?"라며 사정을 했지만 막무가내였다. 개발비로 진 막대한 빚은 또 내가 갚아야 했다.

그렇다고 남편이 수리한 사표를 내가 물릴 수도 없었다. 조금이라도 손해를 벌충하려면 제품을 빨리 생산해서 판매하는 길밖에 없었다. 먼저 판로를 뚫어야 하는데 나설 사람이 아무도 없었다. 그래서 내가 직원 한 명과 함께 전국을 돌면서 전파사를 찾아다녔다. 전파사를 대리점처럼 거점으로 삼아 판매하겠다는 전략이었다.

의외로 시장의 반응은 좋았다.

당시 휴대용 축음기가 인기를 얻으면서 언제 어디서나 노래를 듣는 것이 일상화되었는데, 거기에 자신의 노래를 녹음할 수 있다고 하니 다들 반색을 한 것이다. 모이기만 하면 노래하고 춤추는 걸 좋아하는 우리나라 사람들에게 휴대용 녹음기는 마음을 뺏기에 충분했다.

주문이 폭주하면서 녹음기 생산에 차질이 생겼다.

뚝섬 공장에서는 도저히 밀려드는 주문을 감당할 수가 없었다. 그래서 은행에서 2천만 원을 대출받고 살림집도 처분해 암사동 끝자락에 있는 대지 420평짜리 공장을 사서 생산라인을 늘리고 직원도 더 뽑았다.

그때부터 기계가 쉬지 않고 돌면서 제품을 생산했고, 완제품은 바로 전국으로 배달되었다. 일부 전파사에서는 판매대금을 수금해 가라는 연락도 왔다. 그런 전화들을 받으니 희망이 생겼다. 휴대용 녹음기 개발을 시작한 이래 첫 수입이었다. 회사에서는 곧장 직원을 전파사로 내려보냈고, 수금해 오길 기다렸다. 그런데 출장 갔던 직원이 비용으로 이거저거 제하고 입금한 금액은 얼토당토않은 적은 금액이었다.

나는 공금을 착복한 직원의 대담함보다 출장 보고도 제대로 이루어지지 않는 회사 시스템에 더 놀랐다. 그거 하나만 봐도 그동안 회사가 어떻게 운영되었는지 충분히 알 수 있었다. 그동안 빚내서 투자한 돈이 다 주인 없는 돈이 된 것이다. 가만히 두고 볼 수가 없어서 그때부터 내가 장부를 틀어쥐고 본격적으로 일하기 시작했다. 남편은 그런 나를 보고도 쓰다 달다 말이 없었다.

복병은 따로 있었다.
제품 판매를 시작한 지 한 달이 채 지나기 전에 물건이 하나둘 되돌아오더니 두 달이 채 되기도 전에 전 제품이 다 반품되었다. 제품 불량으로 작동이 되지 않는다는 이유였다. 개발자가 없으니 뭐가 잘못됐는지 원인을 찾을 수도 없었다. 전 제품을 환불 처리하면서 휴대용 녹음기 사업은 완전히 실패했다. 제품 개발부터 반품과 환불까지 한 푼도 건지지 못한 채 사채만 4800만 원이었고, 은행 융자 2천만 원까지 더해 6800만 원이라는 당시로서는 엄청난 빚을 떠안게 되었다. 그때가 1978년 말 경이었다.

시부모님과 살림을 합치기 전이었는데 휴대용 축음기 판매 매출은 흑자였는데 이상하게 회사에 돈이 말라 직원들 월급 줄 돈이 없었다.

나는 아무리 어려워도 월급 날만큼은 칼같이 지켰다. 그것이 직원들과의 약속이었기 때문에 달러 빚을 내서라도 시간 한번 어기지 않았는데 그때는 정말 돈줄이 꽉 막혀서 옴짝달싹할 수 없었다. 남편은 내가 경리 일을 맡은 후로는 돈에 대해 전혀 상관하지 않았다. 책상 위 달력에 월급날을 표시해 두었어도 내가 돈을 어떻게 마련했는지 남편은 한 번도 물어보지 않았다.

월급날을 이틀 앞두고 결국은 시댁에까지 돈을 빌리러 가야 했다.

시아버지가 읍내에서 가게를 하셨기 때문에 돈을 융통할 수 있을 거란 생각에 아들을 둘러업고 아침결에 길을 나섰다. 그런데 시어머니는 돈을 좀 빌려 달라는 말을 듣자마자 "우리가 돈이 어딨냐?"라고 하셨다. 그래도 내가 포기하지 않고 시아버지가 오시면 말씀이라도 드려보겠다고 하자 시아버지를 만나봐야 소용없다고 하셨다.

그래서 너무 힘들어 큰 시누이 집에도 아들을 업고 가서 모기장을 친 방에서 하룻밤을 자며 사정을 말했지만 아무 소득이 없었다. 아들을 업고 서울로 가기 위해 다시 정거장에 앉아서 버스를 기다리는데 서러움이 북받쳐 눈물이 쏟아졌다. 의지할 친정도 없는 내 처지가 사무치게 외로웠다. 그런데 마음 놓고 울 곳도 없었다.

그 후 나는 회사가 아무리 어려워 설령 부도가 난다 한들 시부모님께 도움의 손길을 다시는 구하지 않았다.

당시에는 몰랐지만 / 지금 와 생각해 보니…

지금까지 지내온 인생도 롤러코스터가 따로 없었지만 이번에는 내려가는 속도가 너무 빨랐다. 내가 혼자 감당할 수 있을지 알 수 없을 정도로 큰 짐이었다. 한 치 앞도 보이지 않는다는 욥의 고백이 마치 나의 고백 같았다. 세상에 나 혼자 버려지고 아무도 나를 향해 손을 뻗지 않는 느낌이었지만 그때 역시 하나님은 나를 포기하지 않으셨고 나를 향한 계획을 예비하고 계셨다.

"땅은 어두워서 흑암 같고 죽음의 그늘이 져서
아무 구별이 없고 광명도 흑암 같으니이다" – 욥기 10장 22절

16

사업 실패로
완전히 거덜나…

우리는 집을 팔고 작은 연립주택으로 이사했다. 그것도 월세로 겨우 얻은 집이었지만 들어가 보니 숨이 막혔다. 웬만한 살림은 다 처분하고 당장 밥 끓여먹을 때 필요한 것들만 챙겨왔는데도 48평형 연립주택은 살림으로 꽉 찼다. 시부모님과 시동생 그리고 우리 부부까지 어른만 6명인데 가정부까지 10식구가 살아야 했다. 초등학교에 다녔던 딸들은 거실에 상을 펴놓고 숙제를 했고, 시부모님과 남편은 각각 방 하나씩을 차지하고 들어가 종일 나오지 않았다.

공장에 나가도 집에 들어와도 답답하긴 매한가지였다.

사방에서 빚 독촉을 하는데 누구 한 사람 해결하려고 나서는 사람이나 가족이 없었다. 공장 상황은 어떤지 빚의 규모는 어느 정도인지 묻는 이가 아무도 없었다.

난장판이 된 공장에서 채권자들에게 시달리다 녹초가 되어 집에 들어오면 또 식구들 뒤치다꺼리에 앉을 새도 없이 일을 해야 했다. 서러움이 목구멍까지 치받치는데 아이들이 볼까 무서워 눈물을 참다 보니 가슴이 터질 것 같았다. 그때 처음으로 나는 시댁과 살림을 합친 것을 후회했다.

시골에서 시부모님을 모셔 온 지 3년째였다.

명절이나 집안 행사 때마다 시골에 내려가는 것도 복잡하고 시부모님만 시골집에 계신 것도 마음에 걸려 겸사겸사 합가를 했다. 그런데 시부모님이 집에 들어오시면서 시동생들도 합류하여 졸지에 식구가 9명으로 늘어났다. 그래도 성수동에서 살 때는 집이 넓었고 아이들도 어렸기 때문에 힘든 줄 몰랐다. 하지만 모든 것이 무너진 상황에서 시동생들까지 거두는 건 무리였다. 자리 차지하고 있는 식구들만 안 봐도 숨을 쉴 것 같았다.

그렇다고 경제적인 능력이 없는데 빈손으로 내보낼 수 없어서 2백만 원을 마련해 큰 시동생에게 독립 자금으로 주었다. 당시 일당이 9백 원 남짓했으니 2백만 원이면 작은 돈이 아니었다. 그 돈을 종잣돈 삼아 큰 시동생부터 독립시키고, 작은 시동생과 시부모님도 차차 따로 모실 생각이었다. 더 이상은 온 식구가 함께 살기는 어렵다는 생각에 그 큰돈을 큰 시동생에게 준 것이다.

그런데 큰 시동생은 돈을 받은 그날 바로 사진관을 운영하는 친구에게 그 돈을 투자했다. 당시 비디오가 한창 개발될 때라 사진관마다 비디오 촬영을 시작하고 있었는데 평소에 그 친구로부터 비디오 촬영사업이 돈이 될 거란 얘기를 들었던 큰 시동생은 2백만 원이 생기자마자 그 친구에게 갖다주며 장비를 구입하라고 한 것이다. 그리고 다음 날 사진관으로 가보니 문이 닫혀 있었고 친구는 연락 두절된 채 잠적했다.

시동생은 사진관 문을 한 번도 두드려 보지 못하고 하루 만에 돈을 날렸다. 충격 때문인지 집에 와서 꼼짝하지 않았고 사라진 친구를 찾으려는 시도도 하지 않는 것 같았다. 시동생도 잘해 보려고 했던 일인데 친구에게 피해를 본 것이다.

그렇게 마른행주 쥐어짜며 마련한 돈은 허무하게 사라졌고, 어느 식구도 수습책을 내놓지 못한 채 좁아터진 집에서 아홉 식구가 아무 대책 없이 살아가고 있었다.

이 어려울 때 시어머니라도 따스하게 손 한번 잡아주었으면 좋겠다 싶었지만 아무도 내게 눈길조차 주지 않았다.

그 당시 나는 밤마다 울 곳을 찾아 헤맸다.

나는 아이들이 잠들 때까지 속울음을 울다 한밤중이 되면 집을 나와 동네 놀이터로 향했다. 그리고 아무도 없는 놀이터에 혼자 앉아 수건으로 입을 틀어막으며 울었다. 울다 지쳐 집에 들어가면 남편도 시부모님도 모두 잠든 밤이었다. 그들에게 나는 철저히 남인 것 같았다.

혼자 우는 밤이 계속되면서 몸과 마음이 황폐해졌다.

태산 같은 짐이 나를 짓눌러 금방이라도 쓰러질 것 같은 시간이 계속됐다. 죽고 싶은 마음이 간절했지만 목에 가시처럼 걸려있는 자식들이 내 생명줄을 움켜쥐고 있어 죽을 수도 없었다. 살아 있지만 죽은 것 같은 시간이 계속되었다.

그때 셋째 딸을 천국에 보내고 힘들어할 때 우리 집에 오셔서 예배를 드려주셨던 권사님의 말씀이 떠올랐다. 그 당시 권사님은 기도 중에 기러기 환상을 보셨다고 했다. 수많은 기러기들이 브이(v)자 대열로 날아가는데 그 선두에서 내가 혼자 날갯짓을 하고 있는 걸 보셨다고 했다. 뒤따라오는 기러기들은 가깝든 멀든 제 짝이 있는데 나는 혼자 애쓰며 날아가는 모습이 고달프고 외로워 보였다며 한참 위로해 주셨다.

그때는 권사님이 나를 안쓰러워하시는 이유를 깨닫지 못했다.

남편 사업도 순조로웠고, 나도 딸을 잃었지만 아들을 주신다는 말씀에 힘을 얻었기 때문에 권사님의 위로가 가슴에 와닿지 않았다. 그런데 3년이 지난 후에야 그 의미를 절실하게 깨달았다.

보통 4만 km를 이동한다는 기러기는 에너지를 아끼기 위해 선두에 선 대장 기러기가 온몸으로 바람을 막아 다른 기러기들의 앞길을 터준다. 뒤따라오는 기러기들이 혼자 날 때보다 70%만 힘을 써도 충분히 날 수 있도록 대장 기러기가 바람과 싸우며 하늘길을 여는 것이다. 그러자니 얼마나 힘들고 고단할까…. 온갖 세파를 홀로 감당해야 하는 대장 기러기의 신세가 나와 닮았다는 생각이 들었다. 권사님의 말씀이 새삼스럽게 떠오르면서 마음이 캄캄해졌다.

더 서러웠던 것은 기러기와 달리 나는 아무도 나를 위해 울어주지도 않는 것 같았고, 나를 대신해서 선두에 나서는 사람도 없는 것 같은 야속한 현실이었다. 기러기들은 대장 기러기를 응원하기 위해 날아가는 내내 울음소리를 낸다. 그리고 대장 기러기가 아프거나 지쳐서 대열에서 이탈하게 되면 그 뒤에 서 있던 기러기가 앞장서 날면서 비행을 계속하고, 동료 기러기 두 마리가 남아서 지친 대장 기러기가 회복될 때까지 돌봐준다. 그리고 대장 기러기와 함께 대열로 돌아오거나 생을 마칠 때까지 곁에 있어준다고 한다.

그런데 내 뒤에는 아무도 없는 것 같았다.

나를 막아 세우는 바람과 맞설 사람이 나밖에 없는 것 같았다. 전화벨 소리가 들릴 때마다 가슴이 철렁 내려앉으면서 숨이 멎을 것 같이 뻐근해도 나를 대신해서 전화를 받아줄 사람이 아무도 없었다. 하도 속을 끓여 얼굴이 기미로 새카맣게 뒤덮이고, 몸이 삐쩍 말라 휘청거려도 누구 하나 내 손을 잡아주는 사람이 없는 것 같았다.

그때 내 꼴이 얼마나 한심했으면 모르는 사람들도 나를 보며 "얼굴은 젊어 보이는데 폭삭 나이 들어 보인다"라며 속닥거릴 정도였다. 그렇게 속이 새카맣게 타들어가면서 살아도 누구 한사람 아는 척하지 않는 것 같았다.

그러나 채권자들은 나를 믿고 기다려주었고 결혼 전에 다녔던 시계 회사에서는 우리에게 하청을 맡겼다. 벼랑 끝에서 다시 한번 회생의 기회를 준 것이다. 할 수 없이 다시 납품업을 시작했다. 그래서 공장부지중에 120평을 떼어 팔아 설비를 갖추고 시계 부품을 만들어 납품하기 시작했다.

그런데 어찌 된 일인지 작업을 재개한 공장에서 크고 작은 사고가 끊이질 않았다.

기계가 멈추고, 제품 불량이 발생하고, 직원들이 말없이 그만두어 작업 공백이 생기기도 했다. 아침에 눈을 뜨면 '오늘은 또 무슨 사고가 터질까?'라는 걱정에 심장이 벌렁거리고 입이 바짝 말랐다. 어디서 전화라도 오면 벨 소리에 놀란 가슴이 진정되지 않아 한참 앉아 있어야 했다.

그래서 아침마다 약국에 들러 청심환을 하나 먹고 출근했다. 그거라도 먹지 않으면 손발이 덜덜 떨려 일을 할 수가 없었다. 약국의 약사는 예전부터 잘 알고 지낸 권사님이셨는데, 내 몸이 너무 쇠약해서 아무리 좋은 약을 먹어도 받아들이질 못한다며 몸이 더 망가지기 전에 만사 제치고 건강부터 챙기라고 신신당부하셨다.

그러나 나는 쉴 수가 없었다.

기러기처럼 내가 대열에서 이탈하려면 누군가 내 자리를 대신해야 하는데 누구도 내 짐을 나눠지려 하지 않는 것 같았다. 매일 나를 약국에 태워다 주고, 약을 사 먹고 나온 나를 다시 차에 태워 회사로 출근시켜 주는 시동생도 이미 알고 있어서인지 약국에 왜 가냐고 묻지 않았다. 내게 관심 있는 사람이 아무도 없는 것 같았다.

오직 주님만이 나를 지키셨고 보호해 주셨다.

"여호와께서 그를 황무지에서, 짐승이 부르짖는 광야에서 만나시고 호위하시며 보호하시며 자기의 눈동자 같이 지키셨도다" -

신명기 32장 10절

그러던 중에 공장에서 큰 사고가 터졌다.

출근했는데 직원들이 공장 밖에 나와서 수런대고 있었다. 그 모습을 보자 예감이 좋지 않았고 가슴이 걷잡을 수 없이 뛰면서 손발이 덜덜 떨리기 시작했다.

차가 회사 안으로 들어가자 직원들이 자동차 쪽으로 달려왔다. 그런데 그들의 얼굴이 하얗게 질려 있었다. 뭔가 심상치 않은 일이 벌어진 게 틀림없었다. 아니나 다를까, 직원 한 명이 작업을 하다가 손가락 세 개가 기계에 끌려 들어가 절단된 것이다. 그 모습을 보자마자 20대 한창나이에 손가락 세 개를 잃었으니 앞으로 어떻게 살아가려나, 직원의 앞날을 생각하면 혼자 자립할 수 있을 만큼 보상을 해줘야 할 텐데 도대체 어디서 돈을 구해야 하나 등의 생각이 들며 막막했다. 가슴이 답답하면서 숨이 쉬어지지 않았다.

설상가상으로 의사가 절단된 손가락은 봉합이 불가능해 복구가 어렵다고 했다. 그 말을 듣자 몸이 석고처럼 굳기 시작했다. 숨소리가 불규칙해지면서 온몸이 뻣뻣해지는데 손가락 하나 까딱할 수가 없었다. 내가 문가에 서서 꼼짝도 못하고 있으니까 병원의 사모님이 보다 못해 나를 부축해 앉히면서 진정하라고 했다. 한참 만에 몸은 풀렸지만 가위눌린 것처럼 답답한 가슴은 여전했다. 그때 허리가 구부정한 중년의 남자가 어깨를 옹송그리며 병실로 들어왔다. 사고 당한 직원의 아버지가 오신 것이다.

사고를 당한 직원과 그의 아버지는 별말 없이 보상금을 받았다. 그것이 우리의 최선임을 그들도 알았기 때문이다. 진심이 통하는 게 그렇게 슬픈 일인지 그때 처음 알았다. 그들이 보상금을 조금이라도 더 받으려고 악다구니를 했다면 가슴이 덜 아팠을지도 모르겠다. 젊디젊은 직원이 보상금을 받으며 고맙다고 고개를 숙이는데 기가 막혔다. 그의 '고맙다'는 말이 아직도 내 가슴에 돌덩이처럼 얹혀 있다.

그날 밤 답답한 마음을 가눌 길이 없어서 공장 옆에 있는 교회를 찾았다.

우리 교회에 갈 엄두는 나지 않아 동네 개척교회를 찾아갔다. 교회는 우리 공장부지 안에 있었다. 부품 설비를 갖추기 위해 공장부지 한 귀퉁이를 떼어 팔 때 그 땅을 사서 교회를 지었다. 아는 사람이 하나도 없는 그곳이 바로 내가 울 자리였다.

그 교회 기도실은 지하에 있었다.

십자가만 희미하게 보이는 지하방은 사방이 막혀 있어 울음소리가 밖으로 샐 염려도 없었다. 그토록 울 곳을 찾아 헤맸는데 십자가 아래서 내가 울 곳을 찾은 것이다.

그곳에서 나는 사흘 동안 몸부림치며 울었다.

기도도 나오지 않았다. 목구멍에서 꺽꺽 통곡이 터지면서 비명처럼 쏟아낸 한마디는 '살려 주세요'였다.

남의 교회 지하에서 그렇게 절박함에 거의 뒹굴 정도로 기도를 드렸다. 모태신앙이었지만 그동안의 신앙은 껍데기뿐이었던 같이 느껴졌다. 다시 한번 예수님이 나의 구세주이시고 주님이신 것을 확인하면서 나는 간절히 간절히 기도했다.

'주님, 나 여기서 죽으려고 지금까지 고생하지 않았어요. 죽을 수가 없어요. 잃어버린 것에 10배를 주세요.'

어려웠을 때 본 교회에서는 예배 시간에 울면 부끄러워 울지 못하고 예배 후 강남 소망교회 오후 3시 예배에 참석해 위층 뒷좌석에 앉아 울면서 '살려달라'고 기도하고 헌금이 없으면 '헌금 주세요'라고 졸랐다.

그때까지 나는 주님을 전폭적으로 의지 하지 않았던 것 같다. 어떻게든 내 힘으로 살길을 찾아보려고 애쓰고 노력하기 바빴다. 그런데 세 개의 손가락을 잃은 직원을 보니 정신이 번쩍 들었다. 나는 이 상황을 해결할 능력이 없다는 걸 그제야 절감했다. 지금까지 내 힘으로 내 수단으로 사는 세상이었다. 지금까지 한 번도 절실한 마음으로 하나님께 만나달라고 구하지 않았었다.

"천부여 의지 없어서 손들고 옵니다.
주 나를 외면하시면 나 어디 가리까"

십자가를 바라보며 나는 가슴을 쳤다.
나를 불쌍히 여겨 살려주실 분은 주님 밖에 없음을 그제야 안 것이다.
'주님, 나 좀 살려 주세요.'
사흘 밤 동안 내가 한 기도라곤 그 한마디밖에 없었다.
살아야 하는데 살 길이 보이지 않으니 주님이 나를 살려 주셔야 된다고, 몸부림치며 부르짖었다. 그렇게 저녁부터 다음날 새벽까지, 밤을 지새우고 집에 가도 나의 부재를 아는 척하는 사람은 없는 것 같았다.

사흘째 되던 밤에도 나는 기도실에 혼자 있었다.
그런데 조금 있으니 문이 열리면서 사람들이 들어오는 소리가 들렸다. 당시에는 금요일마다 철야 기도회가 있었는데 아마도 그날이 금요일이었던 것 같다. 인기척을 느끼고부터 나는 자리에 앉아 조용히 마음속으로 기도했다.

하지만 금세 눈물이 흐느낌으로 바뀌면서 신음 같은 기도가 입 밖으로 새어 나왔다.

그때 내 귀에 어떤 남자의 기도 소리가 들려왔다.
눈을 뜨고 둘러보니 내 뒤에 앉은 남자의 기도 소리였다. 가만히 내용을 들어보니 나를 위해 기도하고 있었다. 대체 누구길래 나를 위해 기도하나, 궁금한 마음에 뒤돌아보니 건장한 젊은 남자였다.
"주님, 저 딸이 무엇 때문에 울부짖으며 기도하는지 저는 모릅니다. 하지만 주님은 아시니 그 기도를 제 기도보다 먼저 들어 주시옵소서."

생면부지의 젊은 남자가 나를 위해 기도하고 있었다.
자기의 기도보다 내 기도를 먼저 들어달라고 주님께 간구하고 있었다. 그 기도를 듣는데 가슴이 뭉클해지면서 눈물이 났다. 오열도 아니고 통곡도 아니었다.
그때 나는 처음으로 날 위해 울어주는 격려의 울음소리를 들었다. 지치고 힘들어 날갯짓을 더 이상 할 수 없는 나를 대신하기 위해 날아오는 기러기의 힘찬 날개 소리를 들었다. 내 편에 아무도 없는 게 아니었다.

내 편에 주님이 계셨다.
나는 내 날갯짓으로 나아갔던 게 아니라 그분의 날개

아래에 있었다는 걸 그제야 깨달았다.

"여호와께서 환난 날에 나를 그의 초막 속에 비밀히 지키시고 그
의 장막 은밀한 곳에 나를 숨기시며 높은 바위 위에 두시리로다"

– 시편 27편 5절

내 인생의 대열에 선두는 내가 아니라 주님이셨다.

주님의 날갯짓으로, 주님이 주시는 힘으로, 내가 그동
안 이 거센 풍파를 이기며 살아올 수 있었다는 걸 그 남자
의 기도를 통해 알게 되었다.

 당시에는 몰랐지만 / 지금 와 생각해 보니…

다시 떠올리기도 싫을 아픔이지만 그래도 그때의 눈물 어린
기도를 통해 고난 중에도 나의 심중을 헤아리시고 위로하시는, 동행하
시는 주님이 계셨음을 깨닫던 순간이었다. 하나님은 여전히 나를 위해
일하고 계셨다. 생면부지의 남자가 나를 위해 기도하듯이 하나님은 나
를 잊지 않고 여전히 나를 바라보시며 나의 모든 슬픈 감정에 공감하며
함께 해주시고 계셨다.

"하늘이여 노래하라 땅이여 기뻐하라 산들이여 즐거이 노래하라
여호와(하나님께서 그의 백성을 위로하셨은즉
그의 고난 당한 자를 긍휼히 여기실 것임이라" – 이사야 49장 13절

17

한 번 기울어진 형편은 쉽게 호전되지 않았다

아이들이 자라서 엄마 손이 필요한 나이가 되었다. 하지만 아이들까지 돌볼 여력은 없었다. 살림할 사람이 꼭 필요했다. 어쩔 수 없이 살림을 맡아줄 사람을 구했지만 식구가 많은데다 아이들도 셋이다 보니 사람들이 좀처럼 오려고 하지 않았다. 하다못해 일주일만이라도 아주머니가 고정되면 좋으련만 한번 온 분들은 식겁하며 다시는 오지 않았다. 그렇게 땜질하듯 매일 다른 아주머니들이 오셔서 살림을 봐주시니 아이들을 볼 때마다 미안했다.

아이들까지 남의 손에 맡기고 다시 살아보겠다고 발버

둥치는 나를 번번이 힘들게 하는 건 남편이었다. 어려운 일을 함께 겪어나가는 게 부부인데 나 혼자 일을 감당하는거 같았다. 그때는 남편 출장비도 줄 수 없을 만큼 돈이 씨가 말랐을 때였다. 어디서도 돈을 구할 수가 없어서 집에 있는 아이들 돌반지를 파는데 낮에는 부끄러워서 가지 못하고 밤에 금은방에 가서 돈을 마련했다.

그 돈을 봉투에 넣어 남편 머리맡에 두는데 갑자기 남편이 낯선 사람처럼 느껴졌다. 아마 남편도 마음이 힘들었을 것이다. 하지만 나는 벼랑 끝에 서 있는데 태평스럽게 잠든 남편의 얼굴을 보자 '이 사람이 정말 내 남편이 맞나'라고 생각될 때도 있었다. 남편은 출장비를 어떻게 마련했는지 묻지 않았을 뿐 아니라 무슨 결과가 있었는지도 알려주지 않았다. 마치 주어진 일만 기계적으로 해내는 것 같았다. 이 사람의 마음은 어디에 가 있는 걸까, 과연 이 사람이 나를 사랑하는 것은 맞나? 확인할 길 없는 남편의 마음이 나를 더 지치게 했다.

물론 남편이 나에게 일을 미룬 것은 아니었다.
남편이 움직이기 전에 내가 한발 앞서 일을 처리했고, 그렇게 자꾸 해결하다 보니 자연스럽게 내 몫이 된 것은 맞다. 문제는 내가 일을 떠맡으면서 남편은 점점 회사 일에 무관심해지는 것 같았고, 동시에 나와도 멀어지는 것 같았다.

남편에 대한 복잡한 심경으로 마음이 곤두서 있는데 엎친 데 덮친 격으로 시어머니와의 갈등도 심해졌다. 평생 뭐든 무척 아끼던 분이셨기에 함께 사는 것이 힘들게 느껴졌다. 물도 아깝다고 아끼고, 아무리 말려도 보일러를 꺼서 냉골에서 새우잠을 자기도 하고….

가장 견디기 힘들었던 것은 일하는 아주머니들과의 관계였다. 네 번째 일하는 아주머니가 그만두던 날, 나도 집을 나왔다.

숨이 막혀 도저히 집에 있을 수가 없었다.

그래서 다음날 와서 일해 줄 아주머니를 구해놓고 혼자 한얼산 기도원으로 갔다. 모태신앙으로 교회에 다녔지만 나는 한 번도 기도원에 가 본 적이 없었다. 기도원에서 통성 기도하며 울부짖는 사람들에 대한 이미지가 낯설어서 나는 절대 요란하게 예수를 믿지 않겠노라 결심했었다. 그렇게 조용하고 고상하게 주님을 섬기겠다고 장담했던 내가 성경과 찬송가만 들고 한얼산 기도원으로 도망친 것이다.

교회를 40년 가까이 다녔지만 그때까지 나는 집중해서 간절하게 기도를 해 본 적이 없었던 것 같다. 찬송가는 자주 불렀지만 주님 앞에 내 심정을 토로한 적도 없었다.

기도원에 가서도 마찬가지였다.

남들은 통성으로 기도하고, 방언을 하는데 나는 기도할 줄을 몰라 찬송가를 부르며 하염없이 울었다.

나는 왜 기도조차 할 수 없는가… 주님께 기도만 해도 살 것 같은데 기도문이 막혀 있으니 뼈가 녹는 것 같았다. 그래서 일주일 내내 주님께 '기도의 문을 열어 달라'고 기도했다. 어머니처럼 나도 하나님과 대화하며 기도하고 싶었다.

일주일째 되던 날 드디어 기도의 문이 열렸다.

그렇다고 방언을 하거나 통성기도를 한 것은 아니었다.

내 곁에 찾아오신 예수님과 대화를 시작한 것이다.

'주님, 저 아파요.'

이렇게 시작된 대화는 술술 이어졌다.

나는 어린아이가 부모님께 고자질하듯, 하루 일과를 이야기하듯, 주님께 내 마음을 단순하고 솔직하게 아뢰었다.

해 같이 밝은 빛으로 찾아오신 예수님은 내 기도에 가장 깊은 사랑으로 응답하셨다. 그리고 내가 주님을 찾기 전에 이미 주님은 나의 눈물과 비명, 아픔과 고통을 알고 계셨고, 이에 응답할 준비를 하고 계셨다는 것을 생생하게 보여주시고 알려주셨다.

그렇게 주님을 인격적으로 만나고 나서 나는 곧장 집으로 돌아왔다.

아이들은 나를 보자 울음을 터뜨리며 매달렸고, 남편은 방에서 나오지 않았다. 당시 초등학교 1학년이었던 큰 딸은 엄마 없이 혼자 자는 아빠가 불쌍해서 자기가 아빠와 한 이불을 덮고 잤다면서 다시는 나가지 않겠다고 약속하라며 손가락을 걸었다. 시부모님은 내 기색만 살필 뿐 어디 갔다 왔느냐고 묻지 않으셨다. 기도원에 올라갈 때와 조금도 변하지 않은 현실이 그대로 그 자리에 있었다.

한 가지 감사한 것은 일하는 아주머니가 계속 우리 집에 있겠다고 한 것이었다.

이 집은 하루라도 도와줄 사람 없이는 못 살 집이니 자기가 먹고 자면서 살림을 맡겠다고 했다. 천군만마를 얻은 것 같았다. 아주머니는 낫 놓고 기역 자도 몰랐지만 살림에 있어서는 달인이었다. 아이들의 얼굴을 반짝반짝하게 씻기고 입혀주었으며 시부모님 입맛에 맞는 반찬을 따로 만들어 상을 봐드렸다.

그뿐이 아니었다.
공장 직원들 식사도 아주머니가 해주셨다.
직원이 많을 때는 1톤 트럭에 가득 배추를 사서 김장을 하고 콩 한 가마니로 된장을 담근 적도 있었는데 그 큰살림을 아주머니가 척척 다 해주셨다. 나중에 형편이 더 나빠져서 공장 기숙사에 들어가 살았을 때는 직원들 밥도 아주머니가 직접 만들어 해 먹였다. 음식 솜씨가 얼마나 좋았던지 아침에 된장국을 끓이면 부엌과 인접한 길을 지나던 사람들이 구수한 냄새에 이끌려 공장 안까지 들어와 백반을 팔지 않겠냐고 묻기도 했다.

아주머니도 직원들 밥을 하려면 이중삼중으로 고생을 해야 했다. 그 당시 공장에서 밥을 지을 때 찜통을 켜켜이 올려 뜨거운 김으로 쌀을 쪄냈는데 그렇게 하자면 화력이 쎄야 했다. 그래서 아주머니가 아침밥을 지을 시간에 맞춰 밤에 연탄을 갈아놓고 방에 들어가면 무슨 이유인지 시어머니가 연탄구멍을 신문지로 막아서 연탄불이 피지 않았다.

밥 짓는 것도 힘든데 아침마다 번개탄을 들고뛰던 아주머니가 참다못해 소리를 고래고래 질러도 바뀌지 않았다. 아침마다 그 전쟁을 치르면서 아주머니는 6년이나 우리 집 일을 돌봐주셨다. 정말 생각할수록 귀한 분이다.

주님의 은혜를 깨닫지 못했을 때 나는 부모복은 없지만 주님의 은혜로 인복은 많은 사람이라고 생각했다. 타고난 인복 덕에 만나는 사람마다 나를 도와주고 해코지하지 않는다고 믿었다. 그런데 그 모든 것이 주님의 은혜였다는 것을 나는 기도문이 열리면서 알게 되었다. 주님은 내가 구하지 않은 것까지 미리 아시고 가장 적합한 시간에 가장 필요한 사람을 만나게 하셨다.

♥ 당시에는 몰랐지만 / 지금 와 생각해 보니…

내 능력 내 운이라고 생각했던 것조차 모든 것이 은혜였다. 나의 불평과 불만의 원인이라고 여겼던 일들도 오히려 주님께 감사할 것 투성이었지만 기도의 문이 갓 열리고 신앙이 성숙하지 않은 당시에는 그 사실을 몰랐다. 내 삶의 방해물이라고 생각했던 일들을 통해 주님은 다시 한번 나의 믿음을 성장시키셨다. 인생을 다시 돌아보면 정말 오로지 주님께 감사하지 못 할 일이 하나도 없음을 고백한다.

"범사에 우리 주 예수 그리스도의 이름으로
항상 아버지 하나님께 감사하며" – 에베소서 5장 20절

part
3

18

자식 키우는
부모 마음이
다 똑같겠지만

사업이 망한 것보다 그로 인해 아이들을 좋은 환경에서 키우지 못한 것이 더 한스럽다. 세 아이 모두에게 미안했지만 특히 아들에게 더 마음이 쓰였다. 아들을 낳고 얼마 안 돼서 내가 남편 일을 돕기 시작했기 때문에 아들은 딸들보다 더 일찍 어려운 환경에서 살았기 때문이다.

그 힘든 와중에도 딸들은 추첨을 받아 사립 초등학교에 입학시켰지만 아들은 유치원에 보낼 형편조차 되지 않았다. 아들이 유치원에 갈 나이가 됐을 때 하필이면 우리가 부도를 맞아 공장을 정리할 때라 도저히 유치원에 입학시킬 수가 없었다. 그래서 친구가 운영하는 잠실에 있는 유치원에 보냈는데 거리가 멀어 등·하원 시키는 게 만만치 않았다.

그러다 암사동으로 이사를 갔다.

그때는 셔틀버스라는 개념이 없을 때라 부모가 직접 아침에 바래다주고 오후에 데리러 가야했다. 아이가 셋이다 보니 시간 맞춰 등하교 시키는 것도 일이지만 버텨 보려고 했다. 아무리 바쁘게 움직여도 아이들 끝나는 시간에 맞춰 도착하기가 어려웠다. 회사 일을 하다 보면 오전 시간은 훌쩍 지났고, 점심을 거른 채 데리러 가도 지각이었다. 딸들은 둘이 손을 꼭 잡고 서서 훌쩍거리다 내가 도착하면 내 얼굴을 보면서 엉엉 울었다. 차들이 달려들까 봐 겁나고, 예쁘다며 말을 거는 어른들이 무섭다며 날마다 눈물바람이었다. 그런 상황에서 사립학교를 계속 보내는 건 무리였다. 그래서 딸들을 집 근처에 있는 공립 초등학교로 전학시켰다.

하지만 아들의 유치원은 경우가 달랐다.

친구가 운영하는 유치원에 보내지 않으면 경제적 부담으로 아예 보낼 수가 없었다. 선택의 여지가 없기 때문에 잠실까지 보내야 했다. 그래서 아들과 약속 장소를 정해놓고 유치원에서 끝나면 그곳에서 기다리라고 했다. 아들은 어렸을 때부터 순하고 말이 없었다. 내가 늦게 도착해도 딸들처럼 울지 않았고, 왜 늦었냐며 떼쓰지도 않았다.

하지만 그때 나를 기다리면서 별별 생각을 다 했었다고 아들은 나중에 얘기해 주었다.

돌이켜 보면 나를 기다린 시간이 길어야 10분을 넘지 않았을 텐데 어린아이에게 그 시간은 한없이 길었을 것이다. 아들은 나와 만나기로 약속한 자리에 도착하는 순간부터 '엄마가 나를 데리러 오지 않으면 어쩌나…' '엄마가 오지 않으면 나는 어디로 가야 하나…' '이제 나는 거지가 되는 건가…' 등을 고민하며 오만가지 상상을 했다고 한다.

나는 아이들이 남들 앞에서 기죽지 않고, 귀하게 자랄 수 있도록 죽을 힘을 다했다. 어려운 중에도 아이들 옷은 명동에 가서 브랜드를 사 입혔고, 신발이나 가방도 최고급으로 맞춰주었다. 아이들의 행색만 보면 암사동 공장 기숙사에 사는 게 아니라 강남의 부잣집에서 나온 아이들같이 부티나게 꾸몄다. 그것이 내 자존심이고, 내 어릴 적 소망이었기 때문에 적어도 내 아이들이 다른 사람들 앞에서 초라하게 보이는 일은 없도록 무던히 애썼다.

'팔자는 길들이기 나름'이라는 옛말처럼 나는 아이들을

귀하게 키워야 그 인생길이 평탄하고 귀하게 열린다고 믿었다. 그래서 내 아이들만큼은 가장 귀한 존재로 키우고 싶었다. 하지만 한번 내리막길을 타자 형편은 시간이 지날수록 더 악화되었다. 그나마 공장 기숙사에서도 나와 아이들을 데리고 여인숙에서 9개월 가까이 살아야 하는 상황까지 되었다.

물론 현금이 필요해서 공장과 기숙사를 처분했지만 집도 절도 없이 여인숙으로 가야 할 상황이 생겼다. 전세를 준 아파트의 계약 기간이 3개월 정도 차이가 있어서 그동안만 살 마음으로 여인숙을 임시 거처로 삼았다.

그 당시 암사동에 시동생 명의로 된 아파트 한 채가 있었다. 결혼할 때부터 시댁을 책임져야 한다는 의무감이 강했던 나는 장사하면서 모아둔 돈으로 시동생 둘을 위해 18평짜리 아파트 분양을 받아 놓았다. 그러다 사업이 어려워지면서 막내 시동생 앞으로 받은 아파트는 분양권을 팔아서 빚을 갚는데 썼지만, 둘째 시동생 명의로 된 아파트는 다행히 잔금까지 치러 분양을 받았다.

그런데 아파트 입주 시기가 사업이 부도난 때와 딱 겹쳤다. 어쩔 수 없이 아파트를 전세주고 그 돈으로 급한 불을 끄고 우리는 빌라로, 공장 기숙사로 전전하며 살았다. 그러다 공장 기숙사까지 처분하게 되면서 더 이상 아이들을 데리고 남의 집 살이를 할 수가 없어서 암사동 아파트로 들어가기로 하고 여인숙으로 거처를 옮긴 것이다.

그때 분가도 했다.

암사동 양지 마을에 독채 전세를 얻어 시부모님, 막내 시누이 가족, 시동생 2명이 함께 살게 했다.

얼마 후 양지 마을에서 시부모님과 시누이 부부가 살림을 차릴 때 지하방 보증금으로 시누이에게 천만 원을 주었다. 그때까지 내 앞에서 고맙다는 말을 하지 않던 남편도 그때만큼은 천만 원을 막내 시누이에게 주면서 "너희 올케가 통이 커서 이 돈을 주는 거다. 지금 이 돈을 줄 만한 형편이 아닌데 통 크게 주는 거니 지하 방이라도 얻어서 살아라"라고 말했다고 한다.

막상 우리는 아파트 전세 기간이 끝난 후에도 계속 여인숙에서 살았다.

전세 보증금인 3백만 원을 마련하지 못해서였다.

있는 돈 없는 돈을 긁어모아 시댁에 주고 나니 3백만 원이라는 돈을 마련하는 게 쉽지 않았다. 정확히 3백만 원이 쥐어지지 않으면 계약을 할 수 없기 때문에 어렵사리 2백5십여 만 원을 모아도 소용이 없었다. 계약을 다음 달로 미루는 순간 그 돈은 다른 용도로 쓰였고, 다시 제로에서부터 돈을 모아야 하는 일이 반복되면서 여인숙에서 머물렀던 기간이 9개월로 늘어났다.

그때 큰딸은 중학생이었고, 작은 딸은 초등학생, 아들도 초등학교 1학년이었다.

한창 감수성이 예민할 때 여인숙에서 살았으니 얼마나 힘들었을까. 아이들에게 미안해서 주말에는 온 가족이 야외로 나갔다. 단 하루라도 칙칙하고 냄새나는 여인숙을 벗어나서 가족 간의 추억을 만들어 주고 싶어서였다.

하지만 아무리 부모가 최선을 다해도 아이들에겐 마음의 공백이 생기게 마련이다.

딸들은 컸다고 눈치가 있어서 등록금 고지서를 받으면, 내게 전달하지 못하고 학교 갈 때 화장대나 방바닥에 놓고 갔다. 눈물겨웠다.

어떤 마음으로 등록금 고지서를 놓고 갔을지를 생각하면 가슴이 멘다. 이렇게 힘든 시간을 보낼 때도 딸은 깨알 같은 글씨로 적은 장문의 편지를 한 번에 세 장씩, 세 번이나 내게 보내왔다.

너무 어렵고 힘들었던 시간들이었지만 편지는 내게 큰 위안을 주었다.

가장 아픈 손가락인 막내아들도 마음에 큰 상처를 받아 방황 중이었다. 뒤늦게 이 사실을 안 나는 큰 상처를 받았다.

여인숙에 살 때 아들의 친구가 저녁 어스름에 나를 찾아왔다. 선생님 심부름으로 내게 전할 말이 있다면서 아들이 사흘이나 학교에 오지 않았다고 했다.

그 말을 듣자 하늘이 무너지는 것 같았다.

학교에 가지 않고 결석했다는 사실보다 아들이 사흘씩이나 여인숙에 혼자 있었다는 게 더 마음 아팠다. 유치원 때와 달리 초등학교는 근처 공립학교에 다니다 보니 내가 특별히 등하교를 챙기지 않았다. 딸들은 일찍 나가서 늦게 들어오다 보니 아들 혼자 있는 시간이 많았다. 그 시간에 무슨 생각을 했길래 학교에 사흘씩이나 가지 않았을까….

나는 아들을 불러 앉혀놓고 "왜 학교에 가지 않았냐?"라고 물었다. 그러자 아들은 "엄마 나는 아무도 없는 무인도에 가서 살고 싶어"라고 대답했다.

그러고는 더 이상 입을 열지 않았다. 나는 아이를 탓할 수가 없었다.

나도 여인숙에서 나가고 들어올 때마다 남이 볼까 봐 고개를 숙이는데 아들은 오죽했을까. 아무도 만나기 싫고, 바깥에 나가는 것도 꺼려지는 그 마음을 너무나 잘 알았기에 나는 아들을 나무라지 못했다.

아들을 혼내는 대신 다독여주고, 선생님을 찾아가 우리 집 사정을 말씀드렸다.

아들을 잘 타일러 학교에 보낼 테니 선생님도 잘 돌봐 달라고 부탁하고 뒤돌아서 나오는데 툭 하고 눈물이 떨어지더니 이내 하염없이 흘러내렸다. 경제적 능력이 없는 어머니 때문에 어릴 적 내가 겪었던 마음고생을 아들에게 대물림하고 있다고 생각하니 너무 미안하고 또 비참했다. 다른 것은 몰라도 아이들에게 가난에 대한 기억은 남겨주고 싶지 않았는데 어린 아들이 받은 상처를 생각하니 가슴이 아렸다.

그때까지도 철이 들지 않아서인지 처음으로 시댁 식구가 야속하고, 남편이 원망스러웠다.

가장 귀한 자신의 피붙이인데 그 어린 것들을 여인숙에서 재우는데도 아무도 우리가 어떻게 살고 있는지 관심을 갖지 않는 것 같아 화가 났다.

'집안에 어른이 8명이나 되는데도 돈 3백만 원이 없어서 멀쩡한 집을 두고 아이들과 여인숙 생활을 하는 게 말이 되는가.'

분노와 걱정으로 마음은 복잡한데 대책은 떠오르지 않았다.

그때 내 눈앞에 송도라는 이정표가 보였다.

깜짝 놀라 주위를 살펴보니 가로등 하나 없는 길을 나혼자 달리고 있었다.

얼마나 멀리 왔는지 어렴풋이 보이는 가게 간판에 인천 지역번호가 적혀 있었다.

지도도 없고 이정표도 어둠에 가려 보이지 않는 캄캄한 밤, 그날 나는 어둠에 갇혀 길을 잃은 채 인천 바닷가 언저리를 헤매고 다녔다.

💟 당시에는 몰랐지만 / 지금 와 생각해 보니…

크나큰 사랑은 때때로 크나큰 아픔으로 돌아온다. 아들이 겪은 고통을 생각하면 내가 고통을 겪을 때보다 몇 배나 더 아프고 힘이 들었다. 도저히 정신을 차릴 수 없을 정도로…. 훗날 돌아보니 나를 위해 독생자를 보내시고, 십자가에 달려 죽게 하신 하나님의 마음은 얼마나 고통스러웠을까? 그 아들을 나를 위해 보내주신 하나님….

얼마나 나를 사랑하시는지 도저히 가늠도 할 수 없는 놀라운 사랑의 하나님이 아닐 수 없다. 자녀들에게는 정말 미안한 일이었지만 덕분에 세상 그 무엇에 비할 바 없는 놀라운 하나님의 사랑을 깊이 체험할 수 있었던 순간이었다.

"그리스도께서 너희를 사랑하신 것 같이

너희도 사랑 가운데서 행하라

그는 우리를 위하여 자신을 버리사 향기로운 제물과

희생제물로 하나님께 드리셨느니라" – 에베소서 5장 2절

19

돈 가뭄이 들었을 때
가장 무서운 건

월급날!

직원들은 그날만 바라보며 일했겠지만 그 당시 나에게 월급날은 독이 바짝 오른 빚쟁이 같았다. 내 사정 따위 봐 주지 않고 돌아서면 성큼 다가와 있었다. 너무나 힘든 상황이었지만 그래도 나는 월급날을 한 번도 어기지 않았다. 날아가는 돈을 붙잡아서라도 직원들 월급봉투는 액수 제대로 맞춰 제시간에 지급했다. 그런 내 성격을 알아서인지 내가 경리 일을 맡고부터 남편은 급여에 관해 일체 관여하지 않았다.

사업을 시작할 때부터 돈을 끌어오는 것은 내 몫이

었다.

어디에 필요한 건지 묻지도 않고, 큰돈이든 작은 돈이든 남편이 필요하다고 한 것은 어떻게든 액수를 맞춰주었다. 어쩌면 그게 독이었는지도 모르겠다. 남편은 사업이 무너지고 난 후에 오히려 내 탓을 했다.

"당신이 돈을 너무 잘 빌려와서 크게 망했다."

일견 맞는 말이었다.

타고난 사업가도 아니고, 기술도 없었던 남편은 제품이 개발될 때까지 물주 역할만 했다. 성공을 점칠 수 없었지만 내가 돈을 빌려오는 한 투자가 가능하니 계속 밑 빠진 독에 물을 부은 것이다. 그러면서 손해가 눈덩이처럼 커졌으니 남편 말이 틀렸다 할 순 없었다.

하지만 남편은 돈을 빌리기가 얼마나 어렵다는 것을 모르는 것 같았다. 돈을 빌려달라고 말하는 사람이 느끼는 압박에 대해서는 모르는 것 같았다. 자신에게 필요한 자금을 어떻게든 조달해 주는 나에게는 고마워하지 않는 것 같았다. 숨이 꼴딱 넘어갈 것처럼 힘들 때조차도….

한 번은 목돈을 한 번에 마련할 수가 없어서 직원 명단을 만들어 놓고 돈이 찔끔 생길 때마다 한 명씩 이름을 지워나가며 월급을 채워나갔다. 대추나무에 연 걸리듯 갚을 빚이 많은데 수금이 제때 되지 않아 공장에 돈이 돌지 않을 때면 한 사람 월급봉투를 채우는 것도 숨이 찼다.

그때마다 나는 직원들 이름을 하나하나 부르며 주님께 매달려 기도했다.

'주님, 이들에게 월급은 일용할 양식입니다. 날마다 주님께서 허락하신 은혜의 증거입니다. 저는 이 봉투를 채울 능력이 없습니다. 주님께서 채워주세요.'

날마다 울면서 푼푼이 모은 돈으로 직원들의 월급봉투를 다 채우고 지급을 마쳤던 날, 남편은 처음으로 내게 전화를 해서 직원들 월급은 줬냐고 물었다.

그 말을 듣는데 이상하게 마음이 풀렸다.

봉투 안에 제각기 받아야 할 만큼의 액수를 다 맞춰놓고서도 헛헛했던 마음이 남편의 말 한마디에 온기가 돌았다. 자기 마음을 표현할 줄 모를 뿐 남편도 나를 걱정하고 있었다는 게 느껴졌다.

남편이 "수고했다, 애썼다, 미안하다"라는 말 한마디만 더 하면 그간의 서운했던 마음도 다 풀릴 것 같았다. 그러나 남편은 내 기대와는 달리 월급을 이미 다 지급했다는 말만 듣고 전화를 끊었다. 크게 기대하지는 않았지만 평소와 달리 말 한마디 더 해줬다는 신호에 얼마나 마음이 들떴었는지 통화 종료음을 듣자마자 맥이 탁 풀렸다.

'그럼, 그렇지. 뭘 기대하나….'

남편의 성격을 알면서도 서운하고, 마음은 더 얼어붙었다.

함께 아이 셋을 낳아 키우는데도 남편은 속을 알 수 없는 사람이었다. 과묵하고 진중한 모습이 좋아 결혼했는데 살다 보니 남편의 그 장점이 오히려 외롭게 만들었다. 혼자 묻고 혼자 대답하고 혼자 웃으며 넘어가는 시간이 길어지면서 내 마음도 지쳤다. 대답 없는 남편에게 말을 붙여보려고 남편 시선이 닿을 만한 곳에 쪽지를 남기고, 옷 속에 편지를 넣어두었다.

남편의 동선을 몰라 속 태우며 기도하다 주님이 짝 지워 주신 나의 반쪽에 대한 신뢰가 없음을 회개하며 남편에 대한 사랑과 감사의 마음을 적기도 하고, 과묵함 속에 묻혀 있는 남편의 진심을 생각하며 나 역시 남편에 대한 사랑이 변함없음을 약속하기도 했다.

하지만 남편은 답장을 주지 않았고 쪽지를 읽었다는 내색조차 하지 않았다.

남편은 사업이 뒤집어져 나락에 떨어졌을 때도, 여인숙 살이를 할 때도, 얼굴에 기미가 시커멓게 올라와 입에서 단내가 날 때도 손 한 번 잡아주지 않고, 위장약을 달고 사는데도 소화가 안 돼서 신트림을 계속해도 등 한 번 두드려주지 않았다. 내 마음을 헤아려 먼저 다가와 주지 않았다. 남편에게 받지 못한 위로는 서운함으로 쌓이고, 거절당한 상처는 굳은살이 되어 마음을 딱딱하게 만들었다.

그런데 처음으로 내게 전화를 걸어 직원들의 월급을 걱정했던 날 밤, 집에 들어온 남편은 밥을 먹다 말고 밑도 끝도 없이 한 마디를 툭 던졌다.

"오늘 낮에 당신한테 전화하는 걸 보더니 윤 사장이 한 소리 하더라고. 사장은 나인데 왜 당신한테 전화해서 직원들 월급을 주었는지 확인하냐고, 대체 그 회사 사장은 누구냐고…."

그러고는 아무 일 없었다는 듯 묵묵히 밥만 먹었다.

무거운 침묵 속에 숟가락 부딪히는 소리만 들리는데 내 귀에 남편의 말이 계속 맴돌았다. "미안하다, 고맙다, 애썼다"라는 듣고 싶은 말은 하나도 하지 않았는데 이상하게도 남편의 말에 얼어붙었던 마음이 녹았다. 말없이 밥을 먹고 있는 남편을 보고 있자니 눈물이 핑 돌았다. 그동안 내가 모른 척하고 있었던, 인정하고 싶지 않았던 남편의 성격이 그 모습 속에 고스란히 나타났기 때문이다.

남편은 천호동에서 강남까지 딸들을 등교시켜주었다.

그런데 덜렁대는 큰딸이 도시락 가방을 차에 놓고 내리면, 그걸 들고 허겁지겁 딸의 뒤를 쫓아가면서도 끝까지 딸의 이름을 부르지 않고 교실 앞에 비켜서서 아이가 올 때까지 하염없이 기다렸다. 어렸을 때부터 친해서 집에도 놀러 오던 큰딸의 친구들이 남편을 알아보고 인사를 해도 남편은 딸 친구들에게 도시락 가방을 맡기지도, 딸을 불러달라고 부탁하지도 않았다. 그저 딸이 뒤돌아서면 가장 먼저 볼 수 있는 곳에 서서 움직이지 않고 기다렸다. 그런 사람이 내 남편이다.

스스로 감정을 드러내지 못하고 상대방이 자기를 알아줄 때까지 기다리는 사람이다.

그 우직함이 무정하게 느껴져 내가 등을 돌려도 위로나 변명조차 하지 못하고, 내 마음 한편에 비켜서서 내가 돌아볼 때까지 가만히 기다리는 사람이다.

그런 사람이 나에게 있는 그대로의 자신을 보였으니 얼마나 큰일인가. 그 한 마디를 하기 위해 남편은 얼마나 용기를 내었을까. 겨우 한 마디 던지고는 나와 눈도 마주치지 않고 밥을 먹는 남편을 보고 있자니 말로 표현되지 못한 남편의 진심이 느껴졌다.

결국 남편은 내게 "미안하다, 고맙다, 애쓰고 있다"라는 말을 하고 싶었던 게 아닐까….

말없이 전해진 남편의 진심이 그날 밤 내 마음의 빗장을 열었다.

당시에는 몰랐지만 / 지금 와 생각해 보니…

남편이 말하지 않아 답답할 때도 많았지만 말하지 않아도 배려와 사랑이 느껴지는 순간이 더욱 많았다. 함께 사업을 하고 가정을 꾸리며 위기라고 생각될 때마다 하나님은 상대방의 장점을 바라볼 수 있는 은혜를 허락하셨다. 자칫하면 교만함으로 치달을 수 있는 순간마다 하나님은 겸손의 길로 나를 이끄셨다. 그 인도하심 때문에 나는 남편의 진심을 종종 확인하며 더욱 신뢰할 수 있었다. 필요한 순간에 필요한 혜안을 주신 주님의 큰 은혜였다.

"진실로 그는 거만한 자를 비웃으시며

겸손한 자에게 은혜를 베푸시나니" – 잠언 3장 34절

거래처의 위기는
하청업체가
가장 빨리 알아차린다

결제가 지연되고 어음발행이 많아지면 보나 마나 문제가 생긴 것이다. 모기업에 제품을 납품하는 하청업체는 도미노의 블록과 같다. 모기업의 흥망성쇠에 따라 블록이 단단히 서 있을 수도 있고, 허무하게 무너질 수 있다. 그 아슬아슬한 긴장을 나는 J사에 시계 부품을 납품하면서 철저하게 경험했다.

도미노 게임과 달리 사업은 순식간에 무너지지 않는다. 블록을 위협하는 진동이 느껴질 때마다 블록들은 넘어지지 않으려고 안간힘을 쓰며 버틴다. 그러면서 진이 다 빠져버린다. 원청 기업인 J사가 급격하게 하향세를 타면서 하청업체였던 우리 회사는 존폐 위기에 내몰렸다. 빚으로 공장을 운영하다 보니 날마다 한계에 몰려 숨이 턱에 닿았다. 더 이상은 못 견디겠다고 두 손을 놓고 싶을 때쯤 명절이 다가왔다. 아무리 어려워도 직원들을 빈손으로 고향에 내려보낼 수는 없었다.

그래서 급한 대로 돈을 빌리고 주머니를 털었다.

그렇게 간신히 마련한 떡값을 직원들에게 조금씩 쥐여주고 나니 수중에 동전 하나 남지 않았다. 당장 집에 갈 차비조차 없는데 남편은 어디에 있는지 연락이 되지 않았다. 어둑해지는 하늘을 보니 아이들 생각에 마음이 급해지는데 돈 한 푼 없이 사무실 밖으로 나갈 엄두가 나지 않았다. 그래서 마지막까지 사무실에 남아있던 직원을 퇴근시키고 나는 사무실에서 남편을 기다리기 위해 문을 잠그고 돌아섰다.

그때 갑자기 무릎이 꺾이면서 통곡이 터져 나왔다.

직원들의 떡값을 맞추느라 내내 긴장했던 마음이 풀어지면서 서러움이 몰려왔다. 발밑이 무너져 내리는 캄캄한 절망이 나를 가로막았다. 앉지도 서지도 못하고, 살 수도 죽을 수도 없었다. 어디로 가야 할지 몰라 그 자리에 주저앉아 짐승처럼 울었다. 그토록 살려고 발버둥 쳤는데 돌고 돌아온 곳이 또 벼랑 끝이라니 기가 막혔다. 북받치는 서러움에 가슴이 막혀왔다. 대체 이 수렁에서 누가 나를 끌어내 줄 것인지, 빠져나갈 수는 있을지, 절망에 휩싸여

하염없이 울다 지쳤을 때 사무실은 어둠에 잠겨 있었다. 캄캄한 사무실에서 나는 숨을 몰아쉬었다.

'이제 나만 기다리고 있을 가족들을 만나러 가야 한다.'

시부모님과 시동생, 아이들을 비롯해서 가정부, 우리 부부까지 9식구가 내 어깨 위에 짐처럼 얹어져 숨을 쉴 수가 없었다.

그래도 집에 가야 한다는 생각에 겨우 일어나 사무실 문을 여는데 시커먼 형체가 서 있는 게 보였다. 명절을 앞두고 있어 모두 일찌감치 퇴근을 했는데 누가 남아있단 말인가. 가슴이 철렁 내려앉으면서 다리에 힘이 쫙 풀렸다. 일단 피해야겠다는 생각에 문고리를 잡고 문을 잡아당기는데 갑자기 "사장님, 저예요"라는 소리가 들렸다. 제일 마지막에 퇴근시켰던 경리부 직원이었다. 너무 놀라서 무슨 일이냐고 했더니 아무 말도 하지 않고 눈물만 뚝뚝 흘렸다.

무슨 말을 할 수 있을까.

아무에게도 보여주기 싫었던 눈물을 들킨 나도, 예기치 않았던 통곡을 들어버린 그 직원도 차마 얼굴을 볼 수가 없어서 바닥만 쳐다보고 있었다. 1분 남짓 지났을까… 그 짧은 시간이 평생처럼 길었다. 고맙고, 참담하고, 민망하고, 비참한 마음이 뒤섞여 입이 떨어지지 않았다. 겨우 마음을 추슬러 직원의 어깨를 두드려주고 다독여 집으로 보내는데, 이제 정말 더 이상 내려갈 데 없는 바닥까지 왔다는 생각이 들었다.

하지만 거기도 바닥은 아니었다.

집에 가니 더 큰 산이 버티고 있었다. 우리 집 살림을 도와주셨던 아주머니가 그만두시겠다고 짐을 싼 것이다. 사업이 위태롭다 보니 살림을 꾸려가기도 힘들었다. 그때는 여인숙 생활을 마치고, 시동생 앞으로 분양받은 아파트에 전세를 빼서 우리가 들어가 살았다.

우리는 아파트로 이사했지만 공장 직원들을 먹이고 재우는 건 여전히 책임져야 했다. 생활비가 만만치 않게 들었다. 쌀은 시골에서 보내줘서 밥은 끓여 먹었지만 대식구가 뒤엉켜 살다 보니 이렇게 저렇게 돈 들어갈 구멍이 한두 군데가 아니었다. 아이들이 형편 봐가면서 크는 것도 아니고, 사정이 어렵다고 세 끼 먹을 걸 한 끼로 줄일 수 없었다. 나갈 돈은 조금도 줄지 않은 상태에서 들어올 돈이 막혀버려 급기야 일하는 아주머니의 월급 대신 집에 있는 금붙이를 드리는 사태에까지 이르렀다.

아주머니로부터 그만두겠다는 말을 처음 들었을 때만 해도 한 달이라는 시간이 있으니 그 사이 형편이 나아지면 결심도 바뀔 거라 생각했다. 하지만 상황은 더욱 악화 일로로 치달아, 한 달이 지난 후에는 돈줄이 더 바짝 말랐다. 그래도 아주머니 월급은 어떻게 해서든 현금으로 마련해서 드릴 생각이었다.

그런데 아주머니는 이미 마음을 정하고 짐을 다 싸놓고 있었다. 아주머니가 그만두면 당장 이 많은 식구를 누가 돌본단 말인가. 애가 닳아 바짓가랑이라도 붙들고 싶은 심정이었다. 지푸라기라도 잡는 심정으로 며칠이라도 더 있어 달라고 간청했지만 아주머니는 결심을 바꾸지 않았다.

"이 집 사정 딱한 거 누구보다 내가 제일 잘 알지. 하지만 지금 그만두는 게 맞아요. 남이니 어쩔 수 없다 생각하고 야속해도 보내줘요.

그런데 승은 엄마, 내가 마지막으로 이 말은 하고 갈게요. 앞으로 시댁 식구들한테 도움받을 생각은 하지 말아요. 기대를 하지 말아야 덜 힘들어. 그렇지만 사람은 절대 혼자 살 수 없으니까, 사람이든 여시든 누군가는 도와줘야 사니까…. 그런데 승은 엄마도 누군가가 돕는 거 같은데 그게 하나님인 것 같아요. 그러니 다른 사람이나 우상 의지하지 말고 기도만 하세요. 나중에 승은 엄마 빌딩 사면 그때 내가 다시 와서 살림해 줄게요."

6년 동안 우리 살림을 당신 집 돌보듯 해주신 고마운 분이었다. 아주머니 덕분에 바깥일을 마음껏 할 수 있었는데 이제 어떻게 해야 하나, 아주머니가 나가면서 문 닫히는 소리가 들리자 가슴이 막혔다. 머릿속이 하얘지면서 그대로 땅속으로 꺼져버렸으면 좋겠다는 생각만 들었다. 짐은 점점 무거워지는데 까마득한 오르막길이 눈앞에 버티고 있으니 '이제 나는 어떻게 살아야 하나'라는 생각에 눈물만 흘렀다.

'주님, 저는 어쩌면 좋습니까…. 이렇게 팔 다리 다 잘라버리시면 저는 어떻게 살아야 하나요. 너무 힘들어요. 내일 당장 아이들은 어떻게 해야 할까요.'

그날 밤 나는 공장 옆에 있는 교회에서 몸부림치며 주님 앞에 내 마음을 쏟아놓았다.

날이 밝는 게 두려웠던 그날, 밤이 깊도록 울부짖었던 나의 기도에 주님은 응답해 주셨다.

"내가 고통 중에 여호와께 부르짖었더니 여호와께서 응답하시고 나를 넓은 곳에 세우셨도다" – 시편 118편 5절

다음 날 조간신문 1면에 모기업인 J사의 부도 기사가 대문짝만 하게 났다.

원청 기업의 부도는 어느 정도 예견한 일이었다.

수금이 밀릴 때마다, 담당자가 전화를 회피할 때마다 혹시 부도가 나지 않을까 불안했다. 납품을 마치고 그다음 생산에 들어갈 때면 혹시 주문 취소 전화가 걸려오지

않을까 조마조마했다. 그렇게 불안한 마음을 애써 부정하면서 몇 달을 지냈는데 결국 부도가 난 것이다.

 그런데 정말 이상한 일이었다.
 J사의 부도 기사를 보는데 속이 후련했다. 그 당시 나는 밤마다 내일은 어디 가서 돈을 꾸어 빚을 갚을까를 궁리했고, 아침에는 채무자들의 빚독촉에 시달렸다. 빚도 점점 불어나 날마다 한계에 부딪혔다. 그렇게 벼랑 끝에 몰렸을 때 모기업 부도 기사를 보니 맥이 빠지면서 묵은 체증이 내려가는 것 같았다. 나는 모기업의 부도라는 거대한 파도에 휩쓸려 연쇄 부도가 난 상황에 안도했다. 내 잘못이 아니라 어쩔 수 없는 불가항력의 상황에서는 두 손 들고 항복하는 것 말고는 할 수 있는 게 없으니 차라리 마음이 홀가분했다.

 하지만 그건 나만의 착각이었다.
 우리도 원청 기업의 부도로 인해 피해를 입었지만 채권자들은 그런 상황에 아랑곳하지 않았다. 오히려 다른 사람보다 먼저 돈을 받으려고 아우성을 쳤다. 전화가 빗발치고, 사무실에 찾아와 어깃장을 놓는 사람도 있었다. 그들 모두 묻는 말은 하나였다. 언제 돈을 갚을 거냐고. 그 말을 들을 때마다 머리가 아득했다. 남아있는 건 휴지조각이 된 어음과 빚뿐인데 무엇으로 돈을 갚는단 말인가.

감당하지 못할 일을 연이어 겪다 보니 기도도 나오지 않았다. 대책이 없으니 출근해봐야 소용이 없었다.

1차 부도가 났다.

나는 암사동 공장부지 420평 중 120평은 교회에 팔았고, 남아있던 300평은 고려교통에 팔았다. 그리고 우리는 그 공장을 임대하여 사용하고 있었다. 일이 없어 공장이 멈춰 있었지만 임대료는 꼬박꼬박 내고 있었다.

아득한 마음으로 사흘 밤낮을 넋을 잃고 집에서 꼼짝 않고 앉아 있었다.

그러던 어느 날 한 남자에게서 전화가 왔다.

그는 자신을 남편과 잘 아는 사람이라고 간단히 소개하며 "이 상황에서 피신할 생각을 하지 않고 거기서 뭐 하냐?"라고 호통을 쳤다.

영문을 몰라 대답을 안 하고 가만히 있으니까 남자는 한숨을 푹 쉬면서 "뭐라도 하려면 시설이 있어야 할 게 아니오. 그러니까 다 없어지기 전에 빨리 기계 챙겨서 피신해 다시 시작해봐요"라고 말하더니 툭 끊어버렸다. 그 말을 듣자 정신이 번쩍 났다. 모든 것이 파탄 났다 생각하고 주저앉아 있었는데 얼굴도 모르는 사람이 내 손을 잡아 일으켜 준 것이다. 그때 그 손을 붙잡고 일어나지 않으면 영영 못 일어날 거란 생각이 들었다.

그 길로 뚝섬으로 달려갔다.

처음 사업을 시작했던 동네, 그곳에서 다시 출발해야겠다는 생각으로 온 동네를 샅샅이 뒤졌다. 그리고 금방이라도 무너질 것 같은 공장을 하나 찾았다. 다행히 비어 있어서 당장 기계를 들여놓을 수 있는 곳이었다. 문제는 보증금이었다. 3백만 원이 있으면 바로 계약을 할 수 있는데 그 돈을 어디서 구한단 말인가.

고민 끝에 암사동 공장을 구입한 고려교통을 찾아가 전무님을 만나 자초지종을 솔직하게 이야기했다.

"우리가 기계를 추려서 나가야 하는데 지금 돈이 하나도 없습니다. 뚝섬에 공장은 하나 잡아 놓았는데 보증금이 없어서 계약을 못 했어요. 지금 3백만 원을 빌려주시면 한 달 후에 반드시 갚을게요."

내가 전무님에게 말한 것은 이것이 전부였다.

담보도 없고 청사진도 없었다.

무모한 부탁이었다. 전무님은 이런 내 말에 아무런 토를 달지 않고 바로 사장님께 보고를 했다.

사장님 승인이 즉시 떨어졌고, 3백만 원이 바로 나왔다.

그 후에는 모든 일이 일사천리로 진행됐다.

돈을 받자마자 뚝섬 공장을 계약하고 직원 6명과 함께 암사동 공장에서 기계를 추려 일부를 뚝섬 공장으로 옮겼다. 그 모든 것이 반나절 만에 이루어졌다(그리고 한 달

후에 약속대로 그 돈을 갚았다).

직원이 발로 뛰어 금속회사에서 받아온 일감을 뚝섬에서 만들기 위해서였다. 암사동 공장에서는 아침저녁으로 몰려드는 채권자들 때문에 일할 엄두도 못 냈지만 뚝섬에서는 그런 추한 모습이 없으니 직원들도 심기일전하여 더 열심히 일했다. 문제는 돈이었다. 기계를 돌리기 위해서는 당장 돈이 필요했다.

그때도 나는 갑작스러운 일들로 정신이 멍한 상태였는데 어느 날 친구에게서 전화가 왔다.
내게 돈을 가장 많이 빌려준 친구였다.
그 당시 친구가 빌려준 돈은 원금만 1천7백만 원이었다. 그때 채권자 목록을 보면 총 17명의 이름이 있었는데 그중 그 친구가 개인 채권자 1위였다. 그 외에도 50만 원에서부터 1천7백만 원까지 크고 작은 빚을 진 17명의 채권자가 있었다. 원금만 그 정도였으니 이자까지 계산하면 빚의 규모가 어마어마했다. 1980년대 초반이었던 그때 9급 공무원의 월급이 20만 원 정도였다. 도저히 갚을 수 없는 빚을 지고 있는 상황에서 내가 무슨 정신이 있었겠는가.

친구는 전화를 걸어 다짜고짜 "신자야, 너 빨리 나와. 그러고 있으면 다 죽는 거야"라고 말하면서 강남 고속버스 터미널로 오라고 했다.

그 친구는 홈웨어를 만들어서 백화점에 납품하고 있었는데 강남의 큰 손이라고 불릴 정도로 재력이 막강했다. 나와는 코스모스 백화점에서 옷 장사를 할 때 만난 사이인데 몇 번 거래를 하면서 신뢰가 쌓이다 보니 거래 규모가 커져서 1천7백만 원까지 빌리게 되었다.

나는 친구를 찾아 강남 고속터미널로 갔다.

그 당시는 고속터미널 상가 분양 초창기라 활성화가 되지 않아서 오가는 사람 없이 황량했다. 친구는 숙녀복 상가로 나를 데려가더니 그중에 비어 있는 매장 하나를 보여주었다. 분양만 받아놓고 매장을 열지 않았는데 물건을 대줄 테니 거기서 홈웨어를 팔아보라고 했다. 일단 몸을 움직여 당장 살아갈 돈이라도 만들어야 된다며 친구는 내게 빨리 정신 차리고 장사부터 시작하라고 다그쳤다. 친구의 말이 맞았다. 내가 움직이지 않으면 공장은 물론 우리 아이들까지 책임질 사람이 아무도 없었다. 나는 집으로 돌아와서 쓸 만한 세간이 남아있는지 찾고 또 뒤졌다.

당장 출근하려면 차비라도 있어야 하는데 그때는 정말 돈이 씨가 말랐다. 아이들 돌 반지나 집안의 금붙이는 이미 팔았고, 세간살이라고 해봐야 돈 될 게 없었다. 그래서 끝까지 팔고 싶지 않았던 피아노를 30만 원을 받고 팔았다. 그렇게 해서 당장 움직이는데 필요한 돈을 마련했다. 공장은 경리 직원을 구해놓고 나는 터미널에서 홈웨어 장사를 시작했다.

그때부터 남편이 내 출근 메이트가 되었다.

고속터미널 상가에 도착하면 남편은 상가 입구에 서 있고, 나는 일수쟁이에게 10만 원을 빌렸다. 그날 하루 공장을 돌릴 수 있는 최소한의 돈이었다. 남편은 그 돈을 받아서 출근을 했고, 나는 종일 홈웨어를 팔아서 번 돈으로 저녁에 10만 원과 이자를 갚았다.

그렇게 하루 벌어 하루 연명하는 생활이 계속되면서 친구에게 진 빚은 점점 늘어갔다.

매장 임대료는 차치하고라도 매일 가져다 파는 홈웨어 비용이 전부 빚이었다. 장사를 할수록 빚이 늘었지만 친구는 아무 말 없이 날마다 장사할 옷을 대주었다. 집 밖으로 나와야 죽지 않고 산다고, 나를 불러낸 그 친구 덕분에 나는 다시 살아보겠다는 용기를 갖게 되었다.

"…어떤 친구는 형제보다 친밀하니라" – 잠언 18장 24절

주님이 내게 주신 잠언의 말씀이 다시 떠오르는 순간이었다.

그때부터 나의 아침은 발꿈치를 들고 다녀야 할 만큼 바빴다. 살림을 도와줄 사람을 구할 수 없어서 살림과 일

을 동시에 해야 했다. 아침 5시에 일어나 30분 동안 기도하고, 5시 반부터 식사 준비를 했다. 식구들이 먹을 반찬에 세 아이 도시락까지 싸면 한두 시간이 훌쩍 지났다. 그때부터 아이들 깨워서 밥 먹이고 등교시키면 8시, 바로 뒤돌아서서 설거지하고 얼굴에 물만 찍어 바르고 나가도 하루가 바빴다.

몸이 부서져라 일했지만 벌어들이는 건 푼돈이라 먹고 살기에도 팍팍했다. 하지만 그때도 나는 채권자 명단을 장부에 정리하여 들고 다녔다. 푼돈이라도 생기면 생기는 대로 채권자들 이름 앞에 액수를 적어놓고 그때그때 갚았다. 갚아나가는 액수는 적었지만 날짜와 시간은 틀림없이 지켰다. 그것이 채권자들에게 신뢰를 준 원동력이 되었다. 채근하고 독촉하던 사람들도 나를 믿고 기다려주었다. 딱 한 사람을 제외하고는….

♥ 당시에는 몰랐지만 / 지금 와 생각해 보니…

아무리 어려운 상황에서도 나는 방법을 찾아 최선을 다했고, 어떻게든 원리와 원칙을 지키려고 노력했다. 그때마다 하나님은 살 길을 열어주셨다. 바람 앞에 등불 같은 상황이었지만 하나님께 부르짖으면 하나님은 매일의 만나처럼 필요한 양식을 때에 맞게 베풀어주셨다.

"상한 갈대를 꺾지 아니하며 꺼져가는 등불을 끄지 아니하고 진실로 정의를 시행할 것이며" – 이사야 42장 3절

21

나를 가장 힘들게 한 것은 아주 가까운 지인이었다

그 당시 그는 여윳돈을 내게 맡기고 이자를 받았다.

처음에는 적은 돈을 빌렸지만 이자를 높게 쳐주다 보니 목돈을 마련할 요량으로 점점 돈을 많이 맡겨 부도가 난 시점에서는 액수가 꽤 커져 있었다.

사실 부도가 났을 때 나는 그에게 빌린 돈에 대해서는 크게 걱정하지 않았다. 다른 빚에 비해 액수가 크지 않았기 때문에, 상환 기간만 늘려주면 반드시 갚을 자신이 있었다. 게다가 남들도 지금껏 내가 살아온 이력을 담보로 빚을 갚을 상황이 될 때까지 기다려주겠다고 했는데, 내 성격을 누구보다 잘 알고 있는, 남도 아닌 아주 가까운 지인인 그는 나를 믿고 기다려 줄 거라 생각했다.

하지만 현실은 완전히 딴판이었다.

부도 기사가 난 다음날 그로부터 연락이 왔다.

시댁에 와 있으니 빨리 와 달라고 하며 전화를 끊었다. 영문을 몰라 남편과 함께 부랴부랴 시댁으로 가보니 온 식구가 다 있었다. 그는 우리 부부가 앉는 걸 보더니 맞은편에 계신 시아버지를 향해 종이 한 장을 바짝 들이밀며 "제가 돈을 빌려줬는데 회사가 부도가 났으니 어떻게 갚겠어요. 자식이니 대신 갚아주세요. 시골에 있는 땅을 처분하든, 모아 놓은 돈을 주시든 어쨌든 대신 제 돈을 갚아주세요"라고 말했다. 그 말이 떨어지기 무섭게 시아버지는 등을 돌리고 돌아앉으셨다. 그리고 "나는 모른다"라고 한마디 하시고는 입을 다물어 버리셨다.

순식간에 벌어진 일이라 어안이 벙벙했다.

대체 이게 무슨 일인가. 시집온 지 15년이 되었지만 나는 시골에 땅이 몇 마지기 있는지, 통장에 돈이 얼마나 있는지 전혀 몰랐다. 막다른 골목에 다다랐을 때 부모님께 손을 내밀었다가 매몰차게 거절당한 경험이 있는 나는 막연하게 두 분의 형편이 좋지 않을 거라고만 생각했다.

그런데 말을 들어보니 그게 아니었다.

정신없이 쏟아내는 말로 추측해 보건데 시댁은 꽤 재력 있는 집안이었다. 시아버지는 어렸을 때 타지에 나가 장사를 하셨는데 집에 오실 때마다 마대자루 하나 가득 돈을 갖고 오셨다고 한다. 그 돈으로 논도 사고, 밭도 사고, 읍내에 있는 작은 가게도 사서 장사해서 번 돈으로 자식들 키우시고, 땅은 소작농에게 빌려주어 평생 쌀 걱정은 덜었으니 그 돈이 다 어디 갔겠냐며 그는 시아버지에게 빚을 갚아 달라고 막무가내로 졸라댔다.

그의 말대로 시아버지는 생활력이 강한 분이셨다.

서울로 올라오신 후에도 집에서 쉰 적이 없으셨다. 새벽 3시면 일어나 대나무를 깎아 빗을 만드셨다. 그리고 아침 내내 만든 참빗과 효자손, 재떨이 따위의 생활용품을 가지고 나가 리어카에 펼쳐놓고 팔았다. 그렇게 번 돈도 제법 쏠쏠해서 통장에 현금이 꽤 모인 것 같았다

하지만 그 모든 것이 나와는 상관없는 일이었다.

험한 고비를 어떻게 넘겨왔는지 한집에 살며 직접 보면서도 한 푼도 도와주지 않으셨던 분이 이제 와 꽁꽁 숨겨놨던 통장을 헐어 부도난 아들의 사업을 도와줄 리 만무했다. 애초에 아무 기대도 하지 않았지만 우리 상황을 알자마자 돈 뗄 걱정부터 한 그, 혹시라도 불똥이 튈까 바로 등을 돌려버리는 시아버지 그리고 그런 두 사람을 보고도 아무 말 하지 않는 시댁 식구들을 보자 슬펐다. 아무리 돈이 중해도 자식이고 형제인데 어떻게 자기 몸만 사릴 수

있는지, 남보다도 못한 것 같은 느낌이었다.

그런데 그것이 끝이 아니었다.
그는 빚을 받아내기 위해 본격적으로 행동하기 시작했다. 공장으로 찾아가 남편에게 돈 대신 시동생 명의로 된 아파트를 달라고 조른 것이다. 하루가 멀다 하고 찾아와 집을 비워달라고 하니 남편은 성화를 못 이겨 그러겠다 약속만 하고, 내게 아직 말하지 못했으니 시간 여유를 달라며 차일피일 날짜를 미뤘던 모양이다.

그런데 어느 날 아침 장사하는 곳으로 그가 찾아와 나를 보자마자 "내 돈 갚어"라며 큰 소리로 막말을 퍼부어 댔다.
"남의 돈을 떼먹는 것도 모자라 남의 집에 버티고 살면서 비워줄 생각도 하지 않는다"라며 "내 집에서 빨리 나가라"라고 고래고래 소리를 질렀다. 목소리는 얼마나 큰지…. 내 말은 들으려 하지 않고 주변 상인들이 장사에 방해된다고 진정하라고 해도 소용이 없었다. 그때 그는 나에게 빌려준 돈을 받아야겠다는 일념 말고는 아무 생각이 없는 것 같았다.
막내 시누이의 동서인 사돈도 같은 장소에서 장사를 했는데 감추고 싶던 치부를 보이니 몹시 부끄러웠다.
그는 평일에는 공장으로 남편을 찾아가 닦달하고 주말

에는 아이 둘을 데리고 우리 아파트에 와서 잤다. 우리 아이들 셋만으로 좁은 18평 아파트에 그와 두 아이까지 있으니 집이 꽉 차서 움직이기도 힘들었다. 무엇보다 아이들 보기가 너무 미안했다. 여인숙에서 아파트로 이사 온 지 얼마 되지도 않았는데 또 어디론가 옮겨야 하는 불안함을 아이들이 또 겪을 생각을 하니 너무 속상했다. 다른 사람도 아닌 가까운 지인이 돈 때문에 아이들을 내쫓으려고 하는 참담한 상황을 적어도 내 아이들에게 보여주고 싶지 않았다.

그래서 그를 붙잡고 돈 걱정은 하지 말고 일단 자고, 다음날 얘기하자고 사정을 했지만 그는 들은 척도 하지 않았다. 뭔가에 홀린 사람처럼 "나는 내 돈 포기 못해. 내 집 내놔"라는 말만 계속했다. 달래도 소용없고, 애원해도 꿈쩍하지 않았다. 그렇게 몇 주를 연달아서 주말마다 찾아오는데 신경이 바짝바짝 타는 것 같았다.

도저히 견딜 수가 없어서 남편과 큰 시동생 그리고 막내 시누이 남편과 함께 그의 집으로 찾아갔다. 막내 시누이는 내가 10년 동안 함께 살다가 결혼시키고 그 이후에도 함께 살았기 때문에 내가 어떤 사람인지 누구보다 잘 알고 있었다. 그리고 큰 시동생은 우리가 살고 있는 아파트가 비록 자기 명의로 되어 있지만 청약 신청부터 잔금

납부까지 전부 내가 했기 때문에 그 집에 대한 권리가 없다는 걸 분명히 인지하고 있었다.

그래서 그들과 함께 서울 근교에 사는 그에게 찾아가서 2시간 동안 눈물로 호소했다.

"아무리 돈이 귀해도 우리끼리 이러는 거 아니에요. 아이들도 있는데 제발 집으로 찾아오는 건 그만하세요. 내가 돈 떼먹고 안 갚을 사람 아니잖아요. 절대로 그런 일은 없어요. 돈이 생기면 제일 먼저 갚을게요. 그러니 조금만 기다려줘요."

2시간 동안 울고 탄식하고 애원하고 사정하는 동안 남편을 비롯해서 함께 간 세 명은 병풍처럼 앉아 있을 뿐 입이라도 떼는 사람이 없었다.

그는 사정을 봐주는 게 좋지 않겠냐고 나서는 배우자에게조차 가만있으라며, 허튼소리 하면 이혼할 거라고 으름장을 놨다. 그 말을 듣자 맥이 탁 풀렸다.

더 이상 말해 봤자 소용없겠다는 생각이 들었다. 20년 가까이 살 비비며 살아온 남편도 나를 보호해 주지 않는데 누가 내 편이 되어 나를 이해해 주겠는가…. 대체 뭘 바라면서 그곳까지 찾아갔는지 내가 한심하고 바보 같았다.

그 일이 있고 난 후에 그는 주말에 집으로 찾아오지 않았다. 나의 진심이 통한 것일까? 전혀 기대치 않은 변화에 안도하며 한숨을 돌리고 있는데 어느 날 저녁 식사를 마치고 나자 남편이 갑자기 "내일 집을 비워주기로 했어"라고 말했다.

남편은 가끔 앞뒤 말을 잘라버리고 본론만 말해서 사람을 당황스럽게 했다. 그때도 마찬가지였다. 덮어놓고 집을 비워줘야 한다니 대체 무슨 말인가. 깜짝 놀라서 다시 물어보니 남편이 그의 등쌀에 못 이겨 이사를 하겠다고 약속을 했다고 했다. 이사 날짜까지 약속해 놓고 내게 차마 말을 못 하고 미루다가 내일이 약속한 날이니 어쩔 수 없이 하루 전 저녁에 말한 것이다.

얼마나 기가 막혔는지….

더 황당한 건 아파트 명의도 이미 그 앞으로 변경하고 등기까지 마쳤다는 것이었다. 살던 집을 뺏기는 것도 억울한데 나에게 한 마디 의논도 하지 않고 남편이 명의 변경에 동의했다는 게 더 화가 나고 어이가 없었다. 그리고 괘씸했다. 명의변경에 등기까지 마친 상태라면 우리가 살고 있어도 이 집은 엄연히 그의 집이다. 그런데도 집을 알아볼 시간도 주지 않고 당장 나가라는 것은 우리가 거기로 나앉는다 해도 관계없다는 의미였다. 우리가 빨리 집을 비워야 월세를 놓아 돈을 받을 수 있다는 것만 생각한 것 같았다.

하지만 이미 엎질러진 물이었다.

나는 남편과 입씨름을 하는 대신 부동산에 가서 집부터 알아봤다. 우여곡절 끝에 다음날 이사하는 집을 하나 찾았는데 전세금이 3백만 원이었다. 집을 구하자마자 나는 전화통을 붙잡고 돈을 꾸기 시작했다. 하지만 밤이 되도록 3백만 원이 맞춰지지 않았다. 돈이 마련되지 않으면 아이들을 데리고 한뎃잠을 자야 할 판이었다. 피가 말라 여기저기 전화를 걸고 있는데 남편이 슬며시 밖으로 나가더니 그날 밤 들어오지 않았다.

밤새 돈을 빌리고, 이삿짐을 싸고, 그 다음날 옆 동네에 있는 아파트로 이사할 때도 나 혼자였다. 오후 2시가 되자 그가 현관문을 빼꼼히 열고 들어오려고 했다. 그 모습을 보니 눈에서 불꽃이 튀고, 치가 떨렸다. 어떻게 이럴 수 있단 말인가. 미안한 기색이나 걱정하는 눈치 하나 없이 언제 집이 빠지는지만 궁금해하는 얼굴을 보니 화가 치밀어 올라 참을 수가 없었다.

오기가 생겨 그를 집안으로 들이지 않았다.
"아직은 여기 우리 집이에요. 오늘까지 비워주기로 했으니까 자정되기 전에는 나갈게요. 그러니 그전에는 들어오지 마세요."
말은 자신 있게 했지만 사실 그때까지도 이사 갈 돈이

마련되지 않았다. 간신히 붙들어 놓은 집에 임자가 나서면 놓칠 수밖에 없는 상황이었다. 그러다 보니 짐을 싸면서도 온 신경은 전화기에 가 있었다. 저녁까지도 돈이 맞춰지지 않아 정말 피가 말랐다.

학교에서 돌아온 아이들이 영문을 몰라 나를 쳐다보는데 그제야 식구 중 어느 한 사람도 이사 갈 집은 정해졌냐고 물어본 사람이 없다는 게 생각났다. 어쩌면 그렇게 차가운지…. 어른들의 잘못으로 자식들이 겪지 않아도 될 고통을 당하는 걸 보니 가슴이 미어졌다.

하지만 다른 사람을 원망할 새도 없었다.

시간은 가차 없이 흐르고 있었고, 6시가 되도록 전세금은 마련되지 않았다. 내가 아는 방법을 모두 동원해서 사람들에게 빚을 냈지만 20만 원이 부족했다. 하나님 말고는 그 돈을 채워주실 분이 없었다. 나는 이삿짐 사이에 앉아 무릎을 꿇었다.

"주님, 보세요. 제 곁에는 아무도 없어요. 가족들에게서도 돕는 손길은 끊겼습니다. 갈 집은 있는데 돈이 없어요. 짐은 다 쌌는데 어디로 가야 할까요? 주님, 우리를 불쌍히 여겨 주세요. 20만 원을 채워 주세요."

그때처럼 전화벨 소리가 울리길 기다렸던 적은 없었다. 또 그때처럼 전화벨이 울리지 않길 바랐던 적도 없었다. 돈을 빌려주겠다는 전화를 간절히 기다렸지만 동시에 전셋집이 나갔다는 전화를 받을까 봐 두려웠다.

시간은 7시를 향하고 있었다.

어디가 됐던 일단 짐을 빼야 할 시간이 된 것이다.

다시 여인숙으로 가야 하나, 고민하던 찰나 전화벨이 울렸다. 20만 원을 빌려주겠다는 전화였다.

"할렐루야, 주님 감사합니다!"

내 집에서 쫓겨나는 황당한 상황이었지만 그래도 이사할 수 있게 된 것이 천만다행이었다. 다만 채권액을 맞춰 보지 않고 무작정 집을 넘겨줬다는 점이 안타까웠다.

💜 당시에는 몰랐지만 / 지금 와 생각해 보니…

인생의 숱한 어려움을 버틸 수 있었던 것은 이상하리만치 나를 도와주고 믿어줬던 주변 사람들 때문이었다. 가족에게도, 친척에게도 받지 못했던 따스한 도움을 사회생활을 하며 알게 된 사람들이 오히려 나서서 전해주었다. 인생의 고비라고 여겼던 순간들을 통해 이런 사람들을 만나게 하시려고 하나님이 예비하셨던 것 같다. 발 앞의 등불 같은 주님의 인도하심으로 또 한 번의 위기를 극복했던 순간이었다.

"많은 친구를 얻는 자는 해를 당하게 되거니와
어떤 친구는 형제보다 친밀하니라" – 잠언 18장 24절

22

하루 만에 돈을 얻어
밤 이사를 했지만

우리에겐 오히려 잘 된 일이었다. 급하게 당장 옮길 수 있는 집을 찾다 보니 38평짜리 아파트로 가게 된 것이다. 다섯 식구가 18평 좁은 아파트에서 복닥거리고 살다가 좀 넓은 집으로 이사를 가니 숨통이 트이는 것 같았다. 무엇보다 아이들에게 방이 생겨서 감사했다. 형편에 따라 이리저리 옮겨 다니면서 지낸 게 마음에 걸려 아이들에게 항상 미안했는데 작은방이나마 생겼으니 얼마나 감사한가.

시댁 식구가 살던 양지 마을의 독채 전세금을 빼서 시부모님을 우리 집으로 모시고 시동생과 시누이는 살림을 냈다. 조금씩 나누고 남은 돈은 빚을 갚는데 보탰다.

하지만 호사다마라고 좋은 일 뒤에 근심거리도 따라
왔다.

휴대용 녹음기 사업 실패 때 1차 부도가 났는데, 그때
성남 세무서의 채권자 1위가 남편이었다.
하지만 사업이 망하면서 세금을 낼 수 없어 체납 상태
로 하청업을 시작했다. 다시 나 혼자 통반장을 다 하면서
바쁘게 지낼 때였다.

어느 날 세무서 직원이 갑자기 찾아와 장부를 압수했
다. 그 장부에는 출납은 물론 모든 살림과 채권자들 명단
과 금액까지 몽땅 기록돼 있었다. 그때는 경리 직원도 없
이 나 혼자 사무실에서 모든 일을 할 때인데 처음 겪는 일
이고 순식간에 일어난 일이라 너무 놀랐다.

막막했지만 또 한 번 용기를 냈다. 어쩔 수 없는 일이
었다.
일주일을 퇴근 시간에 세무서 앞에서 기다렸다. 세무서
직원은 장부를 가져간 후 전화로 "면밀히 조사한 뒤에 세
금을 부과하겠다"라고 말했다. 그리고 세금 처리가 되어
야 장부를 내어줄 수 있다고 했는데 그 후 전화를 받지 않
았다. 당장 처리해야 할 급한 일인데도 도와줄 사람이 한
사람도 없었다. 나는 퇴근하는 직원을 만나기 위해 퇴근

시간마다 세무서 앞을 지켰다. 그리고 일주일 만에 겨우 담당 직원을 만났다. 세무서 입구에서 그 직원을 만나자마자 무조건 차에 태우고 우리 사무실로 데려왔다. 도착 즉시 문을 잠그고 사정했다. 지금의 공장 사정부터 장부 뒤에 있는 채권자와 금액까지 설명하고 한 번만 선처해 달라고 애원했다. 정말 절박했다.

그런데 한편으로는 잘 됐다는 생각도 들었다. 언젠가는 맞닥뜨려야 할 현실이었다. 나는 재산을 은닉하지도 않았고, 과세를 회피하기 위해 꼼수를 부린 적도 없었다. 당시도 빚을 내어 공장을 돌리느라 세금을 낼 여력이 없어서 미루고 있을 뿐이었다. 절박한 사정을 듣고 난 세무서 직원은 깊이 생각하다 장부를 돌려주겠다고 약속했다. 그리고 약속대로 이튿날 장부를 돌려줬다.
그다음 국세청으로 체납업무가 넘겨졌다.
그런데, 또 2차 부도가 났다. 그때 남편 이름으로 체납된 세금 총액이 2천6백여 만 원이었다.

어느 날 국세청 직원 두 사람이 집으로 들이닥쳤다.
순간 놀라 쓰러질 뻔했다. 국세청 직원은 현재 회사 재정 상태를 자세히 물어봤다. 남편이 세운 회사였지만 내가 모르는 내용은 하나도 없었다. 사업자등록증 신청부터 은행에서 받은 대출까지 회사에 필요한 업무는 내가 직접 처리했기 때문에 에둘러 말하지 않고 명확하게 대답했다.

질문과 대답이 오간 끝에 직원은 내게 지금 살고 있는 아파트 전세는 누구 이름으로 되어 있냐고 물었다. 아파트는 시아버지 명의로 전세를 얻었다. 시부모님을 다시 모시게 되면서 명의도 시아버지 이름으로 했다고 했다. 직원은 만약 남편이나 내 이름으로 되어 있으면 전세금 3백만 원도 추징 대상이었다고 말했다. 그러면 오갈 데 없게 되었을 텐데 살 집을 먼저 해결한 건 잘한 거라고 말했다.

장시간 동안 대면 조사를 마친 다음 날 그 직원이 공장으로 찾아왔다. 내가 대답한 내용이 맞는지 꼼꼼하게 현장을 조사하고 일일이 사진을 찍었다. 내 답변과 직원들의 말까지 녹음하면서 철저하게 조사를 했다. 그리고 사업 장소마다 다니며 확인했다.

국세청 직원을 반가워할 사람은 세상에 아무도 없겠지만 나는 결과에 상관없이 그 사람이 너무 고마웠다. 조사 과정에서 보여준 그 사람의 진심이 내게 큰 힘이 되었기 때문이다.

며칠 후 국세청 직원이 장부를 돌려주면서 말했다.

"아주머니, 체납 처분 모두 결손 처분되었습니다. 이제 걱정하지 않으셔도 돼요. 다만 5년 이내에 재산이 발견되면 결손처분이 취소되니까 그 기간 동안은 아무것도 소유해서는 안 됩니다. 5년 후에는 정상적으로 모든 거래를 할 수 있으니 그 기간만 잘 견디십시오."

'결손 처분'이라는 말을 듣는 순간 정신이 아득해지면서 어깨가 가벼워졌다.

세상에, 2천6백만 원을 탕감 받다니 이런 일이 있을 수 있을까? 믿기지 않았다. 꿈만 같아서 자꾸 눈을 깜박거리는데 눈물이 뚝 떨어졌다. 고마워서 감사 표시를 하려 하자 그 사람들은 깜짝 놀라 자리에서 일어났다. 그저 내가 열심히 사는 걸 보고 돕고 싶었다며 어려워도 끝까지 힘내시라고 정중하게 인사를 하고는 가버렸다. 나는 인사도 못하고 멍하니 서 있다가 그 자리에 털썩 주저앉았다.

최선을 다해서 살아도 끝이 보이지 않을 때가 있다.

과연 출구가 있기나 한 것인지 의심스러워서 그 자리에 주저앉고 싶을 때가 있다.

두 번째 부도가 났을 때가 그랬다.

캄캄한 터널 속을 방향도 모른 채 혼자 걸어가는데, 그때 나와 눈 마주쳐줄 사람이 한 사람만 있었어도 그리 사무치게 외롭지는 않았을 것이다. 혈육은 멀리 있었고, 아이들은 어렸다. 나는 허리가 휠 것 같은 책임감을 안고 사망의 음침한 골짜기를 홀로 걸었다.

그러나 내가 곁에 아무도 없다고 생각할 때마다 주님은 '돕는 손길'을 보내주셨다.

정직하고 성실했던 국세청 직원 두 사람도 주님이 보내주신 은혜의 사신이었다. 언제 어디서 지뢰가 터질지 몰라 잔뜩 움츠러든 내게 손을 내밀어 안전한 곳을 밟고 갈 수 있도록 도와준 고마운 분들이었다.

어려운 고비마다 주님은 사람을 통해 나를 위로하시고 격려하셨다.

사람들은 내게 인복이 많다고 하지만 그것조차도 전적으로 주님의 은혜였다.

"내가 사망의 음침한 골짜기로 다닐지라도

해를 두려워하지 않을 것은 주께서 나와 함께 하심이라

주의 지팡이와 막대기가 나를 안위하시나이다" – 시편 23편 4절

당시에는 몰랐지만 / 지금 와 생각해 보니…

차라리 죽기를 바랐던 엘리야처럼 아무리 혼신의 힘을 다해도 이겨낼 수 없을 것 같은 고난의 언덕… 그 언덕을 넘는 와중에도 주님은 이런저런 천사들을 보내사 나를 도와주고 계셨음을 지금은 고백할 수 있다. 나의 능력, 나의 노력, 나의 의지가 아닌 오직 주님의 때에 맞는 도우심을 통해 다시 한번 일어설 수 있었음을 나는 고백한다.

"로뎀 나무 아래에 누워 자더니 천사가 그를 어루만지며

그에게 이르되 일어나서 먹으라 하는지라" – 열왕기상 19장 5절

23

뚝섬 공장을
운영하면서

나는 남편 일에 관여하지 않기로 했다.

가장 현실적인 이유는 내가 옷 장사를 하지 않으면 당장 기계를 돌릴 수 없다는 것이었지만 그게 전부는 아니었다. 나는 남편이 키를 잡고 주도적으로 사업을 하길 원했다. 직접 기술을 개발할 수 없다면 적어도 경영의 묘를 살려 조직적으로 자기 사업을 하길 바랐다. 그러기 위해서는 내가 빠져주는 게 낫다고 생각했다.

남편이 자기 사업을 하는 동안 나는 본격적으로 의상을 공부하고 싶었다.

옷 장사한 경험을 살려서 나만의 브랜드를 만들어 보고 싶었다. 나 대신 공장에서 경리를 볼 직원을 뽑은 뒤 나는 고속터미널에서 옷을 팔았다. 여전히 남편이 일수로 돈을 빌려 갔지만 공장이 멈춰 서 있을 때와는 상황이 달랐다. 시간이 내 편이니 어려운 시기만 지나면 좋은 날이 오리라는 희망이 있었다.

그러던 어느 날 숙녀복 매장으로 이상한 전화가 왔다.

그는 대뜸 "장사하는 거 그만두고 빨리 공장으로 가시오"라고 했다.

그는 이유는 말하지 않고 빨리 장사 정리하고 공장에 가라는 말만 계속했다. 뭔가 문제가 있는 것 같아 마음이 찜찜했지만 그 말만 듣고 장사를 그만둘 수는 없었다. 퇴근 후에 뚝섬 공장에 들러서 안팎을 살펴봤지만 별다른 문제를 발견하지 못했다. 그 당시 한창 홈웨어 매출이 오르고 있을 때라 전화 내용을 크게 신경 쓰지 않고 지나갔다.

며칠 후에 같은 사람이 또 전화를 걸었다.

이번에도 빨리 공장으로 들어가라고 재촉했다. 우리 공장에서 경리 보는 직원이 동네에서 돈 장사를 하고 있다며 더 큰 사고가 나기 전에 빨리 장사를 정리하라고 했다. 그 말을 듣자 '아차' 싶었다. 남편의 일에 관여하지 않기로 결심한데다 경리부 직원은 내가 직접 채용했기 때문에 장부에 적힌 숫자만 확인하고, 현금이나 통장은 보지 않았는데 그게 발목을 잡을 줄은 몰랐다.

전화를 하신 분은 잠시 우리 회사에서 근무하던 잘 아는 N씨였다. 무척 고마운 분이었다.

지난날의 악몽이 되살아나는 것 같았다.

앞으로 벌고 뒤로 밑지는 일을 또 겪을 수는 없었다.

곧장 장사를 접고 공장으로 들어갔다. 확인해보니 과연 돈이 줄줄 새고 있었다. 문제는 어디서 어떻게 새는지 정확하게 파악할 수 없었다. 경리 직원이 책상을 차지하고 앉아서 장부를 넘겨주거나 보여주지 않고, 자리도 내주지 않았기 때문이다. 회사에 문제가 있음을 인지한 후 매일 출근하는 나를 보면서도 그 직원은 안하무인이었다. 그녀에게 나는 없는 사람이나 마찬가지였다.

주객이 전도된 상황을 남편도 모를 리 없었다.

그런데 사장인 남편은 경리 직원을 퇴사시키지도 않고, 내 출근을 막지도 않았다. 시동생들도 공장에서 일하고 있었지만 나를 보면서도 남보듯 무심히 지나쳤다. 애초에 남편이나 시동생이 상황 정리를 해 줄 것이라고는 기대하지 않았지만 철저히 모르쇠로 일관하는 데는 뭔가 문제가 있을 거라 짐작했다. 당사자로부터 그 이유를 확인하지 않은 상태에서 섣불리 나섰다가는 입장만 우스워질 뿐이었다.

그래서 나도 버티기 작전에 돌입했다.

인사권자인 남편이 경리 직원의 출근을 용인하고 있는 한 내 마음대로 그만두게 할 수는 없었다. 나는 남편이 그 직원의 사표를 받을 때까지 사무실 위층에 있는 컴컴하고 조그마한 방으로 출근했다. 그 당시에는 일감이 끊이지 않고 밀렸기 때문에 일손이 부족했다. 직원들을 전부 제품 생산에 투입시키고 추가 작업을 해도 납품 기일을 맞추기가 빠듯했다. 그래서 내가 품질 검사와 포장작업을 맡아 하다가 인력이 부족하면 공장에 내려가서 제품 생산을 도왔다.

허름한 건물이었던 뚝섬 공장은 너무 오래되어 금방이라도 무너질 것 같이 허술했다. 세월에 삭아버린 낡은 나무계단은 발을 살짝만 디뎌도 요란한 소리를 내서 문을 열기 전에 누가 왔는지 알 수 있을 정도였다. 사무실에서 내가 출근하는 걸 모를 리 없을 텐데 한 번도 그 문을 열고 누가 나를 맞으러 오지도 않았다.

어느 날 부인 둘이 경리 직원과 친한 척하면서 이야기를 하는데 들어 보니 나를 향해서 하는 소리였다.
"손을 보니 젊은 것 같은데 얼굴은 아니야! 호호호"
그때 내 얼굴이 엉망이었다는 것을 나도 알고 있었다. 그러나 나는 마음속으로 이렇게 대답했다.

"그래, 지금은 이렇지만 나는 너희들 보다 10년 더 젊게 살고 더 부자로 살 것이다. 두고 보자."

2층 사무실 문이 열린 건 내가 출근한 지 일 년 반이 지나서였다. 무슨 바람이 불었는지 남편이 경리부 직원을 밖으로 데려가더니 바로 사표 수리를 한 것이다. 경리부 직원은 들어오자마자 짐을 쌌고, 내게는 일언반구도 없이 회사를 떠났다. 일 년 반을 버틴 것치고는 싱거운 결말이었지만 뒤끝은 길고 독했다.

장부 정리가 엉망인 것은 차치하고라도 한동안 회사 주변을 맴돌면서 돈거래를 하고, 나와 공장에 대한 악소문을 퍼뜨려 골머리를 앓게 했다.

그때 나를 가장 힘들게 했던 건 내 앞에서 보란 듯이 도를 넘었던 직원이 아니었다. 그걸 묵인하고 있는 남편의 침묵이 나를 더 못 견디게 했다. 누구 하나 현재 상황을 속 시원히 얘기해 주는 사람도 없고 마음의 갈등은 점점 더 깊어졌다. 심증은 있으나 물증이 없는 상황이 얼마나 마음을 황폐하게 하는지 그때 사무치게 경험했다.

남편에 대해 의구심을 갖기 시작한 건 2차 부도 후 공장이 점차 안정될 무렵부터였다.

이제 겨우 한숨 돌렸다 싶었을 때부터 집에 이상한 전

화가 걸려왔다. 밤 12시만 되면 전화벨이 울렸는데 막상 수화기를 들면 아무 말도 하지 않고 끊을 때까지 가만히 있었다. 처음에는 잘못 걸린 전화라고 생각했다. 그런데 그다음 날도, 그다음 날도 정확히 밤 12시에 전화벨이 울렸다. 단순한 장난 전화가 아니었다.

처음엔 장난 전화라고 생각해 혼을 내고, 타이르고, 때론 화를 내기도 했지만 상대방은 묵묵부답으로 일관했다. 내가 전화를 끊을 때까지 숨소리도 내지 않고 가만히 수화기를 들고 있었다. 전화를 끊으면 다시 걸었고, 언제까지 전화를 끊지 않는지 보려고 수화기를 라디오 앞에 놓으면 꽤 시간이 흘러도 먼저 전화를 끊는 법이 없었다.

장난 전화라고 하기엔 너무 집요했다. 밤마다 울려대는 벨 소리에 예민해진 아이들이 전화 코드를 빼놓아도 그때뿐이었다. 며칠이 지나 전화 코드 빼는 걸 깜빡하고 그대로 두면 어김없이 밤 12시에 전화벨이 울렸다. 나중에는 전화 코드를 빼도 환청이 들릴 지경이었다.

온 식구를 진저리 나게 만들었던 전화는 3년 동안 계속 걸려왔다.

그사이 나는 물론이고, 두 딸과 아들까지도 전화를 받아서 다시는 전화를 하지 말라고 상대방에게 경고했는데 우리 식구 중에 딱 한 사람, 유독 남편만 그 전화를 받지 않았다. 한두 달 오고 마는 전화라면 이상하게 여기지 않았을 테지만 해를 넘겨 3년이나 같은 시간에 걸려오는 전화를 어떻게든 한 번도 받지 않는다는 건 아무리 생각해도 이상했다. 남편은 전화를 받지 않을뿐더러 그 전화에 대해서도 전혀 언급이 없었다.

내 마음에는 불신이 싹트기 시작했다. 물증은 없었지만 그 전화를 받지 않는 것이 남편에게 걸려온 전화라는 증거라고 생각했다. 그때부터 마음이 지옥이었다. 불신이 의심을 증폭시키면서 남편의 일거수일투족을 수상쩍게 바라보게 만들었다. 그러면서 잊고 지냈던 과거의 일이 불쑥 생각났다.

결혼하고 얼마 지나지 않았을 때의 일이다.
동사무소에 서류를 떼러 갔는데 한 노인의 시선이 느껴졌다. 서류 작성을 다 할 때까지 노인은 꼼짝도 하지 않고 나를 뚫어지게 쳐다보았다. 마치 나를 보러 동사무소에 온 사람 같았다. 결혼을 했어도 당시 20대 중반이었는데 생전 처음 보는 노인의 시선은 부담스럽고 무서웠다. 모른 척하고 서류를 접수하러 가는데 노인이 다급하게 "색시, 색시"라며 나를 불렀다.

동사무소에 "색시"라 불릴 만한 사람이 나밖에 없었기 때문에 그냥 지나칠 수가 없었다. 왜 그러시냐고 묻자 노인은 서류에 적은 남편의 이름을 가리키며 "이게 남편의 이름이유?"라고 물었다. 그렇다고 하자 나를 한참 쳐다보더니 혀를 쯧쯧 차면서 "아이고 색시 아깝다. 남편 때문에 고생하겠네. 마음고생이 심할 거야"라고 말했다.

그때는 그 말이 무슨 뜻인지 모르고 웃어넘겼는데 결혼하고 20년이 다 되어가는 시점에서 마치 목에 걸린 가시처럼 툭 불거져 나왔다. 불길한 예언이 적중한 것 같아 찜찜했다. 모든 정황이 한 가지로 향하는 것 같아 마음이 괴로운데 정작 당사자는 입을 다물고 있으니 확인할 길이 없었다. 그때부터 남편과 나의 보이지 않는 숨바꼭질이 시작되었다. 남편의 동선을 체크하고, 택시를 대절해 그 뒤를 밟기도 했다. 하지만 내가 의심할 만한 상황은 잡히지 않았다.

그럴 때마다 마음이 괴로웠다.
어떤 날은 괜한 사람 오해하며 안달복달하는 내가 한심하게 느껴졌고, 또 어떤 날은 아내가 의심하는 걸 뻔히 알면서도 확답을 주지 않는 남편이 야속해서 견딜 수가 없었다. 그럴 때마다 나는 내 마음을 적은 쪽지를 탁자 위에, 남편의 양복 주머니 안에, 자동차 핸들 옆에 놓았다. 그렇게라도 소통하길 바랐지만 남편은 답장조차 주지 않았다.

목석같은 남편과의 일방적인 관계에 지쳐서 나는 미국 이민을 결심했다.

남아있는 친정 식구와 하나뿐인 동생이 미국에 있었기 때문에 내게 미국은 낯선 곳이 아니었다. 남편이 이민을 거절하면 이혼을 하고서라도 가려고 결심했지만 아이들의 반대로 불발에 그치고 말았다. 아이들은 친구도 없는 낯선 곳에 가려고 하지 않았다.

최후의 보루로 삼았던 미국 이민이 무산되자 더욱 마음을 다잡기 힘들었다.

사정을 설명해 주기는커녕 변명조차 하지 않는 남편을 보면 부아가 치솟고, 남편이 없으면 괜한 의심에 마음이 복잡했다. 남편은 한결같지만 잡히지 않는 바람 같은 사람이었다. 내가 황무지를 개간해서 씨를 뿌리고 가꾸는 농부라면 남편은 물길을 찾아다니며 우물을 파는 유목민 같았다. 발을 한곳에 붙박지 못하고 머리는 항상 다른 곳을 향하는 사람, 그런 남편을 볼 때마다 마음이 허허로워 견딜 수가 없었다.

울컥 치솟는 분노와 회환으로 마음을 걷잡을 수 없을 때마다 나는 교회로 달려갔다.

야심한 밤 놀이터에 앉아 하염없이 울었다.

주님이 나의 아버지이시고, 오빠이고, 모든 것이었다.

달려갈 친정이 없었던 나는 주님의 옷자락 아래서 하염

없이 울었다. 어쩌다 나와 성격이 맞지 않는 사람과 결혼하게 되었을까…. 각자 다른 사람과 결혼했다면 더 나은 삶을 살았을 수도 있는데, 과거를 후회하고 한탄했다. 하지만 그래도 변하지 않는 건 그 남자가 내 남편이라는 사실이었다. 그리고 그를 내게 짝지어 주신 분은 하나님이시었다.

"하나님이 짝지어 주신 것을 사람이 나누지 못 할지니라" – 마가복음10장 9절

실은 아이들이 반대해서 미국에 가지 못한 게 아니었다. 물증을 잡지 못해 남편과 이혼을 하지 못한 게 아니었다. 끊어버리고 싶었던 인연이지만 주님께서 친히 우리 부부를 짝지어 주시고, 붙들어 주셨기에 우리가 부부로 살 수 있었던 것이다. 수많은 사람들 중에 한 사람을 택해 나와 만나게 하신 데는 분명히 주님의 뜻이 있을 것이다. 그 생각이 나의 도피를 위한 행동들을 막아주었다.

이 사실을 깨닫고 난 뒤 나의 기도가 달라졌다.
나의 선택이 아니라 주님의 선택으로 만난 남편, 이 관계의 모든 결정은 내가 아니라 주님이 하셔야 했다. 주님이 책임져 주시는 관계라 생각하니 남편에게로만 향했던 화살이 슬며시 방향을 틀었다.
나는 어떤 아내인가?

남편을 있는 그대로 사랑하고 있는가?

주님이 보시기에 나는 진정 남편을 '돕는 배필'인가?

회개의 기도가 나오면서 마음이 녹아내렸다. 헤어질 궁리에 골몰했던 마음이 살기 위한 노력으로 바뀌었다. 주님이 붙들고 계시는 한 우리 가정은 깨어질 수도, 깨뜨릴수도 없었다.

♥ 당시에는 몰랐지만 / 지금 와 생각해 보니…

나의 삶과 사업을 주님께 맡기듯이 남편과 나, 우리 가정 역시 모든 것을 주님께 맡길 수밖에 없었다. 위기의 가정이었지만 그럼에도 주님 앞에 나아가 모든 것을 맡길 수밖에 없는 순간이었다. 당시에는 내 인생이 앞으로 어떻게 되려고 가정에도 이런 우환들이 생기나 싶었지만 하나님은 역시나 내 삶의 모든 영역을 아울러 치유하시고 회복하실 계획을 가지고 계셨음을 알게 됐다. 잠깐 흔들린 적은 있어도 남편은 내 삶에 가장 필요한 하나님이 허락하신 배필이었다.

"여호와 하나님이 이르시되

사람이 혼자 사는 것이 좋지 아니하니

내가 그를 위하여 돕는 배필을 지으리라 하시니라"

– 창세기 2장 18절

part
4

24

경리부 직원이
공장을 그만두면서

내가 회사 일을 도맡기 시작했다. 경리부 일 외에도 공장을 오가며 허드렛일도 하고, 필요할 때는 철야 작업까지 도왔다. 약속을 목숨같이 여겼던 나는 일을 할 때도 시간을 철저히 지켰다. 원청 기업에서 원하는 조건은 하나같이 품질이 보장된 제품을 제시간에 맞춰 납품하는 것이었다. 다른 것은 몰라도 시간 엄수는 예외 없이 철저하게 지켰다. 하지만 그것만으로는 부족했다.

사업, 특히 제조업에 있어서 중요한 건 돈과 기술, 넘어져도 다시 일어날 수 있는 용기다. 한 사람이 이 세 가지를 모두 갖추고 있다면 금상첨화겠지만 그런 사람은 찾아보기 힘들다. 그렇기에 누구 한 사람 자기 이름을 내세울 수 없을 만큼 약하지만 한 가지 장점을 가진 사람들이 모여 강한 힘을 이루어야 한다. 나에겐 이것이 사업이며 주님이 역사하시는 방식인 것 같다.

우리 회사가 성장해 온 과정을 돌이켜 보면 합력하여 선을 이루시는 하나님께 영광을 돌릴 수밖에 없다. 벌여 놓은 사업은 엎어졌다 되살아나기를 7번이나 반복하면서 뚝섬 공장까지 왔다. 그럴 때마다 나는 사업이 잘 돌아갈 수 있도록 돈을 조달했고, K 전무는 기술을 맡았다. 한 사람씩 놓고 보면 부족한 사람들이었지만 세 사람이 만나면 굉장한 시너지를 냈다. 남편은 우물을 파는 사람이었다. 자기가 판 우물에서 물이 나오지 않으면 미련 없이 그곳을 떠나 다른 곳에 가서 다시 우물을 팠다. 기술 없이 자본만 갖고 사업을 하다가 배신을 당하고, 거덜이 나도 남편은 다시 제조업을 시작했다. 기술을 개발해서 제품을 만들려는 의지는 꺾이지 않았다.

희한하게 물길 마른 곳만 찾아 우물을 파는 남편을 보다 못해 나는 뚝섬 공장이라는 펌프를 설치했다. 거기에 나는 다시 마중물을 넣었고, 당시 우리 회사 기술자였던 K 전무가 열심히 펌프질을 했다. 남편이 파놓은 우물은 펌프로 바뀌었고, 우리는 제대로 물을 퍼낼 수 있었다. 물길을 잡지 못한 우물에는 물을 퍼 담아도 땅속에 스며들 뿐이었지만 펌프는 달랐다. 마중물이 더 큰 물로 돌아왔다. "삼겹줄은 쉽게 끊어지지 않는다"(전도서 4:7-12)는 말씀처럼 달라도 너무 다른 세 사람의 합이 효과를 내 강력한 시너지를 냈다. 주님의 역사가 아니고서는 설명할 방법이 없다.

K 전무가 우리 회사에 처음 온 것은 1차 부도가 나고 암사동에서 시계 부품을 납품할 때였다. 한창 일손이 부족해서 구인 공고를 냈는데 그걸 보고 우리 회사에 지원했다. 당시 그의 나이가 26세였다.

K 전무는 어려서부터 공장일로 잔뼈가 굵은 사람이다.

나이는 어렸지만 우리 회사에 입사할 때 이미 베테랑 기술자였다. 그는 머리가 좋고 손기술도 뛰어난 데다 무엇보다 근성이 있었다. 단순히 부품을 조립하는 데서 만족하지 않고, 기계 전체 시스템을 알아야 직성이 풀리는 사람이었다. 그러다 보니 그의 손을 거쳐야 부품의 완성도가 높아졌다. 아무리 까다롭고 힘든 요구를 해도 K 전무는 끝까지 물고 늘어졌다.

밥도 안 먹고 잠도 안 자고 문제를 파고들어 결국 해결을 봤기 때문에 그가 하는 일이라면 손댈 필요가 없었다. 하루는 아침에 출근하는데 K 전무가 윗옷도 입지 않고 러닝셔츠 바람으로 후다닥 밖으로 나갔다. 얼핏 봐도 밤새 기계와 씨름한 기색이었다. 혼자 기계를 뜯어보고 이리저리 맞춰 봐도 해결이 안 되면 그는 어디든 찾아가 본인이 궁금한 점을 완벽하게 알아보고 문제를 해결했다. 열정에 있어서는 그를 따라갈 사람이 없었다.

이토록 끈질긴 그에게도 단점은 있었다.

술을 마신 다음 날은 영락없이 무단결근이었다. 어쩌다 기분이 영 아니거나 뭔가 마땅치 않은 일이 생겨도 연락도 없이 회사에 나오지 않았다. 그럴 때마다 나는 속이 부글부글 끓었다. 직원이 많건 적건 엄연히 회사이고 조직인데 직장인의 기본인 출근 시간을 지키지 않는다면 기강이 무너지는 건 시간문제였다. 아무리 뛰어난 직원이라고 해도 무단결근은 용납하기 어려웠다.

일하는 방식도 나와 맞지 않았다.

나는 필요 이상의 지출로 낭비하는 걸 못 보는 성격이다. 10원만 투자해도 충분한데 여기저기 헛짚어 100원을 투자하는 걸 참을 수가 없다. 남편이나 K 전무는 의욕이 넘쳐서 그런지 기계 같은 고가의 제품을 구입할 때는 제품의 성능만 보고 덜컥 계약을 했다.

기계를 살 때 결함이나 돌발 상황에 대한 아무런 대비 없이 계약서를 쓴 K 전무도 이해되지 않았고, 무조건 결재해 주는 남편도 답답했다. 내가 조금이라도 기계에 대해 알았다면 구입할 때마다 요모조모 따져봤을 텐데 나는 기계에 문외한이었고, 담당자와 사장은 의욕만 넘칠 뿐 꼼꼼하지 못하니 사고가 발생하는 건 당연했다.

한 번은 공장에 수 억짜리 기계를 들여왔다.

워낙 고가의 기계다 보니 새 제품을 못 사고 중고로 샀다. 그런데 공장에 설치를 하는 과정에서 문제가 생겼다. 공장에 비해 기계가 너무 커서 바닥을 깊숙이 파서 기계를 설치하려고 했지만 지반이 약해 그것도 쉽지 않았다. 바닥이 고르지 못하니 균형을 잡을 수가 없었다. 그래도 기계를 포기할 수 없어서 온 직원들이 하던 일을 멈추고 기계에 매달려 땅을 팠지만 기울기가 맞지 않아서인지 기계는 작동하지 않았다. 눈앞에서 수억 원을 날릴 판이었다. 급기야 다른 현장 벽을 허물고 들어가 기계를 안착했고 지금까지 잘 사용하고 있다.

그 꼴을 보고 있자니 울화통이 터졌다. 기계를 어떤 곳에 설치할 수 있는지를 꼼꼼히 따져봤거나 만약 설치가 불가능할 때를 산정해서 애초에 계약서를 잘 썼다면 막대한 손해를 입지 않았을 텐데 오히려 반품하지 않는다는 조건으로 구입을 했다니… 이해할 수 없고 화가 날 수밖에…. 남편은 아무 말 없이 넘어갔지만 나는 도저히 그럴 수가 없었다. 또다시 같은 일이 반복되지 않으려면 기계를 사는 과정에서 뭐가 문제였는지 짚고 넘어가야 했다.

그 과정에서 K 전무와 고성이 오갔다. 그는 만약 내가 사장이었다면 우리 공장에서 절대로 일하지 않았을 거라고 하면서 화를 냈다. 틀린 말은 아니었다. K 전무는 타고난 감각과 실력을 가졌지만 길들이기 힘든 야생마였다. 그 능력을 제대로 발휘하려면 스스로 통제할 수 있어야 하는데 그게 쉽지 않았다. 규율을 앞세워 옥죄면 그는 더 세게 튕겨져 나갔다.

그런데 나와는 달리 남편과 K 전무는 궁합이 잘 맞았다. 남편과 K 전무는 세상 사람들이 말하는 하늘이 낸 인연 같았다. 저런 사람들이 같이 사업을 해도 될까 싶었지만 주님은 그들을 통해 회사를 세워 나가는 것 같았다.

더 놀라운 건 그들 사이에 나를 세워 연약한 세 사람을 든든한 삼겹줄로 만드셨으니 하나님의 섭리는 얼마나 놀랍고 오묘한지 모르겠다.

"이는 내 생각이 너희의 생각과 다르며 내 길은 너희의 길과 다름이니라 여호와의 말씀이니라" – 이사야 55장 8절

K 전무는 남편 때문에 회사를 떠나지는 않았다.

하지만 울뚝밸이 나면 출근하지 않는 건 여전했다.

나는 그때마다 그의 집으로 찾아가 어떻게든 설득해 출근을 시켰다. 아침에 출근해서 K 전무가 없으면 곧장 그의 집으로 찾아갔다. 그러면 남편을 깨우느라 한바탕 속

앓이를 한 K 전무 부인이 곤혹스러운 표정으로 먼저 나를 맞아주었다. 나는 K 전무 부인과 함께 K 전무를 깨우며 출근을 독려했다. 숙취로 인해 출근시간을 놓친 경우에는 그래도 멋쩍게 일어나서 얼른 준비를 마치고 출근했다. 하지만 회사에 대한 불만으로 결근할 때는 아무리 깨워도 요지부동이었다. 그럴 때는 허심탄회하게 이야기를 하고 K 전무가 원하는 것을 최대한 맞춰주겠다고 약속했다. 그리고 그 약속은 무조건 지켰다.

일할 때는 화끈하게 붙어서 싸우기도 했지만, 나는 어떤 상황에서도 나의 최선을 다했다. 가끔 버거울 때도 있었지만, 내 나름의 방식대로 K 전무를 존중하고 대우했다. 그런 진심이 켜켜이 쌓이며 서로 간에 깊은 신뢰로 자리 잡아 어려운 중에도 함께 회사를 키워나갈 수 있었다.

K 전무는 우리 회사에 없어서는 안 될 기둥 같은 존재였다. 그 당시 우리는 세계적 기업인 A사의 이어폰 부속을 만들어 원청 기업에 납품했는데 그때 K 전무가 특출난 기술로 부품을 개발하면서 회사의 기초를 닦을 수 있었다. 그리고 그를 믿고 오랜 시간 묵묵히 투자했던 남편이 없었다면 불가능했을 일이었고 남편의 뚝심을 따라 돈줄을 끌어다 댄 내가 없었다면 기술 개발은 중도에 포기했을 것이다.

그러니 우리 회사는 사람이 아니라 주님이 세우신 기업

이라고 할 수밖에 없다.

성향도 기질도 인생의 목표도 다른 세 사람을 하나로 묶어 주시고, 회사를 만들어갈 수 있는 환경을 허락하신 주님께 크나큰 감사밖에는 드릴 것이 없다.

지나온 세월을 돌이켜 보면, 자식을 키우면서 부부가 진짜 가족이 되는 것처럼 우리 세 사람도 함께 회사를 성장시켜 가면서 가족이 되었다. 남들에게 보이지 않은 밑바닥도 서로에게 들키면서 남들은 절대 보지 못하는 진심도 꿰뚫어 볼 수 있는 관계가 된 것이다.

♥ 당시에는 몰랐지만 / 지금 와 생각해 보니…

성정이 강했던 바울의 회심을 많은 성도들이 의심했지만 그를 믿어주고 세워주었던 바나바가 있었기에 바울은 주님께 크게 쓰임 받을 수 있었다. 하나님은 이때의 경험을 통해 단점과 장점을 통해 어우러지며 사람을 세우는 방법을 나에게 가르치셨다. 당시에는 답답하고 이해가 되지 않았던 일도 결국 모두 주님의 섭리 가운데 있었다. 이 얼마나 놀라우신 하나님의 계획인가!

"바나바가 데리고 사도들에게 가서 그가 길에서 어떻게
주를 보았는지와 주께서 그에게 말씀하신 일과 다메섹에서
그가 어떻게 예수의 이름으로 담대히 말하였는지를 전하니라"

– 사도행전 9장 27절

25

시작한 뚝섬 공장은
쉴 새 없이 돌아갔다

주문이 밀려들어 연일 철야 작업을 했다.

그런데 공장이 주택가에 있는 데다 오래되어 방음이 안 되다 보니 소음 문제로 민원이 빗발쳤다. 철야 작업을 하고 나면 파출소나 경찰서에 불려가 주민들에게 몇 번이고 읍소를 해야 했다.

그러다 결국 사고가 터졌다.

공장 앞에 있는 연립주택에 사는 임산부가 공장으로 찾아와서 철야 작업을 한다고 심하게 항의를 했다. 낮에는 그렇다 치고 한밤중에까지 피해를 주는 건 너무한 거 아니냐며 당장 작업을 멈추라고 하다가 분에 못 이겨 기계를 건드렸던 모양이다. 가뜩이나 주민들의 거센 항의로 신경이 날카로워져 있던 한 직원은 순간의 화를 참지 못하고 임산부에게 손찌검을 했다.

다행히 다치진 않았지만 임산부에게 손을 댔다는 것만으로도 큰 잘못이었다. 경찰서의 연락을 받고 달려가 보니 직원은 유치장 안에 들어가 있었고, 임산부와 동네 사람들은 흥분해서 당장 공장 문을 닫으라고 소리치고 있었다. 나는 임산부를 만나 싹싹 빌고 다시는 그런 일이 없을 거라고 약속했다. 그리고 겨우 경찰서에서 직원을 데리고 나왔다.

하지만 문제가 해결된 건 아니었다.
얼기설기 방음장치를 설치했지만 임시방편인데다 한계가 있었기 때문에 언제 다시 민원이 들어올지 몰랐다. 그렇다고 주민들의 항의를 피하겠다고 기계를 멈출 수도 없었다. 특단의 조치가 필요했다. 주택가가 아닌 곳으로 공장을 이전하는 것만이 문제를 해결할 수 있었다.

사실 공장 이전은 이전부터 준비하던 일이었다.
뚝섬 공장으로 출근하면서부터 시간이 날 때마다 근처 복덕방을 순회했다. 동네 마실 가듯 슬리퍼를 질질 끌고 가서는 차도 마시고, 우리 공장의 사정을 얘기하면서 좋은 매물이 있는지 살펴봤다. 물론 좋은 매물이 있어도 살 만한 상황은 아니었다. 여전히 빚을 갚아나가는 상황이었고, 부도 이후 5년 동안 남편은 경제 활동을 할 수 없었다. 남편 이름으로 된 통장 하나 없었고 부동산도 소유할 수 없었기 때문에 알짜를 소개받는다 해도 그림의 떡이었다.

그래도 나는 건물이나 땅에 대한 욕심을 버릴 수가 없었다. 언제가 될지 모르지만 반드시 번듯한 공장으로 이전해서 우리 회사 건물을 갖고 싶었다. 그래서 차를 타고 다닐 때마다 차창으로 보이는 땅 한 평, 건물 하나 무심코 지나지 않고 마음에 담았다. 밤마다 건물을 올리는 꿈을 꿨다. 건물이나 땅이 보일 때마다 '저게 우리 땅일까, 저게 우리 공장일까? 우리 땅, 우리 건물은 어디 있을까. 주님, 우리에게 새로운 땅, 젖과 꿀이 흐르는 땅을 허락해 주옵소서. 우리의 지경을 넓혀 주님의 뜻을 이루소서'라고 기도했다.

나의 기도를 들으시는 주님은 공장 이전이 가장 절실하던 때에 응답해 주셨다. 갑자기 복덕방 주인이 전화해서는 급매로 100평 짜리 아이스크림 공장 부지가 나왔으니 어서 알아보라고 강력하게 추천했다. 돈 한 푼 없는 내 상황을 알고 있으면서도 그는 더할 나위 없이 좋은 기회라며 무조건 그 공장을 사라고 했다. 입지도 좋은 데다 공장

부지라 따로 부대비용이 들 게 없다면서 1억2천만 원에 그런 매물을 살 수 있는 기회는 다시는 없을 거라고 몇 번이나 강조했다.

남편과 상의한 끝에 원청 기업 전무에게 3천만 원을 빌리고, 그동안 모아 두었던 어음을 현찰화해서 중도금 7천만 원을 치렀다. 문제는 잔금이었다. 7천만 원까지가 우리가 만들 수 있는 최대한의 현금이었기 때문에 나머지 5천만 원은 구할 방도가 없었다. 공장 앞에 은행이 있었지만 찾아갈 엄두도 나지 않았다. 대출을 하려면 적어도 통장에 잔고가 어느 정도는 있어야 하는데 그때 당시 우리는 통장도 개설하지 못한 상황이었으니 찾아가 봤자 문전박대 당할 게 뻔했다.

결국 다른 뾰족한 수를 찾지 못해 은행을 찾아갔다.

절박한 심정으로 대출 담당자를 만나 우리 회사 사정을 이야기했다. 담당자는 구구절절한 내 말에 아무런 답변도 않고 묵묵히 듣더니 "내일 아이스크림 공장 주인을 모시고 오세요. 그러면 제가 해결해 드릴게요"라고 말했다. 자기에게 아이스크림 공장 주인의 연락처를 알려달라고 했다. 너무 흔연히 대답해서 믿기지 않을 정도였다.

긴가민가하면서도 다음날 약속 시간에 맞춰 은행을 찾

았다. 고맙게도 아이스크림 공장 주인이 필요한 서류를 모두 준비해 은행에 와 주었다. 그다음부터는 일이 속전 속결로 진행됐다. 아이스크림 공장 주인에게 받은 서류를 검토한 담당자는 대출을 받기 위해서는 담보가 필요하니 공장을 내 앞으로 옮겨 놓아달라고 했다. 그러면 바로 5천만 원을 빌려주겠다고 했다. 당시에는 세법상 남편과 부인이 별도였기 때문에 내 이름으로는 통장 개설이 가능했고 부동산 소유가 가능했다.

그 말을 듣는데 마음이 조마조마했다.

아이스크림 공장 주인이 과연 승낙할지 결과를 알 수 없어 애가 탔다. 그런데 그 자리에서 아이스크림 공장 주인은 내 앞으로 소유권 이전등기를 해주었다.

할렐루야!

사람의 마음을 움직여 불가능한 일을 가능케 하신 주님께 영광을 돌릴 수밖에 없었다.

"또 여호와를 기뻐하라 그가 네 마음의 소원을 네게 이루어 주시리로다" – 시편 37편 4절

무사히 잔금을 치르고 난 후 대출금을 갚기 위해 3년짜리 상환 통장 하나를 만들었다. 그때는 '꺾기'라고 해서 은행에서 5천만 원을 빌리면 5천만 원짜리 적금을 드는 게 관행이었는데 대출 담당자는 내게 그조차도 요구하지

않았다. 너무 고마운 마음에 봉투를 하나 마련해서 건넸지만 그는 극구 사양하며 오히려 "사업이나 잘 하십시오"라고 격려해 주었다.

주님 말씀대로 '부지중에 천사'를 만난 걸까?
주님께서 나를 돕기 위해 곳곳에 천사들을 두신 것 같았다. 그 고마운 마음을 어떻게 다 표현할까….
봉투도 인사도 받지 않는 담당자에게 전하지 못한 감사의 마음을 나는 성실함으로 매달 표현했다. 3년 동안 한 번도 날짜와 시간을 어기지 않고 꼬박꼬박 불입금을 내기 위해 은행 문턱을 넘었고 그때마다 대출 담당자와 은행을 축복했다.

주님은 아무 이해관계도 없는 사람들을 통해 바랄 수 없었던 일들을 이뤄주시면서 그 모든 것이 사람의 능력이 아닌 하나님의 인도하심으로 된 것이라는 것을 나에게 명백히 깨닫게 하셨다.

1987년 8월, 뚝섬 공장에서 같은 성수동 인근에 위치한 공장으로 이전을 했다. 공장이 주택가와 먼 길가에 있어 밤샘 작업에도 문제가 없었고 제품을 운반하기에도 안성맞춤이었다. 그때부터 공장이 안정을 되찾았다. 밤낮없이 기계가 돌아감에 따라 결재도 순조롭게 되어 처음으로 자금이 돌기 시작했다. 그럴 때 일을 다잡고 해야 빨리 자리 잡을 수 있다는 생각에 나는 공장과 사무실의 경계 없이 일을 했다. 일손이 부족하면 언제든 청바지와 티셔츠로 갈아입고 기계 앞에 앉았다.

그런데 어느 순간 공장 분위기가 예전 같지 않았다.

작업 밀도가 떨어지고, 눈에 띄게 직원들이 모여 수군거리기 시작했다. 그러더니 돌연 파업에 돌입했다. 한창 주문이 밀려들어 일손이 달릴 때인데 기계를 멈춘 것이다. 어제까지 같은 생산라인에 앉아서 일하던 직원들은 나와 눈을 마주치지 않은 채 바닥만 바라보고 있고, 파업을 주도한 직원이 중간에서 창구 역할을 하겠다고 나섰다.

직원 대표라고 자처했던 직원은 새 공장으로 이전한 후에 입사한 신입이었다. 우리 공장에 오기 전에 광산에서 일했다던 그는 면접을 볼 때 마음에 걸리는 부분이 있어 채용을 망설였었다. 마땅한 인재가 없어 일단 뽑았는데 입사하고 얼마 지나지도 않아서 갑자기 파업을 결행한 것이다.

그때는 공장마다 데모와 파업이 들불처럼 번지던 시절이었다. 어제까지 한마음 한뜻으로 일하던 직원들이 사측과 대립각을 세우고, 모든 작업과정을 멈추고 파업하는 일이 비일비재했다. 우리 공장도 안심할 수는 없었지만 누구보다 직원들을 잘 알고 있다고 생각해서 마음을 놓고 있었다. 그런데 열 사람 막는 한 사람 없다는 말처럼 나는 조금도 그런 낌새를 알아차리지 못했다.

어느 월요일 아침에 출근했는데 30명에 이른 직원들이 기계 사이로 보루 상자를 깔고 두 줄로 어깨동무를 하고 누워 있었다.

이미 물은 엎질러졌고 빠르게 수습하는 것만이 능사였다. 먼저 직원들의 요구 사항을 정확하게 파악해야 했기 때문에 일단 만나야 했다. 직원들에게 한 사람씩 직접 만나서 얘기하자고 하고 기다렸지만 아무도 오지 않았다. 그 신입 직원이 직원들과 내가 직접 만나지 못하도록 한 것이다.

개인적으로 만나는 게 불편하다면 단체 면담을 하자고 했지만 그것도 거부했다. 이도 저도 싫으면 직원을 대표해서 그 신입 직원이 나와 담판을 짓자고 했지만 그는 자신들은 할 말이 없다며 끝까지 나타나지 않았다. 파업에 참여하지 않은 직원들도 강압적인 분위기에 짓눌려서인지 좀처럼 작업을 시작하려 들지 않았다.

오전 내내 사무실에서 직원들을 기다리며 면담을 시도했지만 농성을 벌이고 있는 직원들 중 아무도 일어나는 사람이 없었다. 시간이 지날수록 자신들이 유리해진다고 생각하는 것 같았다. 그렇다면 다음 날이 돼도 작업을 재개하지 않을 가능성이 높았고 마냥 시간을 버릴 수는 없었다. 어느덧 퇴근 시간에 가까운 오후 4시가 지나가고 있었고 망설일수록 더 큰 위기가 찾아올 거라 생각해 빠르게 결단을 내렸다.

대화를 원치 않으니 방법은 하나뿐이었다.

작업을 재개할 사람은 남고 파업을 강행할 사람들은 사표를 내라고 했다. 사표를 제출하는 즉시 수리하고 그날 6시까지 월급과 퇴직금을 모두 정산해 주겠다고 했다. 11명이 사표를 제출했다. 그때부터 사방에 전화를 돌려 돈을 빌렸다. 6시가 되기 전에 각자 봉투에 월급과 퇴직금을 넣어서 전달했다. 봉투를 받은 직원들은 '설마' 했던 일이 실제로 벌어지자 당황하는 것 같았다. 그중에 한 명은 사표를 반려해 달라며 다시 작업대에 앉겠다고 해서 그 직원은 일을 하게 되었다.

10명의 직원이 나가면서 파업은 하루 만에 종결되었지만 부족한 일손은 당장 채울 수가 없었다. 하루 작업을 못 한 걸 감안하면 그 다음날이라도 무조건 기계를 돌려야만 했다. 그날 밤에 파격적인 조건으로 구인광고를 냈다. 남녀노소 막론하고 하루 일을 하면 그 당시 일당의 2배인 5만 원을 주겠다고 한 것이다. 직원들에게 구역을 나누어 동네마다 구인광고를 붙이게 하고 다음날 찾아온 사람들은 간단한 면접 후에 작업에 투입시켰다.

그것이 기존 직원들에게 압박이 되었는지 공장 분위기가 하루 만에 완전히 반전되었다. 직원들이 솔선수범하여 그 어느 때보다 열심히 일을 한 덕분에 하루 손해 본 것을 오히려 벌충할 수 있었다.

지금 생각해도 그때 무슨 배짱으로 직원들에게 사표를 받았는지 모르겠다.

공장을 이전한 지 얼마 되지 않았기 때문에 회사에 여윳돈이 전혀 없는 상황이었다. 은행 대출금 5천만 원도 다 갚지 못했고, 다른 부채도 상환을 재촉받던 때라 10명의 월급과 퇴직금을 단시간 내에 마련한다는 건 어불성설이었다. 하지만 그런 과감한 결단 없이는 파업이라는 장애물을 넘을 수가 없었다. 대화를 거부하는 일방적 파업을 막기 위해서는 사측의 강력한 의지를 보일 필요가 있었다. 그 모든 과정을 원자재를 납품하는 사장님이 현장에서 지켜보았다.

파업으로 한바탕 직원들과 갈등을 겪었던 근처 다른 공

장의 사장님은 우리 회사의 파업 소식을 듣자마자 부리나케 달려오셨다. 이후 2시간 만에 사표를 수리하고, 직원들을 정리하는 걸 보고는 어떻게 그렇게 단시간 내에 강단 있게 일을 처리하냐며 우리 회사에 대한 좋은 소문을 오래도록 여러 업체에 전해주셨다.

그때부터 한동안 뚝섬에서는 우리 회사의 '하루 파업'이 전설처럼 떠돌았고, 이후에 우리 회사에 파업이란 존재하지 않는 단어였다.

제2의 뚝섬 시대를 새롭게 열어가기 위해 나는 우리 부부 결혼식 때 주례해 주신 목사님을 찾아가 회사 이름(사명)을 지어달라고 부탁드렸다.

목사님은 우리 회사가 단시간에 콸콸 쏟아내고 마는 샘이 아니라 「조용하지만 항상 물이 솟아나는 샘 같은 회사」가 되라고 축복해 주시며 「범천」이라고 지어 주셨다.

당시 섬기던 교회 부목사님에게 우리 회사의 사정을 말씀드리고 알맞은 사훈을 정해 달라고 부탁드렸다.

사훈 역시 목사님이 지어주셨다.

목사님은 세 가지를 꼽아주셨다.

첫째 / 건강한 일터
온 직원이 건강해야 한다는 의미도 있지만 건강한 방식

즉 "그리스도의 방식으로 일하는 회사가 되길 바란다"라는 뜻의 '건강한 일터'이고,

둘째 / 일의 축복이 있는 일터
"끊임없이 일함으로써 땀 흘린 대가로 살아가라"라는 '일하는 일터',

셋째 / 새롭게 번성하는 일터
"날마다 지경을 넓혀 새로움을 추구하라"라는 의미에서 '새로운 일터'를 말씀해 주셨다.

나는 "너희 행사를 여호와 하나님께 맡기라 그리하면 너의 경영하는 것이 이루리라"(잠언 16장 3절)라는 하나님의 말씀과 사명(社名)과 세 가지 사훈을 가슴에 새기고 주님께 회사의 모든 경영을 맡기며 기도했다.

'하나님께서 지어주신 이름으로 새롭게 시작하는 회사의 앞날에 항상 주님의 은총이 가득할 수 있도록 인도해 주옵소서.'

간절한 기도와 함께 제2의 뚝섬 시대가 시작되었다.

그때나 지금이나 나는 회사의 주인은 주님이라고 생각한다. 그래서 주님께서 허락하신 복을 회사의 가족들과 함께 누릴 수 있도록 최선을 다한다. 직원들과도 협상이

아닌 배려가 기본이 되고, 불신이 아닌 신뢰가 바탕이 되는 관계를 맺기 위해 노력하고 있다. 서로 돕는 관계로서 서로에게 필요한 사람이 되는 것이 목표다. 그러다 보니 우리 회사에는 일방적으로 자기 입장만 강하게 주장하는 사람이 없다. 대립적 구도로서의 노사(勞使)가 아니라 각자의 자리에서 함께 회사를 만들어가는 구성원으로 일하고 있다.

당시에는 몰랐지만 / 지금 와 생각해 보니…

주님이 아닌 내가 주인이라고 생각했을 때는 내릴 수 없는 결정들이었다. 나의 길을 나보다 더 잘아시는 주님이 이 모든 시련을 통해 나를 정금과 같이 제련하고 계셨다. 나는 매 순간을 버텨오고만 있다고 생각했지만 사실 주님은 그런 고난들을 통해 나를 성장시키고 계셨음을 이제야 알 수 있었다. 정말로 감당할 시험만 주시는 주님이셨고, 연단을 통해 나를 단련시키시는 주님이셨다.

"그러나 내가 가는 길을 그가 아시나니

그가 나를 단련하신 후에는 내가 순금같이 되어 나오리라"

– 욥기 23장 10절

26

언젠가
큰 딸이 내게

"**엄마는** 야곱과 참 많이 닮았어요"라는 말을 한 적이 있다.

하나님의 큰 복을 얻기 위해 하나님과 씨름하며 기도로 살았던 야곱…. 돌아보면 딸아이의 말처럼 내 인생의 한 축은 야곱이 살아온 험악한 세월과 맞닿아 있다. 하지만 다른 한 축은 그의 첫 번째 아내인 레아의 삶과 닮아있다.

남편의 사랑을 갈구하며 아들을 낳을 때마다 남편이 자신을 돌아봐주며, 자신과 연합해 주기를 바랐던 여인 레아의 쓸쓸함과 공허함을 나 역시도 느끼고 있었다.

회사가 안정화되고, 내 역할은 점점 커졌다. 남편은 여전히 성실히 내 곁을 지켜주고 있었다. 겉으로 보기에는 더 가까워진 것 같았지만 내가 느끼는 마음의 거리감은 여전했다. 아들을 넷이나 낳았지만 남편의 허룩한 품에서 외로움을 느꼈을 레아였다. 나 역시 겉보기에는 남편과 아무런 문제가 없어 보였으나 사랑이 채워지지 못한 마음으로 공허함을 느꼈다.

표현하지 않는 남편의 속마음까지 헤아려 스스로를 다독이기에는 내 삶이 너무 퍽퍽했다. 위로를 받고 싶을 때 외면하고, 힘이 되어 주기를 바랄 때 뒤에 숨어버리는 그림자 같은 남편이 실망스럽고 미웠다. 언젠가는 변할까 싶어 나 혼자 계속 다가가고 있었지만 남편이 변하기 전에 내가 먼저 지치고 말았다. 야속하고 밉지만 그래도 내 남편이었다. 미워도 다시 한번이라는 말처럼 기대했다 다시 또 실망했다 하는 일들이 하루에 열두 번도 넘게 반복됐다. 그러나 결국 남편에 대한 나의 마음은 다시 원점으로 돌아왔다. 치솟는 감정을 도저히 주체할 수 없어 가만히 있기 힘든 순간들이 점점 잦아졌다. 한밤중에라도 놀이터에 뛰쳐나가 실컷 울다 와야 했고, 사무실에 있다가도 한 걸음에 백화점으로 달려가 옷이라도 사야 했다.

한 번은 백화점의 고가 브랜드 매장에 가서 옷을 쌓아놓고 고른 적이 있다. 이건 친구 옷, 저건 친구 며느리 옷,

줄 사람을 떠올리며 고르다 보니 이상한 점을 전혀 느끼지 못했는데 갑자기 직원이 당황하며 "사모님, 이제 그만 고르시죠"라며 말렸다. 그제야 내 앞에 쌓여있는 옷더미가 보였다. 가격이 비싸서 한 벌을 사기에도 버거운 브랜드였는데 정신없이 여러 벌을 골라놓은 것이다. 평소 같으면 절대로 하지 않을 행동이었지만 남편에 대한 서러움이 한 번씩 치받쳐 오르면 그렇게라도 풀어야 살 것 같았다. 그때는 돈 쓰는 힘으로 살았다. 다행히 그때쯤에는 더 이상 돈으로는 고생을 하지 않았기 때문에 가끔 쇼핑으로, 여행으로, 선물로, 걷잡을 수 없는 마음을 진화시켰다.

의식적으로도 남편을 조금씩 덜 의지하려고 노력했다.
오죽하면 자궁 외 임신으로 촌각을 다투는 수술을 앞두고도 남편 대신 친구에게 연락해 수술 동의서에 사인을 하게 했다. 생명이 위급할 수도 있다는 말을 들었을 때 가장 먼저 생각난 사람은 남편이 아니었다. 남편에게 연락했다면 분명히 달려와 수술실 앞을 지켜줬을 것이지만 그럼에도 나는 남편에게 연락하고 싶지 않았다.
한번쯤은 남편이 먼저 내 마음이나 상황을 알아주길 바랐던 마음이었는지, 무심한 남편이 야속하게 느껴져 일부러 정을 떼려고 한 행동이었는지는 잘 모르겠다. 다만 아무리 위급한 일이라도 남편에게 먼저 연락을 하고 싶은 마음은 아니었다. 앵돌아져 있는 마음은 좀처럼 풀리지 않았고 남편에 대한 서운함은 점점 쌓여갔다.

　그러던 어느 날 남편이 거나하게 취해서 집에 돌아왔다. 그날따라 곧장 잠자리에 들지 않고 거실에 앉아 물끄러미 나를 보았다. 결혼하고 처음 있는 일이었다.
　남편은 다른 사람의 시선을 유독 부담스러워했다. 결혼 전에도 등 뒤로 남편의 시선이 느껴져 뒤돌아보면 눈이 마주치자마자 멋쩍은 미소를 지으며 이내 눈길을 피하거나 딴청을 피웠다. 그런 남편이 갑자기 나를 대놓고 바라보니 오히려 불안했다. 동시에 머릿속이 복잡했다. 혹시 회사에 내가 모르는 문제가 생긴 거라면 어떡하나. 가슴이 두방망이질 치기 시작했다.

　내 표정에서 불안함을 느낀 걸까, 남편이 갑자기 술을 좀 가져오라고 했다. 여느 때와는 달리 부드러운 목소리였는데 오히려 그런 다정함이 낯설고 불안해 술 대신 차를 끓여 내왔다. 찻잔을 내미는데 남편이 내 손을 잡았다. 한참을 말없이 손을 잡고 있던 남편이 대뜸 내게 "미안하다"라고 했다. 남편은 잘못을 시인하거나 속마음을 표현하는 사람이 아니었다.

　평생을 그렇게 살아왔던 남편이 처음으로 잘못을 인정

했다.

뜻밖의 사과에 너무 놀라 멍하니 남편 얼굴만 쳐다보고 있는데, 남편이 조용히 말을 이어갔다. 그동안 남편으로서 제대로 역할을 못 한게 항상 마음에 걸렸다고, 시댁 식구들이 받아들일 수 없는 행동을 할 때 중재 역할을 하지 못한 것도 자기 잘못이고, 사업이 어려울 때 적극적으로 나서지 않아 내게 너무 큰 짐을 맡긴 것도 후회한다며 용서를 빌었다.

그리고 "고맙다"라고 했다.

시골에서만 살아와서 바깥 물정을 모르는 시부모님이 억지를 부리고, 동생들이 내 가슴에 피멍이 들게 했는데도 시댁 식구들을 외면하지 않고 도와줘서 고맙다고 했다. 식구들의 희망이었던 남편은 우리 가족뿐 아니라 시댁을 포함한 친족의 가장 역할까지 해야 한다는 부담감에 그동안 어정쩡한 태도를 취했다고 스스로를 자책했다. 그러면서 자기가 사랑하고, 평생 책임지며 살아갈 사람은 나라고 했다.

지금까지 고생한 것을 앞으로 다 보상해 주겠다고 자기를 믿으라고 했다. 나 혼자 전전긍긍하며 사는 걸 볼 때마다 마음이 아프고 힘들었다면서 조금만 기다리라고도 했다. 당시 남편은 K 전무와 의기투합하여 기술을 개발하고 있었는데 그게 잘 될 거라며 믿어 보라고 했다.

그동안 아무리 큰일이 나도 변명이나 사과 한 마디도 없던 사람인데 이날은 봇물이 터진 것처럼 나에 대한 사랑과 속마음을 다 표현했다.

생전 말이 없던 사람이 갑자기 속마음을 털어놓으니 처음에는 당황스러웠다. 취기에 객기를 부리는 건가 싶기도 했지만 남편의 표정을 보니 진심이었다.

결혼 전에 나를 보며 좋아서 어쩔 줄 몰라 하던 그 표정으로 나를 보고 있었다. 비로소 내 손을 붙잡은 남편의 손에서 온기가 느껴졌다.

'이 사람 진심이구나. 그동안 나에게 정말 미안했구나. 그것도 모르고 그동안 그렇게 미워했구나.'

결혼 전의 남편은 내 인생의 길잡이였다.

나보다 한발 앞서 걸으며 내 발에 챌 수 있는 걸림돌을 치워주는 사람이었는데 사업을 시작하면서 남편과 나의 역할이 뒤바뀌었다. 남편이 저질러 놓은 일을 내가 수습하게 되면서 남편의 자리가 점점 없어지기 시작했다. 역할이 반전되면서 남편 역시 남모를 고충이 있었을 것이다.

남편 친구들은 대놓고 "너는 마누라 덕에 호강하며 사는 줄 알아라"라며 시기 어린 질투를 했고, 회사에서도 내가 다잡고 일을 시작한 후부터는 나를 중심으로 업무가 돌아갔다. 최종 결재는 남편이 했지만 전권은 나에게 있었다. 내가 추린 내용을 올리면 남편은 무조건 도장을 찍었다. 그러다 보니 남편은 회사에서도 점점 상징적이기만 한 존재가 되었다.

집에서나 회사에서나 입지가 좁아지는 걸 남편이 피부로 느끼고 있었을 것이다.

남편과 달리 나는 사업가 기질을 타고났다.

아버지로부터 사업가 DNA를 물려받은 데다 어려서부터 돈을 만져서 장사나 사업에 대한 욕심이 있었고 거기에 같잖은 배짱까지 더해져 '치마 두른 남자'라는 말을 들으며 살았다. 내가 그렇게 전면에 나서서 거드름을 떨 때 남편은 항상 내 뒷전에 물러나 있어야 했다.

나는 남들보다 앞서 있어야 했고 미리 계획을 세워야 하는 사람이었고 실패를 하더라도 한 번 선택한 것은 끝까지 고집하는 사람이었다. 그래서 내가 조바심을 내고 걱정할 때마다 남편은 내게 "헛똑똑이"라면서 "고생을 사서 한다"라고 답답해했다. 그런데 사업이 계속 부도가 나면서 내가 뒤치다꺼리를 하게 되자 남편으로서 면이 서지 않았을 것이다.

잠든 남편의 얼굴을 들여다보니 여러 가지 생각이 들었다. 내게 품 넓은 그늘이 되어주었던 사람인데 지금은 내 그늘에 묻혀 있으니 남편도 편치 않았겠구나, 이름 없이 사는 게 힘들었겠구나, 내가 남편의 온전한 아내가 되지 못한 것 같아 허전했던 것만큼 남편 역시 나의 온전한 남편이 되지 못한 아픔이 있을 거라 생각하니 그간 말 못 하고 속으로만 삭혔던 말이 무엇이었을지 짐작이 갔다.

나는 하고 싶은 말을 속에 담아두지 못하는 성격이지만 남편은 달랐다. 꼭 해야 할 말도 여간해서는 하지 않는 사람이었다. 그러니 앞으로도 내가 듣고 싶은 말을 남편에게 들을 수는 없을 거란 생각이 들었다. 그렇다면 이 사람과 어떻게 살아야 할까, 잠든 남편의 얼굴을 보자 짠하기도 하면서 무언가 방법을 찾아야겠다는 생각이 들었다.

그날 이후 나는 남편과 함께 산행(등산)을 가야겠다고 생각했다.

남편은 타고난 산꾼이었다. 운동신경도 뛰어난 데다 체력도 좋아서 험한 산도 가뿐히 올랐다. 남편에 비하면 나는 완전히 햇병아리 수준이었다. 남편과 보조를 맞추기엔 턱도 없었고, 내 체력으로 웬만한 산을 오를 수 있을지 걱정부터 앞섰지만 나는 남편이 잠꼬대처럼 내뱉은 "같이 산에 가자"라는 말을 지키고 싶었다.

누가 더 앞에 서는 것이 아닌 함께 걷는 법을 남편과 함께 산에서 다시 배우고 싶었다.

등산을 한 경력이 다르다 보니 걱정이 앞서긴 했다. 남편과 나는 체력도, 보폭도, 폐활량도 완전히 달랐다. 서로 자기 속도만 고집하면 함께 등산을 할 수 없었다. 문득 지금까지 부부생활도 등산과 같지 않았을까 싶은 생각이 들었다. 한 명이 빠르든 느리든 함께 발맞추어 걸어가야 하는 동반자라는 사실을 잊고 나와 남편은 자기 사정에 맞춰 다른 길을 걷고 있었다. 남편도 나도 혼자 산속을 헤매는 사람처럼 외롭고 힘든 길을 가고 있었던 것이다. 등산이 혹시 우리의 간극을 좁혀주지는 않을까? 한 방향으로 가는 것뿐 아니라 걸음을 맞춰가며 같이 걷는 법을 배울 수 있지 않을까? 나는 그런 기대감을 갖고 주말이 오기만을 기다렸다.

　그런데 막상 주말이 되자 남편은 그날 등산을 가자고 했던 약속을 까맣게 잊고 있었다.

　오히려 남편과 등산을 할 채비를 준비하는 나를 보며 굉장히 당황해했다. 나는 개의치 않았고 그날부터 거의 매주 등산을 따라갔다. 체력에 부쳐 등산을 하고 나면 몸살이 나서 하루를 꼬박 앓을 때도 있었지만 약을 먹어 가면서 악착같이 따라갔다. 산에서 만나는 남편이 좋았기 때문이다. 산에 가면 남편은 어린아이가 되어 껑충껑충 뛰어다녔다. 또 시냇물 흐르는 소리 같은 자연의 오케스트라가 내 귓가를 간지럽히며 마음을 평온케 했다.

남편이 항상 나의 보조를 맞춰주지는 않았다. 어느 날 소복히 눈이 쌓인 날에도 나는 남편을 따라갔다. 어찌어 찌 올라가긴 했으나 내려오는 길에 자꾸 미끄러져 몇 번 이나 큰일날 뻔 했었다. 산행에 방해가 된다고 느꼈는지 남편은 이런 나를 오히려 흘겨보며 투덜댄 적도 있었다.

하지만 때로는 앞에서, 때로는 뒤에서 나를 보호해 주 며 걸었다. 위험한 길이 나타나면 뒤에서 나를 받쳐주었 고, 평탄한 코스를 만나면 멀찍이 앞서가 잠깐 앉아 쉬 기 좋은 자리를 미리 봐두었다. 그러니 혼자 걸을 때도 외 롭지 않았다. 넘어질까 봐 무섭지도 않았고 길을 잃을까 봐 두리번거리지 않아도 되었다. 내가 걷고 있는 길 앞뒤 어딘가에 남편이 있다는 것을 알고 있으니 마음이 든든 했다.

등산 중 나를 살뜰하게 챙겨준 남편의 배려로 나도 점 차 남편을 신뢰하게 됐다.

등산을 할 때 목이 마르다 싶으면 남편이 먼저 물병을 건네주었고, 허기가 질 때쯤에는 산장에 도착할 수 있도 록 코스를 짰다. 피곤할 때면 바위에 앉아 개울물에 발을 담그게 했고, 코펠에 물을 끓여 커피를 타주기도 했다. 한 겨울 꽁꽁 어는 날씨에 산장에 도착하면 체온이 떨어지지 않게 온몸을 이불로 둘둘 말아서 싸매주기도 했다. 오롯이 남편과 나만 있는 시간을 통해 우리는 그동안 표현하지 못한 각자의 진심에 조금씩 다가갈 수 있었다.

남편과 함께 우리나라의 명산이라 이름 붙인 곳은 다 찾아다닌 나는 그동안 내가 원하는 방식대로만 남편에게 사랑받기를 바랐던 마음을 내려놓게 되었다. 등산을 하면서 무심하게만 느껴졌던 남편의 무관심이 나를 있는 그대로 받아들이기 위한 그만의 애정 표현이었음을 깨달았기 때문이다. 남편은 나를 자기 방식대로 고치려 들지 않았다. 오히려 내가 마음껏 능력을 발휘할 수 있도록 한 발 뒤로 물러서 있어 주었다.

'아내 잘 만난 덕에 호강하는 사람'이 되어 존재감이 없어져도 남편은 내가 하는 일에 간섭하여 자기 이름을 드러내려고 하지 않았다. 남편은 자신이 원하는 사업에 멍석을 깔았지만 그 멍석 위에서 춤추는 광대처럼 마음껏 사업을 펼쳐나간 건 나였다. 내가 나답게 살 수 있었던 것은 남편이 자기 목소리를 내지 않았기 때문이었다. 물론 크고 작은 위험들을 처리해나가고 수습한 것은 나였지만….

등산을 하면서 나는 묵묵히 걸어온 남편의 발자국이 소중하게 느껴졌다. 그렇게 감사한 마음으로 꾸준히 등산을 하다 보니 나도 제법 산을 탈 수 있게 되었다. 남편과 보조를 맞출 만큼 다리에 힘도 붙고, 쉬지 않고 걸어도 숨을 헐떡거리지 않을 만큼 체력이 올라왔다.

그런데 어느 날 지리산에 올라가던 중 갑자기 심장에서 '픽'하는 소리가 들렸다. 오그라들었던 심장이 펴지는 것 같았다. 그때까지 나는 심장이 조여드는 증상으로 무척 고생을 했다.

긴장하거나 신경이 예민해지면 심장이 위축되면서 숨쉬기가 어려워지고, 이가 딱딱 맞물리면서 떨렸다. 한번 통증이 생기면 그 고통은 이루 말할 수가 없었다.

그런데 그날 갑자기 심장이 펴지는 것 같은 느낌이 들더니 이후 통증이 말끔히 사라졌다. 남편과 앞서거니 뒤서거니 하며 우리 부부만 걷고 있다고 생각했지만 주님께서는 우리 동행을 함께 하시며 마음의 상처와 함께 육신의 질병까지 고쳐주셨다.

♥ 당시에는 몰랐지만 / 지금 와 생각해 보니…

고난이 찾아올 때마다 "하나님 도대체 왜?"라는 질문만 던지며 살아왔는데 그 모든 순간에 주님이 함께 하셨고 나를 위해, 우리 부부를 위해, 우리 회사를 위해 성실히 일하시며 동행하고 계셨다. 나를 기준으로 살아가는 삶이 아닌 '서로'에게 맞춰가며 같은 곳을 향해가는

기쁨을 주님은 남편과의 관계 회복을 통해 나에게 느끼게 하셨다,

"나의 하나님이여

내가 또 비파로 주를 찬양하며 주의 성실을 찬양하리이다

이스라엘의 거룩하신 주여 내가 수금으로 주를 찬양하리이다"

– 시편 71편 22절

27

일하는 엄마들 모두가
그렇겠지만 나 역시

아이들만 생각하면 마음이 편치 않다.

아이들을 만날 수 있는 시간이 짧다 보니 이런저런 다양한 방법으로 아이들과 소통했다. 매일 새벽 5시에 일어나 무릎 꿇고 기도할 때 가장 먼저 부르는 이름도 아이들이었다. 그렇게 기도를 마치고 나면 아이들마다 도시락을 싸주면서 쪽지를 남겼다. 시험 기간에는 특별히 쪽지에 각 시간마다 기도할 기도문을 적고, 어떻게 기도해야 하는지도 적어주었다. 나는 비록 아이들과 함께 하지 못해도 주님이 눈동자와 같이 돌보아 주실 것을 믿으며 기도하는 마음으로 쪽지를 썼다.

아이들도 내가 '기도하는 엄마'라는 것을 알고 있다.

어려운 일이 닥칠 때마다 기도를 통해 힘과 지혜를 얻는다는 것을 내 삶을 통해 아이들에게 보여주었다. 특히 아들의 대학 입시를 앞두고는 그 어느 때보다 간절하게 기도했다.

딸들과 달리 아들은 성적이 중위권에서 더 오르지 않고 제자리걸음을 하고 있었다. 착실한 성격의 첫째 딸 승은이는 성적도 꾸준히 중상위권을 유지해서 과외를 받지 않고도 좋은 대학에 들어갔고, 자기 관리가 투철한 둘째 딸 주은이는 공부도 알아서 척척 잘해서 학원 한 번 안 가고도 자신이 원하는 대학에 입학했다.

그런데 아들은 달랐다.

고3 수험생이 되었는데도 성적이 오를 기미가 보이지 않았다. 반에서 20등 정도 했는데 그 성적으로는 원하는 대학에 가기는 어려웠다. 딸들도 마찬가지였지만 아들을 키울 때도 나는 참 많은 꿈을 꾸었다. 대학생이 된 아들, 유학을 가서 학위를 받는 아들, 자신이 원하는 분야에서 성공한 아들, 무엇보다 당당하고 멋지게 자신의 일을 하는 아들이 되길 바라면서 날마다 사진 찍듯 그 모습을 그리며 기도했다.

입시가 두 달 앞으로 다가와도 아들의 성적이 오르지

않아 마음이 다급해졌다.

딸들보다 머리가 나쁘지 않은데도 성적이 뒤처지는 건 의욕이 없기 때문인 것 같았다.

학창 시절 내내 우환이 겹치면서 불안정한 상황이 반복되면서 아들은 점점 말이 없어지고 조용해졌다. 분명히 원하는 게 있었을 텐데 아무에게도 속내를 털어놓지 않았다.

점점 의기소침해지는 아들을 볼 때마다 가슴이 아팠지만 그때마다 회사 안팎에서 터지는 불똥을 막기에 급급해서 아들에게 집중할 수가 없었다. 하지만 대학 입시는 아들의 인생에서 가장 중요한 문제라 그냥 둘 수는 없었다. 준비할 시간이 촉박했지만 가뜩이나 자신감이 떨어져 성적이 안 나오는 아들이 재수를 한다고 원하는 대학에 들어갈 수 있어 보이진 않았다. 나는 일단 아들의 입시를 최우선 목표로 놓고 내가 할 수 있는 모든 일을 강구하기로 했다.

먼저 아들의 과외부터 알아보았다.

그 당시에는 과외가 성행했던 시기라 이미 실력이 입증된 선생님들은 시간이 꽉 차서 비집고 들어갈 틈이 없었지만 아들을 위해서라면 어떻게든 선생님을 모셔야만 했다. 나는 인맥과 정보를 총동원해서 아들이 최고의 학원

강사 선생님께 과외를 받을 수 있도록 지원했다. 아들도 많이 도움이 됐다고 했다.

그때 우리는 여전히 남의 집 살이를 하고 있었고 수입이 넉넉하지도 않았다. 빚도 갚아 가는 과정이었다. 하지만 아들의 인생에서 중요한 시기를 흘려보낼 수는 없었다. 엄청난 고액이었지만 눈 딱 감고 두 달 동안 아들을 위해 쏟아부었다. 아무리 바빠도 과외 시간에 맞춰서 집에 와 최고급 간식까지 준비해서 방에 넣어주었고, 혹여나 시끄러울까 싶어 발끝으로 다녔다. 아들이 공부에 집중할 수 있게 도울 수 있다면 무엇이든 할 준비가 되어 있었다.

노력을 쏟은 만큼 성적은 오르고 있었으나 진짜 문제는 따로 있었다.

고3쯤 되면 어느 정도 성적이 예상되기 때문에 원서는 기존 성적을 기준으로 쓴다. 아들의 성적을 봤을 때 원하는 대학의 원서는 절대로 써주지 않을 게 뻔했다. 당시 나는 자격이 없었음에도 육성회 일을 하면서 학교 일에도 적극적으로 참여했다. 대부분의 육성회 임원들은 자녀들의 성적이 상위권에 속한 부모들이 맡는데 나는 아들의 성적과 관계없이 임원으로 열심히 일해서 선생님과도 친밀한 관계였다. 그럼에도 선생님은 원하는 대학의 원서를 써주지 않으셨다. 담임선생님은 나와 달리 아들을 객관적으로 바라보셨기 때문에 아들이 현실적으로 합격할 수 있는 대학을 추천해 주셨다.

　나는 그 학교에 아들을 보낼 마음이 추호도 없었기 때문에 처음부터 점찍어 두었던 모 대학교 건축학과를 지원하겠다고 했다. 내 말을 듣자마자 선생님은 "아들의 성적을 알고 하시는 말씀이세요?"라며 단번에 거절하셨다. 그분이 보시기에 나는 아들의 성적도 모르면서 욕심만 부리는 무모한 엄마였을 것이다. 내가 어떻게 보이든, 그동안의 아들 성적이 어떻게 나왔든 나는 개의치 않았다. 내 목표는 오로지 하나, 그 대학교 그 학과 원서를 받아 가는 것이었다. 그래서 절대 2차 지원도 하지 않고 재수도 안 하겠으니 나를 믿고 원서를 써달라고 선생님께 사정을 했다. 결국 선생님은 끝까지 마음 내켜 하진 않으셨지만 원서에 도장을 찍어주셨다.

　어렵게 1차 관문을 통과하자 갑자기 겁이 덜컥 났다.
　이제 내가 할 수 있는 건 아무것도 없었다.
　최선을 다했으니 주님께 맡겨야 했다.
　그런데 매일 입으로만 드리는 기도로는 성에 차지 않았다.
　아들에게 나의 최선을 다했듯 주님께도 나의 마음을 보

여드리고 싶었다. 그래서 아들이 대학에 합격하면 과외비의 십분의 일(십일조)을 헌금으로 드리겠다고 서원을 했다. 나 혼자 결심하고 기도하면 혹여 마음이 변할 수 있으니 깨끗한 봉투에 '계약 헌금(약속 헌금)을 드립니다'라고 써서 과외비의 십일조인 10분의 1을 계약금으로 넣었다. 그리고 수요 예배 때 봉투를 헌금함에 넣었다. 믿음의 도전이었고, 절실한 서원이었다.

하나님께 도와달라고 베짱을 부린 것이지만 내가 할 수 있는 유일한 승부수였다.

모두가 안 된다고 하는 상황이지만, '하나님이 도와주실 텐데 누가 이기나 한번 해 봅시다'라는 심정도 있었다. 얍복강가에서 야곱이 하나님의 사람을 붙들고 축복을 주지 않으면 절대로 손을 놓지 않겠다며 밤새 씨름했던 것처럼…. 누가복음 18장 7절에 기록된 "하물며 하나님께서 그 밤낮 부르짖는 택하신 자들의 원한을 풀어 주지 아니하시겠느냐 저희에게 오래 참으시겠느냐"라는 약속의 말씀을 믿고 나도 주님께 전적으로 매달리며 기도를 한 것이다.

계약 헌금을 드리고 기도도 열심히 했지만 그것으로도 부족했다. 뭔가 행동도 따라야 할 것 같았다.
나는 이스라엘 백성이 여리고성을 차지할 때 매일 한 바퀴씩 돌았듯이 매일 아들의 목표인 대학교를 돌기로 결심했다. 결심한 다음날부터 바로 실행했다.

회사에서 일을 마치고 나면 해질녘이었는데 드넓은 캠퍼스에 이미 학생들은 빠져나갔고 황량하게 찬바람만 불고 있었다. 그 대학교는 캠퍼스가 넓기로 유명한 학교다. 막상 학교에 가보니 규모가 엄청나서 걸을 엄두가 나지 않았다.

그럴 때는 생각을 줄이고 바로 실행해야 한다.

나는 운동화 끈을 질끈 묶고 대학교 입구에서부터 걷기 시작했다. 시험 날짜가 얼마 남지 않았으니 하루에 한 바퀴씩 걷자고 마음먹고 어두워져가는 캠퍼스를 바라보며 빠르게 걸었다. 추위에 대비해서 만반의 준비를 하고 왔지만 한 바퀴를 돌기도 전에 '양말 하나를 더 사서 신어야겠다'라는 생각이 들 정도로 겨울밤의 추위는 매서웠다. 언 땅에 발을 디딜 때마다 발가락에 가시가 박힌 것처럼 쿡쿡 쑤셨고, 가쁜 숨을 내쉴 때마다 입김이 얼었다.

그래도 포기할 수 없었다.

"주님, 이 여리고성을 무너뜨려 주세요. 이 대학 문턱을 헐어 주셔야 우리 아들이 이 학교에 입학할 수 있습니다"라고 간절히 기도하며 땅 밟기를 3일간 계속했다.

아들을 위해 믿음 하나 부여잡고 간절히 드렸던 나의 기도는 이루어졌다.

아들이 당당하게 원하던 학교의 학과에 합격한 것이다.

담임선생님께 합격 소식을 알리니 뛸 듯이 기뻐하셨다. 축하의 의미로 점심 살 테니 빨리 학교로 오라고 말씀하셨으나 일 때문에 갈 수가 없었다. 누구도 기대하지 않았던 놀라운 결과에 선생님도 감격하시면서 "어머니의 정성으로 아들이 대학에 갔네요"라며 거듭 축하해 주셨다.

아들을 합격시켜 주신 분은 주님이시니 주님께 드린 서원도 지켜야 했다.

나는 처음 계약 헌금을 드릴 때처럼 깨끗한 봉투에 작정 헌금을 넣고 '잔금 드립니다'라고 적었다. 합격자 발표일이 수요일이라 헌금봉투를 들고 저녁 예배에 참석했다.

목사님이 예배 중에 헌금 봉투를 확인하시고 '잔금 드립니다'의 주인공은 일어나라고 몇 번이나 권유하셨지만 나는 일어나지 않았다. 주님과의 약속을 지킨 것이기 때문에 사람들에게 알릴 필요는 없다고 생각했기 때문이다. 목사님은 결국 헌금의 주인공이 누구인지 나타나지 않자 이름은 모르지만 새로운 출발을 하는 청년을 축복하시며 간절한 마음으로 기도해 주셨다. 아들의 이름이 들어가진 않았지만 모든 걸 아시는 주님이 그날의 기도 역시 아들의 삶으로 흘려보내주셨을 것이라 믿는다.

아들의 대학 합격을 축하하자던 담임선생님과의 식사

약속은 27년이 지난 후에나 지킬 수 있었다. 아들이 우리 회사를 인수하고 10년 정도 지났을 때였다.

인생의 황혼기를 맞아 고마운 분들을 찾아다니며 인사를 하던 중에 문득 아들의 담임선생님이 생각났다. 수소문해 보니 선생님은 이미 은퇴를 하셔서 학교에 계시지 않았다. 감사를 제대로 표현도 못 했었다는 생각에 수소문을 했고 마침내 연락이 닿아 아들과 함께 선생님을 만나 뵐 수 있게 되었다. 오래전에 뵈었던 분이라 얼굴도 가물가물했지만 그때의 감사한 마음은 어제 일처럼 생생했다. 마침 그 해가 돼지해였기에 감사의 마음을 담아 금 돼지 두 마리를 준비해서 나갔다.

선생님은 우리를 한눈에 알아보지 못하셨다.

그래서 내가 성적 격차가 많이 나는 대학에 원서를 써달라고 고집했던 일을 말씀드리자 선생님은 크게 웃으시며 그 일은 기억난다고 하셨다. 그 당시 나처럼 적극적인 학부모는 없었다면서 결과적으로 얼마나 잘 된 일이냐며 흡족해하셨다. 그 이야기를 시작으로 아들과 선생님은 지난 추억을 끄집어내며 담소를 나누었다. 그 모습을 옆에서 바라보는데 감사가 절로 나왔다.

아들은 대학에 입학한 후에 스스로 자신의 길을 찾아갔다. 학교와 전공이 자신과 맞지 않는다며 대학에 다니면서 재수를 해서 이듬해에 H대학교 경제학과에 입학했다. 군 제대 후 결혼해 일주일 만에 아내와 미국으로 유학을 가서 1남 1녀를 낳았다. 그리고 4년 만에 아들의 나이 31살 때 MBA를 마쳤다.

그 모든 과정에서 내가 한 것이라고는 기도밖에 없었다. 어렵게 들어간 대학교를 포기하고 재수를 하겠다고 할 때도, 유학 가기를 바라며 넌지시 물어봤지만 아들이 자기는 공부를 더 할 생각이 없다고 잘라 말할 때도, 미국에서 MBA 과정을 밟을 때 짧은 시간에 학위를 취득하겠다며 학교를 이리저리 옮겨 다닐 때도, 자기에게 꼭 맞는 학교를 만났다며 공부만 파고들어 건강이 걱정될 때도 나는 기도만 했다. 아들에게 내 생각이나 바람을 말하면 갈등만 키울 것 같아 사력을 다해 기도하며 주님께만 매달렸다. 그리고 내가 보낼 수 있는 돈만 송금했고, 사용처에 대해서는 전혀 알려고 하지 않았다.

나는 아이들을 내 손으로 키우지 않았다.
주님께 아이들을 맡겼다.
나는 우리 아들이 천천히 가도 바른길을 선택해서 갈 수 있게 해 달라고, 더 큰 꿈을 꾸게 해 달라고, 그리고 그 모든 것을 주님께서 성취해 주시고 이루어 달라고 기도만 했다. 그런데 하나님은 내 기도를 하나도 땅에 떨어뜨리지 않으시고 모두 들어주셨다. 아들을 향한 기도에 응답해 주신 하나님의 은혜가 나에게 얼마나 큰 기쁨이었는지 모른다. 아들을 돌보아주신 주님께 오로지 무한한 감사와 영광만을 올려드린다.

💙 **당시에는 몰랐지만 / 지금 와 생각해 보니…**
　나의 부족함으로 자녀들을 하나님께 맡길 수밖에 없었던 상황들이 오히려 자녀들에게는 최고의 복이었던 것 같다. 나의 생각을 뛰어넘어 역사하시는 하나님의 손길은 내 삶을 넘어 우리 자녀들의 인생에도 임하고 계셨다.

　"신들 중에 뛰어난 하나님께 감사하라

　그 인자하심이 영원함이로다" – 시편 136편 2절

28

나는 기도의 힘을
굳게 믿는다

주님은 내 기도에 귀를 기울이시고, 항상 응답하시는 분임을 알기 때문이다.

주님은 나의 작은 신음도 절대 외면하지 않으시는 분이시다. 이것은 경험하지 못한 사람은 이해할 수 없는 영역이다. 그래서 주 예수님을 믿는 것은 신비로운 영역이며, 주님과 나만 아는 비밀이 생기기 마련이다.

아이들과 마찬가지로 회사 역시 주님께 모든 것을 맡겼다. 손톱만큼 작은 일도 나 혼자 결정하지 않고 주님과 상의하고 주님께 결재를 받았다.

'주님, 오늘 어디에서 누가 온대요. 뭐 때문에 온대요. 제가 어떻게 대답할까요? 어떻게 그들을 맞이해야 할까

요. 주님, 제 입에 대답할 말을 넣어주시고, 지혜를 주옵소서.'

기도로 쌓아올린 회사가 바로 우리 회사다.

만약 남편이 회사 경영에 적극적으로 참여했다면 내가 그렇게 간절히 기도하지는 않았을 것이다. 남편과 의논하고 사람에게 의지했을 것이다. 그때는 내 곁에 아무도 없었기 때문에 주님께 매달릴 수밖에 없었고 깊은 수렁에서, 절벽 끝에서 예수님이 직접 내 손을 잡아 이끌어 주시고, 평탄한 땅으로 인도해 주셨다. 우리 회사가 성장해 온 모든 역사는 주님이 주관하신 하나님의 역사다. 오죽하면 우리 회사에서 오랫동안 일했던 아주머니가 일을 그만두시면서 "회사에서 일하는 동안 하나님이 살아 계심을 분명히 경험했다. 내 눈으로 직접 목격했다"라고까지 했을까.

"여호와 하나님께서 자기에게 기름 부음 받은 자를
구원하시는 줄 이제 내가 아노니 그의 오른손의 구원하는 힘으로
그의 거룩한 하늘에서 그에게 응답하시리로다
어떤 사람은 병거, 어떤 사람은 말을 의지하나 우리는
여호와 우리 하나님의 이름을 자랑하리로다" – 시편 20편 6, 7절

성수동에 있는 아이스크림 공장 부지로 회사를 이전한 뒤 회사는 급속도로 성장했다.

밀려드는 주문을 감당하기엔 100평짜리 공장도 비좁았다. 생산 라인을 늘리기 위해서는 더 넓은 장소가 필요했다. 제1공장과 너무 먼 곳에 떨어져 있으면 안 되기 때문에 뚝섬 안에서 공장 부지를 찾았는데 워낙 비싸다 보니 살 수가 없었다. 그래도 포기하지 않고 매일 부동산에 출근도장을 찍었다. 오늘이 아니라도 내일이나 모레 좋은 매물이 나올 거라는 희망을 갖고 날마다 부동산을 찾았다.

그렇게 발품을 팔아서 성수동 인근 공장 부지를 여러 군데 살 수 있었다. 모두 아이스크림 공장처럼 급매로 나온 물건이었다. 그런 매물은 정보가 재산이다. 누가 먼저 정보를 아느냐가 중요한데 내가 매일 부동산을 찾아가다 보니 급매같이 좋은 조건의 매물이 나오면 복덕방에서는 내게 1순위로 연락을 했다.

하지만 급매라고 해서 무조건 사지는 않았다.
땅을 직접 보고 사야겠다는 느낌이 올 때만 계약을 진행했다. 직원을 뽑을 때나 땅을 살 때 '우리 사람이다', '우리 땅이다'라는 직감이 강하게 왔다. 그럴 때만 사람을 채용하고, 땅과 건물을 샀다. 그래야 탈이 없었다. 이것은 미신이거나 내가 무슨 탁월한 능력이 있어서가 아니다. 나는 주님이 나의 직관을 통해 일하신다고 믿었다. 그래서 내 감정이나 계산속이 아니라 마음의 소리, 주님의 응답하심을 따라 결정했다.

"마음의 경영은 사람에게 있어도
말의 응답은 여호와께로부터 나오느니라" – 잠언 16장 1절

성수동 안쪽에 있는 103평짜리 공장 부지를 살 때도 마찬가지였다. 회사를 확장시키기에 가장 적당한 장소의 땅이 3억에 나왔다. 그때만 해도 번 돈을 공장 기계 돌리는 데 다 쏟아부을 때라 여윳돈이 하나도 없었다. 그래도 놓치기엔 너무 아까운 땅이라 일단 남편 이름으로 사기로 결정했다. 다행히 세금 결손처분 기간이 끝나서 남편도 재산을 소유할 수 있었기 때문에 모자라는 잔금은 은행에서 대출을 받겠다는 계획을 세웠다.

먼저 남편에게 자격이 있는지 확인을 해야 했다. 박카스 한 박스를 들고 무턱대고 세무서 담당자를 찾아가 사정을 이야기했다. 사정을 들은 직원은 "5년을 막 끝냈는데 섣불리 서둘러서 소유했다가는 오해를 받아 세금을 모두 환수 당할 수가 있으니 넉넉히 6개월 후에나 구입하는 게 좋을 텐데요"라고 말했다.

그 말을 참고해 조금 더 기다렸다 구입했는데 그사이 이득도 더 보게 됐다. 공장 수리비 조로 5백만 원을 깎아

주어 2억9천 5백만 원에 계약을 했다. 문제는 잔금이었다. 아무리 돈을 끌어모아도 5천만 원이 부족했다. 아이스크림 공장을 살 때처럼 은행의 도움을 받으려고 대출 담당자를 찾아갔다. 그사이 3년 상환 대출도 완료했고, 남편도 세금 결손처분 기간이 끝나서 신용도 회복된 상태였으니 모든 조건이 3년 전보다는 대출받기에 훨씬 유리했다.

그런데 내 생각과는 달리 오히려 3년 전보다 대출 받기가 어려웠다.

창구에서부터 거절 당하는 것도 모자라 담당자는 아예 나를 만나려고 하지 않았다. 은행 대출을 믿고 계약을 했는데 창구에서부터 거절을 당하자 머릿속에 하얘졌다. 창구 직원을 붙들고 사정을 했지만 돌아오는 답은 대출이 불가능하다는 말뿐이었다.

저번처럼 담당 직원한테 사정을 한다고 될 일이 아닌 것 같았다.

나는 매일 은행 문 닫을 시간에 찾아가 지점장실 앞에서 쪼그리고 앉아 지점장이 나오길 기다렸다. 하루 이틀도 아니고 일주일이나 버티고 앉아 있으니 직원들마다 나를 보며 쑥덕거렸고, 나를 보자마자 고개를 젓는 직원도 있었다. 그럴 때마다 얼굴이 화끈거려 당장이라도 일어나고 싶었지만 은행 대출 외에는 돈을 융통할 길이 없었기 때문에 눈도 귀도 없는 사람처럼 앉아 있었다.

　그렇게 하릴없이 기다리다 결국 잔금을 치르기로 한 날이 하루 앞으로 다가왔다. 그때까지도 지점장 대답을 듣지 못했다. 마지막 날이라 더 촉각을 곤두세우고 앉아있는데 복도 끝 회의실에서 사람들의 말소리가 들렸다. 가만히 들어보니 대출 대상을 정하는 회의를 하는데 물망에 오른 회사가 우리와 또 다른 기업이었다. 전체적인 분위기가 우리보다 규모가 큰 다른 회사에 대출을 해주는 쪽으로 기울고 있었다. 당장이라고 달려가 우리에게 기회를 달라고 말하고 싶었지만 쪼그려 앉아있는 상태로 주님께 기도하며 도움을 구했다.

　그때 한 직원이 우리가 아닌 규모가 큰 다른 회사에 대출을 해 주면 회사에 주인이 없어서 회수하기가 힘들 것 같다는 이야기를 꺼냈다. 책임질 사람이 없으니 리스크가 너무 크다면서 차라리 상대적으로 영세하지만 주인이 확실한 우리 회사에 대출을 주는 게 상환 리스크가 적을 것 같다고 했다. 그 말 한마디에 분위기가 완전히 반전됐다. 가까스로 턱걸이해서 명단에 오른 우리 회사에 대출을 주기로 결정된 것이다. 할렐루야!
　그렇게 극적으로 대출을 받아 잔금을 치르고 103평짜

리 공장 부지를 샀다.

이후에도 뚝섬 노른자 땅 240평을 사고, 또 90여 평 되는 공장을 매입했다. 뚝섬 곳곳에 우리 공장이 들어섰고, 회사의 지경이 넓어졌다. 수고로이 낳은 아들, 야베스처럼 회사가 탄생하고 자라기까지 숱한 역경이 있었지만 주님께서는 나의 기도를 들어주시어 회사에 복을 더하시고 그 지경을 넓혀 주셨다.

"…원컨대 주께서 내게 복에 복을 더 하사
나의 지경을 넓히시고 주의 손으로 나를 도우사
나로 환난을 벗어나 근심이 없게 하옵소서 하였더니
하나님이 그 구하는 것을 허락하셨더라" – 역대상 4장 10절

회사가 계속해서 성장하자 1999년에 남편의 주도로 법인을 설립했다. 남편이 맡던 사업체는 그대로 두고 내가 맡던 사업체를 법인으로 등록해 내가 대표이사에 올랐다. 다른 때와는 다르게 이번만큼은 남편이 주도적으로 나서서 법인 설립을 진행했다. 주주를 설립할 때까지는 왜 남편이 직접 했는지 알 수가 없었고 이해가 되지 않았다.

나중에 경영진이 바뀌게 될 때서야 남편의 선택이 옳았다는 것을 알게 됐다. 많은 기업들이 경영진을 바꾸고 싶어도 세금 때문에 못하는 경우가 많다. 특히 주식 지분마

저 적으면 순조롭게 진행하기가 어렵다. 우리는 남편의 선견지명으로 훗날 경영진에 관한 일들을 회사의 뜻대로 진행할 수 있었다. 남편이 남긴 큰 공적이다.

성수동 회사가 재기하면서부터 빚을 갚기 시작했다.

법인을 설립하고 회사를 키워가며 10년 만에 빚을 모두 청산했다.

날마다 17명의 채권자 명단을 보면서 꼼꼼하게 액수를 챙기며 돈이 들어오는 대로 기도하며 골고루 갚았던 나날이었다. 적으면 적은 대로 많으면 많은 대로 이집 저집 10년을 갚으니 원금이 다 갚아졌다. 이자는 주지 못했지만 원금을 회수한 채권자들은 오히려 나에게 "고맙다, 수고했다"라고 감사를 전했다.

10년이나 걸렸지만 부채를 전부 청산하니 마음이 가벼우면서 죄에서 벗어난 느낌이었다. 빚에 시달려서 미국으로 이민을 가려고 생각했던 그때, 정말로 떠났다면 빚에서는 자유로울지 몰랐겠지만 평생 마음의 큰 짐을 졌겠구나 싶었다.

빚을 가장 마지막에 갚은 사람은 이모부였다.

한창 어려울 때 우리 부부는 이모부를 찾아가 무릎 꿇고 2시간을 사정했지만 이모부도 마음을 쉽게 정하지는 못하셨다.

이모부께 "나를 한 번만 도와주시면 훗날 내가 큰 효도로 갚겠습니다"라고 간청했다. 그 당시 이모부는 모 고등학교 이사장이셨다. 부친이 세운 학교를 물려받아 형편이 다른 사람보다도 훨씬 넉넉하다고 생각해 돈을 갚을 때도 가장 마지막으로 순서를 잡았다. 돈을 빌린지 꼭 10년째 되는 날 너무 기쁜 나머지 오밤중에 돈을 들고 찾아가 마침내 약속을 지켜드렸다.

빚을 갚고 나서 2년 뒤 한 친구한테서 전화가 왔다.
200만 원이 덜 온 것 같다고 했다. 곤란했다. 통장으로 입금한 내용을 확인해보라 했더니 이미 통장을 다 버렸다고 했다. 곰곰이 생각하니 어느 날 큰 딸과 함께 압구정 상업은행(지금 우리은행)에서 200만 원을 송금한 것이 기억나 은행에 가서 확인서를 떼주었다. 그리고 나서야 모든 것이 진짜로 끝났다.

빚으로 하루하루 버티기가 쉽지 않은 상황에서도 아이들을 대학에 보내고 유학도 보냈다.
그 모든 것이 하나님의 은혜였다. 생각할수록 드릴 것이 감사뿐이다. 또 빚을 갚느라 놓치거나 포기해야 했던 것들도 나는 모두 기억하고 있었다. 나로서는 엄청난 빚을 갚으면서 내려놓아야 했던 것들을 모두 되찾고 싶었다. 나는 잃었던 것들의 가치에 10배의 축복을 받고 싶었다.

채무에 시달릴 때도 주님께 빚을 갚아달라고만 기도하지 않았다. 부도로 인해 잃어버린 것을 모두 다 채워 주시고 거기에 10배의 축복을 더해 달라고 기도했다. 전능하신 주 하나님은 불가능한 모든 것을 가능하게 하시는 분임을 믿었기에 손실을 메우는 것만이 아니라 10배의 큰 복을 더 주시길 기도하며 믿음의 도전을 이어나갔다.

어느 날 계산을 해보니 하나님은 정말로 10배를 채워주셨다. 분명히 약속을 지켜주셨지만 그동안 고생했던 세월들이 너무 야속하게 흘러간 느낌이었다.

다시 "하나님 금액은 맞지만 흘러간 긴 세월의 대가를 다시 축복으로 채워 주세요"라고 대화하듯 예수님과 얘기했다. 그 후 다시 계산을 해보니 100배의 금액이 되는 것 같았다. 부족한 것은 하나님의 능력이 아니라 내 그릇이라는 사실이 깨달아지며 눈물이 흘렀다. 그때부터는 이렇게 고백했다.

'하나님, 하나님께서 허락하신 그릇에 채워주시옵소서! 세상에 보내실 때 지어주신 그릇에 채워주시옵소서.'

지금 생각하면 그렇게 기도할 수 있었던 것도 주님이 이끌어주셨기 때문이다.

단순히 내 욕심으로 시작한 기도일지 모르지만 주님은 내 능력만으로는 도저히 이루기 힘든 어려운 일을 이루심으로써 주님 홀로 영광 받으셨다. 나는 잃은 것의 10배를 보상받기 원했으나 주님은 그보다 더 큰 축복을 주심으로서 내가 눈에 보이는 현실에 매몰되지 않고, 보이지 않는 실상을 믿으며 용기 있게 주님의 뜻에 순종할 수 있도록 해 주셨다. 주님은 나의 욕심까지도 도구로 사용하사 회사의 지경을 넓혀 주시고, 신명기 1장 11절 말씀의 약속을 이루어 주셨다.

"…하나님 여호와께서 너희를 현재보다 천 배나 많게 하시며
너희에게 허락하신 것과 같이 너희에게 복 주시기를 원하노라"

💠 당시에는 몰랐지만 / 지금 와 생각해 보니…

주일 성수를 하며 가슴이 힘들고 어려울 때마다 집에서 하나님께 울며 한 기도들, 성가대 대장으로서의 봉사활동, 매주 예배 때 주일 성수를 하며 마음에 심겨진 진리의 말씀들, 그 모든 것들이 서서히 자라나며 내 삶에 풍성한 열매를 맺도록 주님은 내 삶을 주장하고 계셨다. 주님은 어떤 순간에만 나와 함께 하시고, 어떤 순간에만 나를 돌보고 계셨던 것이 아니었다. 모든 순간, 모든 아픔을 주님은 나와 함께 하셨음을 이제 나는 진심으로 고백한다.

"좋은 땅에 뿌려졌다는 것은 말씀을 듣고 깨닫는 자니
결실하여 어떤 것은 백 배, 어떤 것은 육십 배,
어떤 것은 삼십 배가 되느니라 하시더라" – 마태복음 13장 23절

29

어렸을 때부터
어머니는

"함께 잘 살아야 한다"는 것을 강조하셨다.

신의주에 살 때는 물론이거니와 서울에 와서 집 한 칸 없이 살 때도 항상 밥상 위에 숟가락을 하나 더 놓아두셨다. 누군가 끼니 때 찾아오면 바로 밥을 먹을 수 있도록 배려하시는 모습이었다. 찢어지게 가난했지만 밥때가 되면 어슬렁거리며 집안으로 들어오는 아이들이 꽤 여럿 되었다. 어머니는 내 집 자식 남의 집 자식을 가리지 않고 모두 당신 자식처럼 먹이고 입히시길 원했다.

그런 어머니 밑에서 자라서인지 나도 혼자만 움켜쥐는 삶보다는 나눠서 풍성해지는 삶을 살고 싶었다. 어머니와 다른 점이 있다면 어머니의 축복은 구분없이 모든 이들에게 열려 있었고, 나는 회사 식구들에게 순적으로 나누고 싶어했다는 점이다. 회사의 울타리 안에서 직원 모두가 한 가족같이 지내며 주님이 주시는 큰 복을 누릴 수 있는 회사를 만들고 싶었다.

가족이 많아지면 마음도 바빠진다.

한 사람이라도 내 관심에서 벗어날까 봐 조바심이 나고, 혹여 다른 일에 바빠 손잡아 일으켜 줘야 할 때를 놓칠까 봐 불안하다. 1999년에 회사의 대표를 맡아 11년 동안 경영 일선에 있으면서 한시도 마음을 놓고 지낸 적이 없었다. 가지 많은 나무에 바람 잘 날이 없다고 직원 한 사람 한 사람을 기억하며 관심을 가지려고 노력하다 보니 신경 쓰이는 곳도 많았다.

나는 전 직원의 동태를 한눈에 볼 수 있는 결재판을 만들어 매일 아침 작성하도록 했다. 그것만 보면 누가 지각하고 조퇴했는지, 또 어떤 업무를 맡고 있으며 일은 어느 정도 진척됐는지, 회사에 돈이 얼마 들어왔고, 원자재 값은 얼마인지 다 적을 수 있도록 칸을 세밀하게 구분했다. 아침마다 올라오는 결재판 한 장으로 나는 회사 상황과 직원들의 상태를 전부 파악했다.

그러다 보니 아버지가 편찮으셔서 가불한 직원도 알게 되고, 아파서 지각한 직원의 건강도 챙기게 되었다. 폐병으로 고생하는 직원은 내가 아는 병원을 소개해 주고, 완치가 될 때까지 잘 치료받을 수 있도록 연결시켜 주었다. 혼기가 지났는데 결혼하지 못한 직원을 결혼시키기 위해 결혼정보 회사에 가입시켜 준 적도 있다. 회식을 할 때도 우리 아들딸이 먹을 거라 생각하며 좋은 음식을 고르고, 뭐든 진심으로 대했다.

그러다 보니 우리 회사는 직원들이 불만을 품고 들고 일어나는 일이 거의 없었다.

일손이 한창 달려서 공장마다 추가 인력을 구하기 바쁠 때가 되면 한바탕 여기저기 이직 소식이 들렸다. 여러 곳에 자리를 알아보며 몸값을 올리는 이들도 있고, 돈을 조금이라도 더 많이 주는 곳으로 옮기는 이들도 있었다. 그럼에도 우리 회사는 외부의 영향을 거의 받지 않았다. 회사가 잘 살면 직원들도 함께 잘 살고, 회사가 어려우면 같이 고통을 극복하는 분위기가 자리 잡혔기 때문이다. 그럴 수 있었던 것은 서로의 진심이 통했기 때문이라고 생각한다.

나는 우리 직원들이 회사에서 일하면서 생육하고 번성하길 바랐다.

직원들이 좋은 짝을 만나 결혼해서 식구가 늘어나고, 자녀를 낳아 행복한 가문의 시작이 되길 바랐다. 직원들의 결혼과 출산 소식을 들을 때 가장 기쁘고 반가웠다. 직원들이 결혼을 하면 기꺼이 주례를 서고, 마음껏 축복했다. 자녀를 낳은 가정에는 직접 카드를 써서 축하금과 함께 전달하며 아이가 잘 자라길 기도했다.

"주님, 우리 회사의 가족이 늘었습니다. 이 가족을 주님께서 책임져 주시고 돌봐주세요."

우리가 주님의 은혜 가운데 있어야 형통한 삶을 살 수 있다는 것을 믿는 나로서는 직원들에게 가장 주고 싶은 선물이 '그리스도의 복음'이다. 하지만 직원들에게 대놓고 전도한 적이 없다. 입으로 전하는 말보다 행동과 마음이 먼저 닿아야 한다고 생각하기 때문이다. 그래서 예수님이 세상에 오심을 기념하는 성탄절마다 직원 모두에게 케이크와 함께 손 카드를 전달했다. 기쁘고 감사한 날, 주 예수님을 믿든 안 믿든 한 마음으로 주님의 탄생을 축하할 수 있도록 선물을 마련한 것이다.

진심으로 직원들을 가족처럼 대하다 보니 내가 쓰는 언어도 달라졌다.

'직원' 대신 '가족'이란 말이 입에 붙었다. 조회 시간에 직원들을 볼 때마다 간절한 마음이 솟구치면서 주님께 드리는 기도를 평소 직원들에게 일상적인 언어로 표현했다.

"세상 사람들이 다 못 살아도 우리 가족들만은 잘 먹고 잘 살아야 됩니다."

"지금은 비록 우리가 강당이 없어서 남의 예식장을 빌려서 송년회를 하고 있지만 언젠가는 떳떳하게 우리 강당에서 조회하고 행사할 날이 올 것입니다."

"조금만 힘내서 기다리세요. 앞으로 임시 건물이 아닌 빨간 벽돌로 잘 지은 건물에서 일하게 될 날이 올 겁니다."

이 모든 말이 기도요, 간절한 소망이었다.

믿음 없이 바라보면 허언(虛言)이자 공수표일지 모르지만 나와 오랜 세월 함께 회사를 일궈온 직원들은 이 말들이 땅에 떨어지지 않는다는 것을 알고 있기를 바랐다. 약한 자를 들어 강한 자를 부끄럽게 하시는 하나님이 우리 회사에 어떤 큰 복을 주셨는지 나와 함께 그들도 보고 느꼈다. 그래서 나는 허무맹랑해 보일 만큼 실현 가능성이 없어도 주님께서 내 입에 말을 넣어주시면 용기 있게 선포했다. 그리고 그 약속을 이루실 주님께 마음 깊이 찬양을 올려드렸다.

"여호와(하나님)를 찬송할지로다

그가 말씀하신 대로 그의 백성 이스라엘에게 태평을 주셨으니

그 종 모세를 통하여 무릇 말씀하신 그 모든 좋은 약속이

하나도 이루어지지 아니함이 없도다" – 열왕기상 8장 56절

주님은 하신 약속을 잊지 않는 분이시다.

나를 통해 선포케 하신 그 모든 일들도 주님은 이루어 주셨다.

우리 회사만의 강당을 짓겠다고 선포한 이듬해에 5백 명이 들어가도 공간이 남을 만큼 큰 강당을 지었고, 곧 동탄에 사옥을 지어 직원 모두 안정된 환경에서 일할 수 있게 되었다. 운이 좋거나, 쟁여둔 돈이 많아서 이루어진 일이 아니었다. 짧은 시간에 우리 회사가 비상할 수 있었던 것은 오직 '하나님께서 그 약속을 기억 하사' 우리 회사를 돌보셨기 때문이다.

하나님이 함께 하시니 우리나라 업계는 물론 외국에서도 우리 회사를 주목하게 하셨다. 우리 회사에 홍보나 마케팅 팀이 따로 없었지만 실력으로 인정받으면서 2005년에는 동탑 산업훈장, 2015년에는 1억 불 수출탑을 받았다.

2000년대 중반부터 수출 판로가 확장되고 수출량이 증가하면서 생산라인을 또 추가해야 했다. 이미 성수동 일대에 100평 남짓한 부지를 매입하여 여러 군데에서 공장을 운영하고 있었다. 하지만 그것만으로는 부족했다. 그

렇다고 땅을 더 살 수도 없었다. 성수동 일대는 수도권 과밀억제권역에 속해 이미 자리 잡고 있던 공장들도 지방이나 도심 외곽으로 이전하는 중이었다. 우리 역시 뚝섬을 떠날 때가 온 것이다.

생산비 효율로 따져볼 때 대량 수출이 가능해진 상황에서는 흩어진 공장을 하나로 모아 규모의 경제를 이루는 게 유리했다. 게다가 공장을 지방으로 이전하면 법인세도 5년 동안 감면받을 수 있었기 때문에 여러모로 뚝섬을 떠나기엔 최적기였다.

문제는 장소였다.
범위가 넓다 보니 방향 잡기가 쉽지 않았다.
그때부터 나는 공장 이전이라는 큰 목표를 세우고 "구하라 그리하면 너희에게 주실 것이요 찾으라 그리하면 찾아낼 것이요 문을 두드리라 그리하면 너희에게 열릴 것이니"라는 마태복음 7장 7절 말씀을 붙들고 말씀 그대로 구하고, 찾고, 두드렸다.
"주님, 이제 우리가 지방으로 가야 합니다. 어디로 갈까요? 방향을 어디로 잡아야 할까요?" 일할 때도, 길을 다닐 때도 계속 기도를 읊조리며 사방을 둘러보았다.

그런데 답은 엉뚱한 데서 나왔다.

아침에 신문을 보는데 그날따라 부동산 광고가 눈에 들어왔다. 한쪽 귀퉁이에 적힌 석 줄짜리 광고였는데 주소, 연락처와 함께 '급매'라고 쓰여 있었다. 그런데 그 '급매'라는 글자가 마치 확대한 것처럼 크게 보이더니 점심 식사를 마칠 때까지도 머릿속에 박혀 사라지지 않았다. 어떤 곳인지 일단 한번 가서 봐야겠다는 생각이 자꾸 들었다. 곧바로 남편 그리고 전무와 함께 주소가 적힌 곳으로 찾아갔다.

화성시 능동!

급매로 나온 곳은 지금 한창 뜨고 있는 동탄이었다.

그때는 동탄이 지금처럼 알려진 지역이 아니었기 때문에 부동산에 관심을 가져 좋은 땅에 대한 정보가 꽤 많았던 나도 처음으로 간 곳이었다. 그곳에 도착하자마자 가슴이 설레고 들뜨기 시작했다. 내가 그동안 찾고 바라던 땅을 드디어 만났다는 생각이 강하게 들었다. 입지가 좋은 데다 땅도 3천3백여 평으로 사용하기에 충분히 넓었다. 두근거리는 마음을 안고 관계자를 만났다. 급매로 나온 탓에 가격을 검토할 시간 여유가 없었다. 현금으로 일시에 지급해야 계약이 가능하다고 했다.

알고 보니 다른 회사와 이미 구두 계약을 마쳤고 사흘 후에 은행에서 대출 승인이 나오면 계약을 완료하기로 약속한 상황이었다. 하지만 예상치 않았던 우리의 방문으로 의견이 엇갈리기 시작했다. "당장 현찰을 가져올 수 있다면 우리와 계약을 하자"라는 사람들과 "구두계약도 계약이니 사흘만 기다리자"라는 사람들이 옥신각신하기 시작했다. 쉽게 결론이 날 것 같지 않아 기다리고 있는데 한 직원이 아무래도 우리와 계약하기는 어려울 것 같다며 돌아가라고 했다.

실망스러웠지만 어쩔 수 없는 일이었다.

차를 돌려 서울로 오는데 갑자기 전화가 왔다. 사흘 뒤에 100억 원을 현찰로 주면 계약을 하겠다는 것이었다. 나는 두 번도 생각하지 않고 바로 알겠다고 대답했다. 같이 앉아있던 남편과 전무는 펄쩍 뛰며 놀랐다. 그렇게 큰돈을 어떻게 사흘 만에 준비하냐며 한 마디 했다.

집에서건 회사에서건 돈 관리는 전부 내가 직접 했고 남편은 일절 관여하지 않았다.

남편은 우리 회사의 자산규모를 정확히 모르고 속으로만 대강 계산하고 있었다. 남편의 성격상 일단 맡긴 일에 대해서는 시시콜콜 묻는 법이 없었다. 남편은 어림없는 일이라고 생각했을 것이다. 그런 남편 덕분에 나는 돈을 운용할 수 있는 여지를 만들어 좋은 매물이 생길 때마다 땅과 건물을 살 수 있었다. 동탄 땅도 마찬가지였다. 그들이 100억 원을 제시했을 때 이미 머릿속으로 계산을 마쳤고, 어떻게 돈을 마련할 것인지도 생각해 두었다. 결코 충동적으로 대답한 게 아니었다.

사흘 뒤 나는 100억 원을 현금으로 가지고 가서 그 땅을 샀는데 며칠 후 먼저 구두계약을 했던 회사에서 연락이 와 협박조로 20억 원을 더 줄 테니 그 땅을 내놓으라고 했지만 응하지 않았다.

그때가 2007년, 리먼브라더스 사태가 발생하기 직전이었다. 만약 그때를 놓쳤다면 금융 위기 상황에서 사세를 확장시키기는 어려웠을 것이다. 가장 적당한 때에 천금 같은 기회가 주어졌으니 사람이 한 일이라 도저히 말할 수가 없다.

그런데 사람의 욕심이 끝이 없다고, 동탄 땅을 사놓고 보니 공장을 짓기에는 너무 아까웠다. 공시지가로 평당 3백만 원하는 땅에 공장을 짓는다는 건 아무리 생각해도 효율성이 좋지 않았다. 입지나 땅의 규모로 봐서 공장이 아닌 보다 효율성 있는 건물을 짓는 게 이득이었다. 그래서 그 땅은 그대로 두고 공장을 이전할 부지를 다시 물색해 시화공단 쪽에 1천 평짜리 공장을 사들였다.

시화공단으로 공장을 옮긴 후 목사님을 모시고 이전 개업 예배를 드리는데 정말 감개무량했다. 처음으로 내 집을 가졌을 때와 같은 기분이었다. 항상 쫓기듯 살아왔고, 언제 어디서 사고가 터질지 몰라 가슴 졸이며 지냈는데 이제는 흔들리지 않는 기초가 세워졌다는 확신이 들었다. 새 땅을 허락하신 이가 주님이시니 더 큰 복으로 함께 하실 것을 믿었다.

시화로 이전한 후에 회사는 점점 더 상승세를 타기 시작해 이듬해에 그 옆의 땅 1천 평을 더 사들여 공장을 더 확장했다.

내 원대로라면 동탄 땅에는 이미 근사한 건물이 지어졌을 것이다. 동탄 부지에 내 인생의 마지막 작품을 세우고 싶었다. 유명한 건축가에서 부탁해서 건평 1만2천 평으로 설계까지 마치고 시공사를 알아보던 차에 설계사가 아직은 시기 상조라며 3년만 기다렸다가 건물을 지으라고 조언했다. 그 당시 구로동 오피스텔 공장이 대세를 이룰 때였기 때문에 3년 후가 되면 동탄 쪽이 각광을 받을 테니 그때 건물을 올려야 분양도 쉬울 거라고 했다.

나는 그 말을 듣고 모든 계획을 접고 그냥 묵혀두었다.

은행에 담보를 잡혀 돈을 대출받은 것도 아니었지만 금싸라기 땅을 그대로 묵혀두니 부동산에서는 하루가 멀다 하고 땅을 팔라며 전화를 했다. 돈이 급한 것도 아니었고 언젠가는 그곳에 건물을 지을 거라는 생각이 있었기에 그 땅을 팔 생각이 추호도 없었다. 하지만 그 땅은 내 계획대로 되지 않았다. 그 땅을 허락하신 주님께서는 우리가 생각하지 못한 놀라운 계획을 갖고 계셨다.

"보라 내가 새 일을 행하리니 이제 나타낼 것이라

너희가 그것을 알지 못하겠느냐

반드시 내가 광야에 길을 사막에 강을 내리니

… 나를 존경할 것은 내가 광야에 물을, 사막에 강들을 내어

내 백성, 내가 택한 자에게 마시게 할 것임이라"

　　　－ 이사야 43장 19, 20절

 당시에는 몰랐지만 / 지금 와 생각해 보니…
하루하루가 버티기 힘들었던 그 당시에도 하나님은 나의 생각을 넘어서는 놀라운 계획으로 나를 인도하셨다. 회사가 자리 잡고 안정을 찾아 나도 모르게 내 생각 대로 모든 일이 되기를 바라고 그렇게 끌어갔으나 그 일을 뛰어넘는 놀라운 계획을 여전히 주님은 가지고 계셨다. 나의 생각대로 되지 않는다고 불평했던 일들이 오히려 주님이 주시는 놀라운 복을 향한 인도였다. 나에게 소원을 주신 주님은 그 소원을 또한 이루게 하시려고 쉬지 않고 성실히 내 삶을 보듬으셨다.

"너희 안에서 행하시는 이는 하나님이시니

자기의 기쁘신 뜻을 위하여

너희에게 소원을 두고 행하게 하시나니" － 빌립보서 2장 13절

part
5

30

생각지 못한
병원 신세를 지다

나는 어릴 때 폐병을 앓은 이후로 병원 신세를 진 적이 없다. 부도가 나면서 공장이 어려워졌을 때 몸과 마음이 피폐해져서 숨을 쉴 수 없을 때도 병원을 찾지 않아서 병명이 뭔지도 몰랐다. 병원에 갈 여유도 없었지만 어쨌든 청심환을 먹으면 버틸 수 있었기에 힘든 시기를 어찌어찌 견뎌낼 수 있었다.

그런데 60살이 되면서부터 무릎이 시큰거리고 아프기 시작했다.

슈퍼마켓에 다녀오는데 갑자기 전기가 오르는 것처럼 무릎이 찌릿하면서 아팠다. 바닥에 털썩 주저앉을 만큼 통증이 강렬해서 한참 동안 무릎을 쥐고 있다가 다리를 질질 끌며 겨우 집까지 왔다.

문제는 다음 날이었다. 아침에 일어나자마자 벼락을 맞은 것처럼 온 뼈마디가 쑤시기 시작했다. 주먹을 쥘 수도 없고, 오금을 펼 수도 없었다. 다리에 힘이 없어 일어날 수도 없었다. 몸은 축 늘어져 있는데 통증만 생생하게 살아서 온몸에 고통을 일으키고 있었다.

통증에 휘둘리다 보니 정신마저 멍해졌다.

너무 큰 고통에 말문이 막혀 남편을 봐도 병원에 데려다 달라는 말도 못 했다. 남편 역시 내가 이불을 쓰고 누워 있으니 심기가 불편한 정도로 알았는지 어디가 아프냐고 묻지 않았다. 그렇게 가만히 누워 통증에 시달리며 꼬박 사흘을 집에 있었다.

사흘 내내 나는 울었다. 처음에는 다시 일어나지 못하면 어쩌나 싶어 두려움에 울었지만 나중에는 회개가 터져 나오면서 눈물이 났다. 지나온 삶이 필름처럼 돌아가면서 내가 잘못한 것들이 눈앞에 드러나는데 육체의 고통보다 더한 정신적인 고통이 나를 집어삼켰다. 누구보다 의인인 줄 알고 살아왔는데 알고 보니 나야말로 죄인 중의 괴수였다. 하나님 앞에 엎드려 살지 못하고 내 뒤에 모시고 산 것이 생각나 낱낱이 회개하며 하염없이 울었다. 그렇게 사흘 동안 주님 앞에 철저히 회개했다.

사흘째 되던 날 밤에 간신히 정신을 차려 전화번호부 책을 뒤져 동네 통증 클리닉에 연락을 했다.

퇴근하고 돌아온 남편에게 부탁해 병원을 찾았는데 의사는 내 상태를 보더니 큰 병원으로 가라고 했다. 서울에서 통증을 가장 잘 본다는 대학병원에서 급성 류머티즘 관절염이라는 진단을 받았다. 내 생각보다 관절염은 훨씬 무서운 병이었다. 병원에는 얼굴이 변형된 사람, 퉁퉁 부은 사람, 관절이 변형되어 손발이 뒤틀린 사람, 별의별 증상을 가진 사람들이 다 있었다. 아픈 분들을 많이 보다 보니 나도 그렇게 될까 봐 덜컥 겁이 났다. 통증도 무서웠지만 몸의 변화는 더 두려웠다.

약을 먹기 시작하자 나도 얼굴이 붓고 이상하게 어긋나기 시작했다. 거울을 볼 때마다 절망스러웠다. 이제 60살인데, 앞으로 20년 이상은 살 텐데 이런 흉한 얼굴로 살아갈 시간을 생각하니 가슴이 답답했다. 매일 눈물로 세월을 보내고 있을 때 누군가 다른 대학병원을 소개해 주어 입원 치료를 받았다. 고가의 주사도 맞고 임상실험까지 참여하며 류머티즘에 좋다는 건 다 시도하며 기도했다.

다행히 서서히 효과가 나타나 통증이 멎고 무릎이 부드러워지면서 걷기가 편해졌다. 얼굴의 변형도 사라져 지금은 제때 약만 잘 먹으면 불편 없이 살 수 있게 되었다.

류머티즘을 앓으면서 나는 어머니가 사무치게 그리웠다. 아무도 대신할 수 없는 고통 앞에서 어머니는 항상 나와 함께 하셨다. 신열에 들떠 정신이 혼미해질 때마다 서늘한 수건을 이마에 대고 내 얼굴과 당신의 얼굴을 맞대어 입김을 불어넣어주셨던 어머니….

'살려 주옵소서.'

바싹 마른 입술 사이에서 신음처럼 새어 나오던 어머니의 기도 소리를 다시 듣는다면 고통 중에서도 벌떡 일어날 수 있을 것 같았다.

모든 어머니가 자식을 생명처럼 아끼지만 우리 어머니는 나의 생명줄을 놓치지 않으려고 말 그대로 온몸을 던진 분이시다. 돌아가시는 날까지 제대로 된 방에서 허리 펴고 편히 눕지 못하셨지만 어머니가 하나님 말씀대로 항상 기뻐하고, 쉬지 않고 기도하며, 범사에 감사하실 수 있었던 것은 나와 동생이 살아있었기 때문일 것이다.

피난길에 바다에 버려질 수도 있었던 동생을 무사히 살려주신 주님, 폐병으로 피를 토하며 쓰러졌던 내게 생명을 허락하신 주님께 어머니는 진정으로 감사하셨다. 그 어머니의 기도 덕분에 내가 이번에도 다시 살아났다고 믿는다.

어머니가 그리울 때마다 나는 찬송가 576장을 부른다.

하나님의 뜻을 따라 태어난 생명
잃을 세라 다칠 세라 가슴 조이며
갖은 수고 온갖 고생 모두 바쳐서
어머니는 지성으로 나를 키우셨네
잘 자라서 이 세상의 소금이 되고
어서 커서 어둔 세상 빛이 되라고
자나 깨나 오직 한 맘 빌고 또 빌던
어머니의 기도 소리 잊지 못하겠네
나를 위해 고운 얼굴 주름이 지고
나를 위해 검은 머리 희어졌으니
하늘 높다 바다 깊다 말들 하지만
어머니의 사랑보다 더는 못하리라

찬양의 가사가 우리 어머니의 삶과 얼마나 닮았던지 어머니의 유골함에도 새겨 놓고 갈 때마다 마음속으로 불러보곤 했다. 병원에서 퇴원하고 거실 창가에 앉아 어머니를 그리며 이 찬양을 부르던 중 3절에서 숨이 턱 막히며 더 이상 부를 수가 없었다. 목이 메고 눈물이 흐를 뿐 노래가 나오지 않았다.

나는 어머니의 흰머리를 보지 못했다.

고운 얼굴에 주름이 피기 시작할 때, 지금의 나보다 한참 젊었을 때에 어머니는 별안간 세상을 떠나셨다. 내 나이 60살이 되어도 아직 회한이 많은데 어머니는 한창 인생의 꽃을 피워야 할 때 고생이란 고생은 다 하다가 하나님 나라로 가셨으니 얼마나 안타까운가. 나는 머리가 희어지지 못한 채 돌아가신 어머니가 너무 가엾어 울었다. 고생만 하다 가신 내 어머니….

　어머니가 그리워 우는 내가 안쓰러웠는지 거실의 밝은 햇살 속에서 어머니가 환하게 웃으며 나에게 이렇게 말씀하시는 것 같았다.
　"신자야, 우리 세 식구가 이렇게 살아있으니 얼마나 감사하냐. 나는 정말 감사한 것뿐이다."
　내 얼굴에 코를 비비며 웃어주시던 어머니, 어머니가 일찍 세상을 떠나신 것도 나를 놓치지 않으시려고, 나를 살리시기 위함이 아니었을까. 오늘도 어머니, 아니 나의 엄마가 그립다.
　"의인의 아비는 크게 즐거울 것이요
　지혜로운 자식을 낳은 자는 그로 말미암아 즐거울 것이니라
　네 부모를 즐겁게 하며 너를 낳은 어미를 기쁘게 하라"
　－ 잠언 23장 24, 25절

당시에는 몰랐지만 / 지금 와 생각해 보니…

어린 시절 그토록 원망하고 때로는 미워하던 나의 어머니…. 세상 무엇과도 비교할 수 없는 어머니의 천금같은 그 사랑의 가치를 깨닫고 감사할 수 있게 되기까지 너무 오랜 시간이 흘렀다. 어머니의 그 사랑이 없었다면 하나님의 사랑과 기도의 능력을 깨닫기까지 얼마나 오랜 시간이 걸렸을는지 짐작조차 가지 않는다. 나는 너무나 그리운 나의 어머니와의 천국에서의 재회를 고대하며 오늘 하나님이 주신 사명을 감당하며 살아가고 있다. 말 그대로 나를 살리기 위해 자신의 생명을 바치신 어머니를 통해 나는 주님의 크고 위대하신 사랑을 더욱 생생히 느끼며 살아갈 수 있었다.

"하나님의 사랑이 우리에게 이렇게 나타난 바 되었으니

하나님이 자기의 독생자를 세상에 보내심은

그로 말미암아 우리를 살리려 하심이라" – 요한1서 4장 9절

남편에게
지금도 고마운 건

　　내 동생을 나보다 더 아끼고 사랑했다는 것이
다. 신혼 때 달려온 처남이 혹처럼 느껴질 수 있었지만 한
번도 눈치를 주거나 이상한 행동을 한다고 화를 내는 법
이 없었다. 오히려 내가 동생을 닦달할 때마다 왜 그렇게
예민하게 구냐며 나무랐다. 남편이 그럴수록 나는 더 속
상했다. 동생이 떳떳하게 남편과 친형제처럼 지내길 바랐
기 때문이다.
　　그때 나는 동생이 정신질환을 앓고 있다고 잘못 생각
했다.
　　그 병에 대해서도 잘 몰랐고, 동생에 대해서는 더 무지
했기에 빨리 입원시켜 치료를 받게 해야 한다고 생각했

다. 하지만 남편도 동생도 내가 그 말만 하면 펄쩍 뛰며 반대했다. 동생은 자기는 환자가 아니라며 절대로 병원에 가지 않겠다고 했고, 남편 역시 왜 멀쩡한 사람을 환자 취급하냐며 동생 편을 들었다.

나는 동생을 고쳐야겠다는 생각에 강제로 정신병원에 입원시켰지만 오히려 역효과만 났다. 환자가 아닌데 자기를 강제로 입원시켰다는 이유로 동생은 나를 강하게 공격했고, 퇴원시켜주지 않으면 다시는 자기를 볼 수 없을 것이라고 협박까지 했다. 나을 수 있다는 희망 때문에 강제 입원을 시켰는데 오히려 동생을 더욱 벼랑 끝으로 몰아버린 것 같았다.

할 수 없이 다시 동생을 집으로 데려왔다.

동생은 퇴원한 뒤로 내가 혹시 또 입원을 시킬까 봐서인지 매사에 조심하는 것 같았다. 확실히 달라졌다 싶어 가슴을 쓸어내릴 무렵 돌연 동생은 미국으로 이민을 가겠다고 했다. 동생은 고등학교 때부터 미국에 가고 싶어 했다. 자기는 한국에서는 못 살겠다고, 죽어도 미국 가서 죽겠다고 입버릇처럼 말했다.

70년대 중반이었던 당시에 미국 이민 비자를 받는 것은 하늘의 별 따기였다. 대학 나온 사람도 비자 취득이 힘든데 고등학교 졸업생이 어떻게 미국에 갈 수 있겠는가. 동생은 진지했지만 나는 그 말을 귀담아듣지 않았다. 그런데 그때부터 동생은 자동차 정비를 배우면 미국에 갈 수 있다며 열심히 정비소에 다녔다. 시간이 어느 정도 흐르고 동생은 내게 도움을 청했다.

미국에 가려면 외국 차를 수리해야 갈 수 있으니 자리를 알아봐 달라는 것이었다. 친구 남편의 소개로 일자리를 얻어주었더니 거기서도 착실히 기술을 배웠다. 얼마나 이민이 간절했던지 동생은 밥 사 먹을 돈을 아껴 서류를 준비하고 대사관과 지인들을 찾아다니면서 자격요건을 갖추기 위해 밤낮없이 동분서주 바쁘게 뛰어다녔다.

여기저기 분주히 다니던 동생은 어느 날 드디어 대사관에 가서 취업 이민을 신청했다고 말했다. 나는 그 말을 믿지도 않았지만 설령 허가가 난다 해도 동생을 미국에 혼자 보낼 수는 없었다. 누구 하나 의지할 데 없는 곳에서 동생이 혼자 살 수는 없을 것 같아서 대사관에서 연락이 와도 전해주지 않았다. 이상한 낌새를 알아차린 동생이 매일 밤 나를 추궁하면서 갈등의 골은 다시 깊어졌다.

그러다 거짓말처럼 덜컥 동생의 미국 이민 허가가 나와버렸다. 그 당시에 돈을 써도 안되는 게 미국 비자라고 했는데 미국 신시내티시에서 취업 비자가 나온 것이다. 나는 그 사실도 동생에게 알려주지 않았다. 눈앞에 있어도 위태위태해 보이는 동생이 미국에 가면 어찌 혼자 살 수 있을까. 보낸다 해도 맘이 졸여 살 수 없을 것 같았다.

하지만 나에게 맡기지 않고 수시로 대사관을 들락거리던 동생은 다시 서류를 만들어 대사관 직원들을 만나서 취업 비자를 직접 다시 받아냈다. 그리고 나한테 아무 걱정 말고 비행기 표만 준비해 달라고 했다. 미국에 가면 한국에서보다 더 잘 살 자신이 있다면서 자기를 믿고 제발 보내달라고 했다.

동생의 눈빛이 너무 간절해서 도저히 거절할 수가 없었다. 안타까운 마음에 때론 윽박지르고 협박도 하고 정신병원에 강제 입원까지 시켰지만 그 아이는 하늘 아래 내 하나뿐인 혈육이었다. 동생은 자신 있다고 했지만 이역만리 이국땅에서 겪을 고생을 생각하니 살점이 뜯기는 것처럼 고통스러웠다. 잘 살아도 못 살아도 내 그늘 밑에 있는 것이 편할 텐데…. 기어이 미국으로 가겠다는 동생을 나는 더는 말릴 수가 없었다.

비행기 표와 함께 200불을 겨우 구해서 동생을 미국으로 떠나보냈다.
마음 같아선 훨씬 더 많이 주고 싶었지만 1차 부도가 난 지 얼마 되지 않았을 때라 돈이 영 모이지 않았다. 덜덜 떨리는 손으로 비행기 표와 돈을 동생에게 건네줬다. 가서 어떤 일이 일어날지도 모르는 판에 꿈을 이뤘다고 활짝 웃는 동생을 보니 가슴이 찢어졌다.

동생은 이민이란 말에 어울리지 않게 작은 가방 하나를 챙겨왔다. 보아하니 당장 입을 옷가지만 넣어온 것 같았다. 걱정에 말문이 막혀 버린 내게 동생은 점퍼 안주머니에 넣어둔 성경을 보여주었다.

"누나, 나는 이 성경책 하나만 있으면 돼. 하나님이 돌봐주실 거야. 걱정하지 마."

동생을 보내고 공항을 나올 때 통곡 같은 기도가 터져 나왔다.

'주님 동생을 보살펴 주옵소서.'

그날 이후 밤 잠을 이루지 못했다. 밤이면 동생이 쫓겨와 문을 두드릴 것만 같아서 귀를 쫑긋 세우고 앉아 있었다. 그때는 지금처럼 통신이 발달하지 않았기 때문에 따로 연락할 길도 없었다. 벙어리 냉가슴 앓듯 속만 태웠는데 다행히 동생은 미국에 잘 안착했다.

동생도 이민 초창기에는 말할 수 없이 고생을 했다.

중간중간 넘어져 다시 재기하기 힘들 정도로 어려운 때도 겪었다. 하지만 내 우려와 달리 동생은 자신의 힘으로 그 상황을 극복하고 스스로 일어섰다.

동생은 다른 사람의 도움을 받는 걸 극도로 싫어했다. 집이 없어 한뎃잠을 잘지언정 내게 손을 내민 적이 한 번도 없었다. 손주들이 미국 대학에 입학하고 졸업할 때마다 나는 동생을 대학 근처로 불러서 만났는데 그때도 용돈 한 번 받지 않았다. 누구에게도 짐이 되고 싶지 않은 동생의 꼿꼿한 오기가 척박한 이민 생활을 극복하게 만든 원동력이었다.

동생은 전쟁 직후 초등학교도 입학하기 전의 어린나이에 대통령이 사는 집이 보고 싶다며 지금의 청와대까지 전차를 타고 가서 밤늦게 돌아왔고 집 앞 쓰레기 더미에서 하루 종일 이것저것을 주워다가 연결해서 라디오 방송이 나오게 조립하기도 했다. 그때 나는 동생이 신통하다고 생각하기는커녕 지저분하다고 꾸지람만 했다.

온갖 고물 같은 것을 모아들이는 동생의 괴벽(?)은 미국에서도 여전해서 가족들을 힘들게 했지만 두 귀를 막고 자신의 세계 속에서만 지냈던 과거와 달리 이제는 한결 가족들과 소통하며 지내니 얼마나 다행인지 모른다. 동생에 대한 나의 마음은 여전히 이중적이다. 한편으로는 고맙고 자랑스럽지만 다른 한편으로는 지금도 영 미덥지 않은 부분도 있다.

동생은 어릴 때 총명하고 똑똑했다.

머리가 좋아 학교 성적도 좋았고, 성격도 활달해서 우리 집안의 기대주였다. 그 모습을 기억하고 있는 나로서는 항상 동생의 '오늘'이 마뜩잖았다. 조금만 더 힘을 내면 더 잘 살 수 있는데 왜 중도에 포기하는지, 왜 자기 고집을 부리는지 이해할 수 없어 자꾸 잔소리를 하다 보면 오랜만에 만난 기쁨도 서먹해지기 일쑤였다.

동생은 미국에 도착해서 얻은 첫 직장에서 정년퇴직할 때까지 일했다. 그 후에는 교회에서 환경미화 일을 했다.

처음 동생이 이 말을 했을 때도 시답잖았다. 고작 250불 받는다는데 '그거 받아서 어떻게 사나'라는 인간적인 걱정이 앞섰다. 동생은 잘못된 곳에 투자하여 퇴직금을 다 날리고 빚까지 지고 있었기 때문에 어떻게 생활을 할지가 항상 걱정됐다. 주는 도움이라도 덥석 받는 성격이면 원 없이 도와주며 마음의 걱정이라도 덜 텐데 몇 년 만에 만나 반가운 마음에 용돈을 쥐여줘도 절대로 받지 않았다. 하도 안 받겠다고 고집을 피워서 헤어지기 직전에 동생 주머니에 돈을 쑤셔 넣고 택시 문을 닫고 출발시키면 동생은 창문 사이로 손을 내밀어 돈을 던질 정도로 남의 도움을 싫어했다.

몇 년 전부터 올케와 조카가 세탁소를 하면서 생계 걱정은 덜었지만 그래도 나는 동생이 다른 직업을 갖길 바랐었다. 마침내 동생이 일을 하게 됐다는 조카의 전화에 기뻐했는데, 이야기 끝에 동생이 십일조도 아닌 10의 3조를 교회에 드린다는 말을 했다. 그 말을 듣자마자 대체 얼마를 벌기에 10의 3조를 드린다는 건지 걱정이 됐다.

그런 마음에 신경이 쓰여서 동생이 새 일을 시작했다며 기뻐서 전화했을 때도 좋아하질 못했다. 내 반응이 떨떠름하자 동생도 머쓱해하면서 전화를 끊었다. 멈칫거리며 전화를 끊는 동생의 목소리에 서운함이 느껴졌지만 아직도 현실을 인식하지 못하는 동생이 답답했던 나는 그 마음을 외면해 버렸다.

그럴 때마다 동생은 점점 위축되고 말수도 적어졌다.

전화를 기분 좋게 끝낸 적이 없다 보니 통화하기도 점점 소원해졌다.

동생과 마지막 통화를 하고 며칠 후에 엎드려 기도하는데 갑자기 동생의 모습이 떠오르면서 '내가 왜 다른 사람은 다 인정해 주고, 격려해 주면서 동생은 박대하고 외면했을까. 끝까지 얘기도 안 들어보고 무조건 윽박지르려고만 했을까. 하나밖에 없는 누나에게도 인정받지 못했는데 어디 가서 어깨 펴고 당당하게 살 수 있었을까'라는 생각이 들며 동생을 고치겠다고 화를 내며 언성을 높였던 과거들이 떠올랐다.

내가 잘나면 얼마나 잘났다고 하나밖에 없는 동생을 그렇게 몰아세웠을까. 동생이 쌓아놓은 고물도 내 눈에는 쓰레기였지만 동생의 눈에는 달리 보였을지도 몰랐다. 나는 한 번도 동생의 시선으로 세상을 바라볼 생각을 하지 않았다. 만약 내가 동생의 마음을 받아줬다면, 사랑으로 보듬어주었다면 그 아이가 천애 고아처럼 외롭지 않았을 텐데…. 모든 것이 내 잘못이었다. 미안함과 죄책감이 몰려와 가슴이 옥죄어들었다. 욕심이 왜곡된 사랑을 낳고, 잘못된 사랑이 동생의 가슴에 씻을 수 없는 상처를 남겼다.

나는 곧장 주님 앞에 회개하고 동생과의 관계가 회복될 수 있도록 도와 달라고 기도했다.

기도 후 바로 동생에게 전화를 걸어 "병식아, 누나 용서해. 내가 사과할게. 누나가 잘못했어"라며 용서를 빌었다. 동생은 느닷없는 사과에 깜짝 놀라면서 "누나, 잘못한 것도 없는데 왜 누나가 사과를 해?"라며 오히려 모든 게 자기 잘못이라고 했다.

"아니야, 누나 잘못이야. 내가 너를 못 받아줘서 네가 그렇게 된 것 같아. 누나 용서해 줘. 앞으로는 누나가 너를 더 사랑할게."

이 말을 듣더니 동생은 어린아이처럼 울었다.

그동안 이해받지 못해 서러웠던 마음이 눈물로 쏟아지는 것 같았다. 못난 동생이라는 죄책감에 무서운 누나 앞에서 울지도 못했던 동생이 처음으로 내 앞에서 다리를 뻗고 울며 자기 마음을 솔직하게 표현했다. 그 눈물에는 아픔과 슬픔이 담겨 있지 않았다. 상처를 씻어내고 다시 시작하는 회복의 눈물이었다. 엄마 등에 업혀 울다 잦아드는 울음처럼 동생은 한바탕 울고 나서 마음이 편안해진 것 같았다. "사랑한다"라는 말 한마디에 평생 묵은 상처가 벗겨진 것이다.

안동교소도 봉사를 다닐 때 재소자들을 보면서도 사랑의 힘이 얼마나 큰지를 깨달았다.

대부분의 재소자는 사랑받은 기억이 없어서인지 작은 관심과 배려에도 크게 감동하고 깊이 감사했다. 누군가의 관심 어린 시선만 받아도 사람은 변한다는 사실을 봉사를 통해 생생하게 체험했으면서도 나는 정작 가장 가깝고 사랑하는 동생에게 실천하지 못한 것이다.

내가 사과한 후로 동생은 더 이상 내 전화를 뜸 들이지 않고 즉각 받는다.

예전과 달리 밝고 높은 목소리로 "누나 잘 있었어? 별일은 없었어?"라고 먼저 묻는다. 그 말을 들을 때마다 정말 감사하다. 동생이 미국 땅에서 건강하게 살아있다는 게,

우리가 이제 마음을 열고 대화할 수 있다는 게 정말 감사했다. 그래서 동생이 어떤 말을 해도 다 받아주고 들어주었다.

동생의 이야기를 들어주다 보니 그 아이가 선택하며 걸어온 길이 달리 느껴졌다. 교회에서 청소하는 것도 돈을 벌기 위해서가 아니라 주님의 은혜에 보답하고 싶어서, 인생의 마지막 시기에 주님께 충성하며 봉사하고 싶은 마음에 자원했다는 게 느껴졌다. 그래서 한 번은 이런저런 얘기를 하다가 "병식아, 너 250불 받으려고 교회에서 청소하는 거 아니잖아. 마지막 힘 다해 주님께 충성하고 싶어서 하는 거잖아"라고 말했더니 자기 마음을 알아준다며 아이처럼 좋아했다.

나는 이제 동생과 통화를 마칠 때마다 "병식아, 누나가 사랑해"라고 말한다.

내 말을 듣자마자 동생은 금세 목이 메어 바로 대답을 하지 못한다. 마음의 바닥이 바짝 말라 아직도 사랑한다는 말이 더 채워져야 할 것 같다. 그런 동생을 볼 때마다 후회가 가슴을 찌른다. 좀 더 빨리 사랑한다고 말할걸. 동생은 믿음의 후손답게 말씀 안에서 비틀거리지 않고 올곧게 살아왔고, 이민자로서, 범상치 않은 성격 때문에 오해받고, 멸시도 받았지만 자기 자리를 지켰다. 그것만으로도 충분히 감사할 제목인데 이 사실을 너무 뒤늦게 깨달은 게 미안하고 가슴 아팠다.

　동생과 통화를 마치고 가만히 전화기를 손에 쥐고 있었다. 그러고는 어머니가 내게 하셨듯 동생을 향해 조용히 말했다.

"병식아, 우리가 이렇게 살아 있다는 것이 얼마나 감사하냐. 너를 생각하면 감사한 마음뿐이다."

♥ 당시에는 몰랐지만 / 지금 와 생각해 보니…

　너무나 가까운 사이였기에 나는 오히려 동생의 진면목을 보지 못했다. 이역만리 먼 곳에 떨어져 서로가 서로를 오해하고 갈등의 골은 점점 깊어갔지만 그래도 서로가 신앙 안에서 굳게 서 있었기 때문에 마침내 모든 오해를 풀고 소리의 참모습을 발견하고, 하나님의 도우심으로 사랑하며 다가갈 수 있었다. 하나님은 나의 사역과 가정뿐 아니라 하나뿐인 동생과의 관계에서도 놀라운 은혜를 부어주시며 관계를 온전히 회복시켜주셨다. 너무 가까워서 보지 못했던 동생의 진심과 능력을 볼 수 있도록 하나님은 나의 교만을 깨우쳐주셨다.

"보라 형제가 연합하여 동거함이 어찌 그리 선하고 아름다운고
　머리에 있는 보배로운 기름이 수염 곧 아론의 수염에 흘러서
　그의 옷깃까지 내림 같고
　헐몬의 이슬이 시온의 산들에 내림 같도다
　거기서 여호와 하나님께서 복을 명령하셨나니
　곧 영생이로다" - 시편 133:1-3

32

아이들이 결혼하고부터

나는 일 년에 한 번씩 온 가족과 함께 해외여행을 갔다.

물론 모든 비용은 내가 감당했다. 비행기부터 숙소, 용돈까지 준비해서 가다 보니 아이들은 물론 손주들도 가족여행만 손꼽아 기다릴 정도로 좋아했다. 나 역시 가족 여행에 엄청난 공을 들였다.

2004년에는 괌에 가려고 봄부터 준비했다.

그런데 여행을 떠나기 며칠 전, 퇴근하고 돌아오는 남편의 얼굴이 지나치게 창백했다. 숨소리도 고르지 않은 것이 뭔가 탈이 난 게 분명했다. 그때 우리는 빌라 3층에 살고 있었는데 옛날 집이라 엘리베이터가 없었지만 불편한 걸 모르고 살았다. 게다가 남편은 등산으로 다져진 몸이었기 때문에 3층 정도는 쉬지도 않고 가뿐히 계단을 올라왔다. 하지만 그날은 숨이 차서 계단을 올라오기가 힘들다고 했다.

다음날 바로 큰 병원에 가서 검사를 받았더니 의사가 당장 입원을 권했다.

'적혈구 무형성증'이라는 병이었다. 골수에서 정상적인 혈액을 만들어내지 못하는 희귀난치성 질환이었다. 치료제도 없고 병에 대한 정보도 희박했다. 남편의 상태를 본 간호사는 보통 사람의 절반도 안 되는 피를 갖고 지금까지 어떻게 정상적으로 생활을 했냐며 놀라워했지만 정작 남편은 어제까지 잠깐 어지러웠을 뿐 별다른 증상을 느끼지 못했다고 했다. 진단을 받은 후부터 남편의 상태는 급속도로 나빠졌다.

가장 두려운 병은 모르는 병이다.

아무리 고통스러워도 병을 이길 수 있다면 견디겠지만 수혈 말고는 생명을 연장시킬 방법이 없다고 하자 남편은 낙심했다. 치료제가 없다는 말에 희망을 접은 것이다. 치료 방법은 한 가지, 골수이식이었다. 그러나 60세가 넘으면 성공률이 극단적으로 낮아 사실상 힘들 것이라고 했다.

공장이 엎어지고 별안간 집에서 쫓겨나며 산전수전을 다 겪어도 낯빛 하나 바뀌지 않던 남편이었지만 고칠 수 없는 질병 앞에서는 무너졌다. 속을 얼마나 끓였는지 얼굴이 새카매지고, 몸이 바짝 말라갔다. 수혈을 거부하지는 않았지만 치료를 받아도 아무런 차도가 없었다. 그대로 두었다가는 마음의 병 때문에 더 큰일이 날 것 같았다.

남편의 투병 생활이 시작되면서 나는 항상 24시간 대기하며 긴장했다. 조금이라도 몸에 이상이 있으면 바로 응급실에 가야 했기 때문이다. 남편은 새벽에 화장실에서 나오다 쓰러지기도 했고, 열이 조금만 올라도 상태가 위급해졌다. 밤이건 새벽이건 남편의 상태가 조금이라도 이상하면 무조건 응급실로 달려갔다. 뻣뻣하게 죽어가는 사람을 태우고 한밤에 병원으로 달려갈 때의 초조함과 다급함은 뭐라고 표현할 길이 없다.

그때 나는 회사 일로 눈코 뜰 새 없이 바빴지만 조금도 긴장을 늦출 수 없었다. 기사에게 연락할 틈도 없이 내가 직접 남편을 태우고 응급실로 달려야 할 때가 많았다. 얼마나 정신없이 달렸는지 분당에서 여의도 성모병원까지 20분 만에 도착한 적도 있다. 그런 응급 상황 말고도 한 달에 두 번씩 수혈을 하고, 합병증이 생기면 또 치료를 받으러 가야 했다. 나를 돌볼 틈도 없이 남편과 회사를 위해 하루를 꼬박 채워 일해도 남편은 전혀 호전되지 않았고 오히려 증상이 악화됐다.

수소문 끝에 다른 유명 병원의 혈액질환 전문의를 소개 받아 병원을 옮겼지만 거기도 시간에 맞춰 수혈만 해 줄 뿐 근본적인 치료방법은 없다고 했다. 혈액질환과 관련해 서는 우리나라 최고라는 의사가 있다는 병원으로 다시 옮 겼지만 거기서도 뾰족한 수가 없어 수혈만 해줬다. 마지 막 희망을 걸고 찾아간 병원에서도 방법을 찾지 못하자 남편은 마지막 의지마저 접은 것 같았다. 갑자기 혈당이 치솟으며 복통을 호소하기도 하고, 구토를 하기도 했다. 몸도 점점 마르면서 눈에 띄게 쇠약해졌다.

그 모습을 보자 이젠 정말 마지막이라는 생각이 들었 다. 유명한 병원, 실력 있는 의사를 찾아가도 소용없다면 이 병은 주님만이 고칠 수 있는 병이었다. 거기까지 생각 이 미치자 절박함과 함께 원망도 생겼다. 왜 지금 남편에 게 이런 병을 주시는지 이해할 수가 없었다.

이제 겨우 살만한데… 그동안 아등바등 고생하면서 살 아온 것을 그 누구보다 주님께서 잘 알고 계신데 이 무서 운 병 앞에서 침묵하시는 주님의 뜻을 알 수 없어 답답했 다. 세상의 모래알같이 많은 사람들 중에서 남편을 만나게 해 주신 분은 주님이시다. 그러니 남편의 생명도, 우리 부부의 관계도 주님께 맡겨야 했다.

나는 막내 시누이에게 남편 간병을 맡기고 곧장 강남 기도원으로 향했다.

가족들에게도 말하지 않고 하나님과 담판을 지어야겠다는 생각으로 기도원에 올라갔다. 그런데 막상 십자가를 보자 울음이 터져 나왔다. 그대로 엎드려 서러운 눈물만 토해냈다. 죽어가는 남편을 보면서도 한 번도 울지 않았는데 십자가를 보자마자 눈물이 터진 것이다.

너무 기가 막혀 기도도 나오지 않았다.

그저 "주님, 나 어떻게 해요. 지금까지 겨우 견디면서 살았는데 이제 나 어떡해요"라고 외치며 몸부림을 쳤다. 다른 말은 생각나지도 않았다.

나는 사흘 동안 그 말만 되풀이하며 통곡을 했다.

남편을 잃는다고 생각하니 도저히 견딜 수가 없었다.

긴 세월 남편의 등만 보고 살았다고 생각했는데, 그래서 남편 없이 모든 것을 내가 감당하며 살았다고 생각했는데 그게 아니었다.

남편이 불치병 판정을 받자 인생의 기둥이 흔들리는 것 같았다. 그가 있어 나도 있을 수 있었다. 그는 나의 남편이자 아이들의 아버지였고, 훌륭한 동업자였다. 무엇보다 내 삶의 모든 영역이 남편과 함께 얽혀 있어 그가 없이는 나 역시 존재하기 힘들었다. 남편을 미워했던 시간도 그를 사랑했던 시간이라는 걸 깨달으면서 깊은 슬픔과 회한이 몰려왔다. 남편을 절대로 잃을 수 없다는 생각에 눈물이 하염없이 흘러나왔다.

그렇게 사흘째 울고만 있는데 누군가 나를 툭툭 치며 사무실로 오라고 했다.

사무실에 가니 기도원 관계자가 걱정스러운 얼굴로 나를 보며 무슨 사연이 있길래 그렇게 우냐고 물었다.

나는 남편의 상황을 말씀드리고 응답을 받으러 왔는데 아무리 울어도 답이 없다고 하면서 중보기도를 부탁했다.

그리고 또 나흘이 지나 주일이 되었다.

식구들에게 아무 말도 하지 않고 전화도 끊어버린 채 집을 나온 지 일주일이 되었으니 산 밑에서는 난리가 났을 것이다. 게다가 장사하는 시누이를 병원에 붙들어 앉혀놨으니 그 날은 내려가야 했다.

주일 예배를 드리는데 눈물이 하염없이 흘렀다.

그때까지도 주님은 아무런 응답도 주시지 않았다.

'이제 나는 어떻게 해야 해야 하나…'

캄캄한 절망에 아무것도 보이지 않았다. 몸부림치며 그토록 울며 간구했지만 주님은 여전히 침묵하셨다.

끝까지 응답을 받지 못한 나는 빈손으로 내려갈 수밖에 없었다.

예배를 마치고 돌계단을 올라가는데 어디선가 '일어나 걸으라 내 너를 도우리라'라는 복음성가가 들려왔다.

주위를 둘러보니 밖에서 들리는 소리가 아니었다. 마음속에서 그 찬양이 메아리치듯 들렸다.

주님이 주신 분명한 응답이었다.

그 말씀이 내게 오는 순간 마음에 기쁨이 넘쳤다.

주님께서 지금까지와 마찬가지로 나를 도우신다 하니 겁과 두려움이 모두 사라지는 것 같았다. 응답을 받고 감사한 마음으로 나는 사무실에 가서 천만 원을 헌금으로 드리겠다고 작정하고 바로 택시를 불러 집으로 왔다.

예상대로 집과 병원은 내가 없는 사이 발칵 뒤집혔다.

특히 남편을 간병했던 시누이는 보호자가 없어서 제대로 치료를 못 받은 것 같다며 불평을 쏟아냈다. 하지만 내가 있다 한들 달라질 건 없었다. S병원에서도 두 달 정도 있었지만 입원할 때 60세 이상이라 골수 치료는 포기한다는 각서를 쓰고 들어갔기 때문에 여기서도 수혈 말고는 달리 기대할 게 없었다. 혈액 관련 질병의 마지막 치료법이 골수이식 치료인데 성공률이 낮기 때문에 병원 측에서는 환자에게 골수이식을 고집하거나 요구하지 않겠다는 서약을 미리 받았다. 남편은 남의 피로 목숨을 부지하는 생활을 힘들어했다. 도저히 그렇게 살 수 없으니 퇴원하게 해 달라고 했지만 무턱대고 병원을 나갈 수는 없었다.

그러던 중 한 지인에게 전화가 왔다.

가끔 모임에서 만나는 사이였는데 내가 계속 빠지자 궁금해서 연락했다며 안부를 물었다. 남편의 근황을 간단하게 이야기하자 그 사람이 화들짝 놀라면서 빨리 A병원으로 옮기라고 했다. 본인 남편도 똑같은 병을 앓고 있는데 그 병원에서 치료를 받아 아직도 건강하게 잘 살고 있다면서 일단 응급실로 가라고 알려주었다.

이거야말로 하나님의 응답이 아니고 무엇이겠는가.

나는 주님께 감사하며 남편과 A병원으로 갔다.

남편을 본 의사는 바로 입원을 시켰고 당시로서는 획기적인 치료 방법을 제시했다.

동물의 혈당에서 채취한 골수를 일주일 동안 투입시키는 일종의 골수 치료인데 오랜 시간에 걸쳐 입증된 치료법은 아니지만 다수의 임상 결과가 긍정적으로 나온 방법이었다.

주님의 응답이라고 믿었던 나는 확신에 차서, 지푸라기라도 잡고 싶었던 남편은 절박한 마음으로 그 치료를 받겠다고 했다. 감사하게도 남편에게 그 치료법이 잘 맞았다. 그래서 그 후로 2년 동안 수혈을 받지 않고 지낼 수 있었다. 하나님이 남편에게 새 삶을 허락하신 것이다.

당시에는 몰랐지만 / 지금 와 생각해 보니…

지금까지 살아온 것이 모두 하나님의 은혜였다. 그렇게 하나님을 체험하고, 나 같이 의심 많고 작은 자의 기도에도 하나님은 다시 응답하시고 따스한 품으로 다시 안아주셨다. 나에게 새로운 생명을 허락하신 주님은 남편에게도 새로운 생명을 허락하셨다. 이 놀라운 일을 행하신 하나님을 어찌 찬양하지 않을 수 있겠는가. 밝은 낮에도 주님은 나를 인도하셨고, 어두운 밤에도 주님은 나를 포기하지 않으셨다,

"내 영혼아 여호와를 송축하며

그의 모든 은택을 잊지 말지어다 그가 네 모든 죄악을 사하시며

네 모든 병을 고치시며

네 생명을 파멸에서 속량하시고 인자와 긍휼로 관을 씌우시며

좋은 것으로 네 소원을 만족하게 하사

네 청춘을 독수리 같이 새롭게 하시는도다" - 시편103:2-5

33

교도소 봉사를 하게 된 건
우연이었다

　　　친구 소개로 안동교도소에 한 번 방문한 적이 있었는데 그게 인연이 되어 정식 회원이 되었다.

　회원은 10명 정도였는데 오랫동안 안동교도소를 방문해 온 전통 있는 봉사 모임이었다. 처음 안동교도소에 갔을 때가 1994년이었다. 그때는 회사가 자리를 잡아갈 때라서 눈코 뜰 새 없이 바빴다. 친구 따라 한 번 교도소를 방문하고 다시는 모임에 참석하지 않을 생각이었다.

　하지만 한 번이 두 번이 되고 그게 일 년 내내 이어지면서 자연스럽게 회원이 되었다. 정식 회원이 되었어도 나는 매달 교도소를 방문하지 못했다. 매달 첫날이 되면 달력에 교도소 방문 날짜를 동그라미 쳐놓았지만 회사에 급한 일이 생기면 가지 못하는 날이 부지기수였다. 그래서 모임의 회장을 맡아달라는 권유도 항상 사양했는데 5년쯤 지나자 더 이상 거절할 수가 없어서 어쩔 수 없이 회장직을 맡았다.

사실 교도소 봉사라는 게 거창한 일을 하는 건 아니었다. 각자 담당하고 있는 재소자들과 함께 예배드리고 간식을 나눠주고 찬양하는 게 전부였다. 그때 우리는 성가대를 담당하고 있었다. 한 달에 한 번씩 만나지만 재소자들과 사적인 대화도 나눌 수 없었고 서로 개인적인 관계도 맺어서는 안됐다. 그런데도 재소자들은 우리에게 마음을 주었다.

기껏해야 한 달에 한 번, 그것도 두어 시간 있다가 가는데도 불구하고 우리가 가면 진심으로 기뻐했다. 특히 재소자들은 갈 때마다 오히려 나에게 선물을 줬다. 교도소에서는 볼 수 없는 흔치 않은 일이었다.

선물은 소박한 것들이었다.

붓글씨를 잘 쓰는 사람은 부채에 글씨를 써서 주었고, 한 달 내내 종이학을 접어서 주거나 거북선을 만들어 주었다. 다른 사람들 보기엔 소소할 수 있어도 그걸 받아보면 안다. 재소자들에게 그것이 얼마나 귀하고 정성된 선물인지를. 나는 마음을 고스란히 담은 그 선물을 버릴 수가 없어서 지금까지도 간직하고 있다.

나는 재소자들을 관심 있게 눈여겨봤다.

깊은 이야기를 나누지 못해도 유심히 살펴보면 그들의 심정을 어렴풋이나마 알 수 있었기 때문이다. 그렇게 해서 느껴지는 마음이나 감정을 한 번이라도 더 챙겨주면 재소자들의 닫혔던 마음이 쉽게 열렸다.

지금도 기억에 남는 재소자 중 한 사람은 '에녹'이다. 키가 작고 눈이 똘망 똘망했던 에녹은 성가대원인데도 예배 시간 내내 찬송가를 부르지 않고 무표정한 얼굴로 바닥만 쳐다보고 있었다.

이름으로 보아 분명히 교인 같은데 예배에는 전혀 참여하지 않는 게 아무래도 이상했다. 그래서 예배를 마치고 따로 만날 수는 없으니 공개적으로 물었다.

"에녹이라고 했지? 반갑다"라고 인사를 하자 딱딱하게 굳은 얼굴로 나를 힐끗 쳐다봤다. 나는 그 아이의 반응에 개의치 않고 계속 말을 이어갔다.

"내가 보니까 찬송가를 안 부르던데… 나하고 찬송같이 불러볼까?"

에녹은 대답은 안했지만 부르고 싶은 마음은 있었는지 조용히 앞으로 나왔다.

나도 아무 말도 하지 않고 '저 높은 곳을 향하여'를 선창했다.

악보를 보지 않아도 화음을 넣을 수 있는 곡이라 그 곡을 불렀는데 아니나 다를까 후렴구를 부를 때쯤 에녹도 찬송가를 부르기 시작했다. 그에 맞춰 내가 화음을 넣기 시작하자 에녹의 소리가 점점 커지면서 완벽한 이중창이 되었다.

에녹은 찬송가도 펼치지 않고 5절까지 완창했다.

찬송가를 부르면서 딱딱하게 굳어있던 에녹의 표정이 풀리기 시작했다. 마음의 빗장이 열리는 게 눈에 보였다. 그 다음번에 교도소를 방문했을 때는 밝은 표정으로 성가대석에서 열심히 찬양하는 에녹을 볼 수 있었다.

처음 봤을 때 온몸이 긴장됐던 재소자도 잊을 수 없는 사람 중 한 명이다. 안동교도소에 중범죄자들만 모아놨다고 하지만 성가대는 모범수들만 할 수 있었기 때문에 재소자들을 보면서 위협을 느낀 적은 없었다. 그런데 서른 살이 살짝 넘어 보이는 신입 재소자는 성가대석에 앉아 있음에도 섬뜩한 느낌이었다.

그는 조직에 오랫동안 몸담았던 사람으로 흉악한 죄를 저지르고 교도소에 수감되었다고 했다. 곁을 주지 않고 데면데면한 재소자들과 달리 그는 좀 튀었다. 우리에게 다가와서 말도 붙이고, 음식도 갖다주면서 먹으라고 권했다. 그렇게 설레발을 치며 친절하게 구는 데도 그가 가까이 오면 나도 모르게 움찔하며 뒤로 물러섰다. 그만큼 분위기가 범상치 않았다.

그런 사람도 십자가 앞에서는 속절없이 무너졌다.

항상 앞에서 보란 듯이 튀는 행동을 하던 그가 한 달 후에 갔더니 맨 뒷자리 구석에 앉아 하염없이 울고 있었다. 예배시간 내내 울더니 간식도 먹지 않고 눈물만 뚝뚝 흘렸다.

다음 달에도, 그다음 달에도 마찬가지였다.

그렇게 몇 달을 울고 나더니 사람이 180도 바뀌었다. 누구보다 열심히 찬양하고 열성적으로 전도했다. 눈물이 걷힌 얼굴엔 주님을 영접한 기쁨이 가득했다. 그는 나중에 진주교도소로 이감되어 기독회 회장이 되었다. 복음은 교도소의 높은 담장 안에도 스며들어 사람을 변화시켰다.

출소 후에 목사님이 되신 분도 있었다.

내가 안동교도소에 봉사 다닐 때 알게 된 그분은 출소해 신학을 공부하고 계셨다. 그분이 안동교도소에 계실 때부터 인연을 맺은 회원들은 출소 후에 의지할 데 없는 목사님을 적게나마 후원하고 있었다. 모범수로 감형을 받았지만 15년 동안 수감생활을 하는 사이에 부모와 형제, 친구들과 연락이 모두 끊겨 오갈 데가 없어졌는데도 목사님은 신학을 공부하셨다.

목사님이 교도소 문을 열고 나왔을 때 그분을 맞이한 건 조직폭력배들이었다.

그들은 목사님이 누구에게도 도움받을 수 없는 상황이라는 것을 알고 목사님을 두목 앞으로 데려가 작두를 앞에 놓고 충성 맹세를 강요했다.

작두 위에 목사님의 손을 올려놓고 다시 조직에 들어올 것인지 손 하나를 자르겠는지 선택하라고 했다.

목사님은 망설임 없이 "나는 손 하나가 없어도 당신들이 아닌 하나님께 충성을 다하겠다"라고 대답하셨다. 그 말이 끝나기 무섭게 조직원들이 달려들었으나 손이 잘리기 직전 두목이 말려서 다행히 무사하셨다.

손도 상하지 않고 목숨도 건졌지만 조직의 위협과 유혹은 계속 이어졌고, 목사님은 주님의 부르심을 따라 삶의 방향을 확고히 정해야겠다는 생각을 하고 신학을 선택하셨다. 하지만 그 길이 너무 험난하고 힘들었다. 교통비가 없어 걸어 다니고, 끼니도 때우지 못할 만큼 돈이 없어서 항상 굶주려야 했다. 그런 모습이 안타까워 봉사모임에서는 십시일반 돈을 모아 가끔 학비를 보태드렸다. 안타까운 사정을 듣고 나도 동참하면서 목사님과 친분을 갖게 되었다.

목사님은 신학을 마치고 사명감을 갖고 교회를 개척하셨는데 이후에도 고난이 많았다.

첫 번째로 교회를 구하려다 사기를 당해 보증금도 못 찾았다. 다행히 두 번째 교회가 안정이 되어 땅을 사서 교회를 짓던 중 교인으로부터 또 보증 사기를 당하셨다. 빚을 떠안은 채 교회 건축은 작업이 중지됐고 사모님의 봉급마저 압류되어 그야말로 진퇴양난이었다.

그때 목사님이 내게 편지를 보내셨다.

당시의 괴로운 심정을 절절히 표현한 편지는 다급하고 절박했다. 목사님은 고향에서 목회를 하셨는데 아마도 바닷가에서 편지를 쓰신 것 같았다. 내용으로는 봐서는 편지를 쓴 뒤 바로 바다에라도 뛰어드셨을 것 같아 가만히 있을 수가 없었다.

그러면서도 왜 목사님이 내게 편지를 보내셨는지 의구심이 생겼다. 나는 다른 회원들보다 목사님을 늦게 알았고, 친분도 그리 깊지 않았다. 그런데도 내게 편지를 쓴 데는 분명 하나님의 이유가 있을 것 같았다. 만약 이것이 내게 온 기회라면 이참에 교회를 세우자는 생각이 들었다. 앞장서서 전도를 못 하는 대신 목사님과 그 가정을 살리면 그 또한 주님이 기뻐하실 일이 아닐까. 당시 회사가 막 확장하던 때라 돈을 끌어모아 개발에 투자를 하고 있었기 때문에 자금조달이 걱정됐지만 내가 해야 할 일이라면 주님께서 분명히 길을 열어주실 것이라 믿었다.

남편은 재정 쪽에 관심이 없었기 때문에 당시 미국에서 돌아와 우리 회사에서 일하고 있던 아들에게 이 일을 의논했다. 3억 원 정도면 빚이 채워질 것 같은데 목사님을 도와도 될지 묻자 아들은 흔쾌히 내 뜻대로 하라고 했다. 아들의 동의를 얻고 난 후 나는 곧장 법무사를 목사님이 계시는 곳으로 보내서 현장 조사를 시켰다. 실제로 가보니 빚이 실타래처럼 얽혀있어서 보통 복잡한 게 아니었다.

그래서 법무사를 통해 모든 채무 관계를 정리하고, 목사님과는 교회를 담보로 하여 상환기간을 5년으로 잡고 3억을 갚는 계약서를 썼다. 법무사도 크리스천이었는데 마음이 약한 목사님이 또다시 교인들에게 몹쓸 일을 당하실지 몰라 세밀하게 서류작업을 하여 교회를 건드리지 못하게 해 놓았다. 그렇게 해서 세워진 교회가 P시에 있는 선교교회다.

2007년 입당 예배를 드리는데 정말 감격스러웠다.

목사님이 어떻게 신학을 하고, 목회의 길을 걸어오셨는지 알기에 한마음으로 축복하고 기뻐할 수 있었다. 더 감사했던 것은 그 기쁜 은혜의 잔치에 나도 작은 벽돌 하나 올릴 수 있도록 기회를 주신 것이다. 주님의 심부름꾼으로 역할을 다한 것 같아 예배당을 볼 때마다 뿌듯하고 감사했다.

사실 그 교회는 아직 나에게 담보로 잡혀 있다.

혹시 목사님이 또 몇몇의 일부 나쁜 교인에게 속아서 빚을 지게 될까 봐 법무사가 아예 교회를 담보로 꽁꽁 묶어 놓은 것이다. 목사님은 서운하셨을지 모르지만 그 덕분에 교회가 유지됐다. 중간에 목사님이 두 번이나 교회 담보를 풀어달라고 부탁하셨지만 나는 매번 거절했다. 그것이 교회를 지키는 일이라 생각했기 때문이다.

교회의 재정이 넉넉지 않은 관계로 3억 원은 아직도 상환되지 않았다. 원래대로라면 14년 전에 이미 돈을 다 갚아야 했으나 지금도 교회는 돈을 갚을 엄두도 못 내고 있다. 애초에 내가 3억 원을 내놓을 때 그 돈은 내 것이 아니라고 생각했다. 우리 모두 은혜에 빚진 자일뿐, 나는 하나님의 심부름꾼 역할을 하는 것이라고 생각했다. 그래서 상환 날짜를 정해는 놨지만 헤아려 본 적이 없다.

하지만 목사님은 그 빚이 마음에 걸려 편치 않으셨던 것 같다. 게다가 작년은 은퇴를 5년 앞두고 있던 시점이라 마음이 더 복잡하실 것 같았다. 그래서 목사님을 만나뵙고 채무관계를 정리했다. 먼저 목사님은 은퇴하실 때까지 맘 편히 시무하시도록 했다. 또 은퇴하실 때는 내가 1억 원을 드려 은퇴 이후의 삶을 지원하겠다고 했다. 그리고 교회는 이후에 시무하실 다른 목사님을 찾아보겠다고 하자 목사님의 얼굴이 환하게 펴졌다.

여전히 나는 그 교회의 주인은 주님이라고 생각한다.

따라서 다음 목사님이 어떤 분이 오실지, 채무를 상환할지에 관한 모든 일은 주님께 맡기려고 한다. 설혹 교회의 재정이 튼튼해져서 빚을 갚는다 해도 그 돈은 내 돈이 아니라 주님의 돈이니 사용 출처를 또 알려주실 것이라 믿는다.

나는 교회 중심의 믿음 생활은 충실히 못했지만 삶 가운데 누구보다 항상 주님과 동행했다고 믿는다.

내가 잘나서가 아니라 주님께서 나를 붙잡고 인도해 주시지 않았다면 오늘까지 살 수가 없었기 때문이다. 그래서 내가 할 수 있는 한 최선을 다해 주님께 충성하려고 노력해 왔다.

성가대 대장도 그중 하나였다.

어려서부터 어머니와 함께 성가대원으로 봉사했던 나는 은퇴할 때까지 성가대석 아래로 내려온 적이 없었다. 찬양으로 드리는 예배가 너무 좋았고, 그 자리가 귀했기 때문에 항상 성가대원을 사모했고, 즐거워했다. 나중에는 성가 대장을 맡게 됐는데 일이 너무 바빠 다른 봉사에는 참여를 못했지만 성가대는 70살까지 정성을 다해 섬겼다.

나에게 성가대는 또 다른 가족이나 마찬가지였다.

아무리 바빠도 가족에게 일이 생기면 소홀할 수 없듯이 나는 성가대 대원들의 대소사를 빠뜨리지 않고 최대한 챙겼다. 대원 중 누군가 아프다고 하면 걱정이 돼서 달려가 기도해 주고, 맛있는 걸 보면 대원들이 생각나서 대접하고 싶었다.

가장 속상한 것은 대원이나 그 가족이 아플 때였다.

한 번은 예배 중에 목사님께서 성가대원의 초등학생 자녀가 급성 백혈병으로 서울대 분당병원에 입원했다고 광고를 하셨다. 남편이 혈액병을 앓았기 때문에 그 병이 얼마나 무서운지 알고 있었기에 아이의 부모 심정이 어떨지 그려졌다. 치료 방법은 골수이식인데 집안 사정이 어려우니 그 마음이 얼마나 복잡할까, 나는 치료비라도 부담하고 싶어 예배를 드리자마자 바로 병원으로 달려가 봉투를 건넸다. 아이 엄마는 깜짝 놀란 얼굴이었다. 내게는 돈이 아무리 많이 들어도 일단 아이의 생명을 살리는 게 우선이었다. 혹여 경제적인 문제 때문에 치료시기를 놓칠까 봐 마음이 타들어갔다. 아이는 다행히 오빠의 골수를 이식받아 오랜 기간 치료를 받으며 어려운 과정을 거쳤지만 지금은 완치되어 건강하고 예쁘게 자라나고 있다.

그렇게 주님은 내가 성가대 대장으로 섬기는 내내 대

원들을 '내 몸같이 사랑 할 수 있는 마음'을 허락해 주셨다. 그 마음이 서로 닿아서 내가 은퇴할 때 대원들은 커다란 종이에 한 마디씩 적어서 선물로 주었다. 진심 어린 축복과 감사 어린 인사, 그리고 함께 울고 웃었던 시간이 그 종이에 담겨 있다.

지금도 그 종이를 볼 때마다 주님께 감사한다. 이 지체들과 함께 주님을 찬양했던 그 시간들이 내게는 더없이 소중하고 행복한 시간이었기에….

♥ 당시에는 몰랐지만 / 지금 와 생각해 보니…

하나님께서 은혜로 허락하지 않았다면 지금의 내 인생은 존재할 수도 없었다. 하나님께서 나의 조그마한 충성을 보시고 크게 주신 풍성한 은혜의 선물을 다시 충성스럽게 주변 사람들에게 나누는 것이 현재 내 삶의 목표이다. 모든 것이 하나님의 은혜이기 때문에 자랑할 것이 하나도 없다는 사도 바울의 고백처럼 나 역시 하나님의 은혜를, 하나님이 주시는 감동을 따라 오로지 충성할 뿐이다. 하나님은 충성하는 자녀를 들어서 크게 사용하시고 충성하는 자녀를 통해 다른 사람들의 영혼도 살리신다고 믿는다. 하나님은 왜 나에게 이토록 넘치는 축복을 주셨는지 그 이유를 이제 나는 깨달았다.

"네가 죽도록 충성하라
　그리하면 내가 생명의 면류관을 네게 주리라" – 요한계시록 2장 10절

34

아들이 미국에서
학위를 받았는데

남편은 아들에게 회사로 들어오라고 했다.

아들은 미국에서 경력을 쌓고 싶어서 귀국을 망설일 때였다. 아들은 그때까지 우리 회사에 전혀 관심이 없었다. 회사 사정을 살핀 적도 없고, 혹여 아들에게 회사 책임을 맡기려는 눈치가 보이면 지레 "아버지 어머니가 고생하셔서 개척한 회사니 두 분이 경영하세요"라며 한발 물러섰다. 자기는 자기가 원하는 사업을 하겠다고 했다.

남편은 아들의 선택을 못마땅하게 생각했지만 나는 아무 말도 하지 않았다. 아들이 부모의 그늘 밑이 아닌 곳에서 자기의 뜻을 펼칠 수 있는 기회를 갖는 것도 좋다고 생각했다. 그런데 아버지가 중병으로 치료하게 돼 아들의 선택지도 좁아졌다. 자의반 타의반 회사에 들어와 일단 일을 해야 할 상황이 되어 귀국했다.

회사를 맡겠다고 결심하고 입사한 아들은 이전과는 전혀 다른 모습을 보여주었다. 경영은 학교에서 배웠지만 기술은 현장에서 익혀야 한다며 밑에서부터 차근차근 기술을 배우면서 회사 일을 파악하기 시작했다. 그러면서 회사의 면모를 다시 보게 된 것 같다.

하루는 아들이 내게 와서 이제야 회사가 어떻게 성장할 수 있었는지 그 비결을 알게 되었다고 고백했다. 아들이 보기에 우리 회사는 성장할 동력이 하나도 없는 회사였다. 아들뿐 아니라 사람들이 보기에도 마찬가지였을 것이다. 미국 유학을 다녀온 후 아들이 회사에 들어오지 않으려고 한 이유 중에 하나도 아마 우리 회사에 미래가 없다고 판단했기 때문일 것이다. 아들이 자랄 때는 공장이 어려웠기 때문에 그런 편견을 가졌을 수도 있다.

그런데 직접 회사에서 일해 보니 다른 어떤 회사보다 재정이 튼튼하고 기술 또한 독보적이라는 것을 알게 된 것이다. 아들은 어떻게 그토록 영세했던 업체가 짧은 시간에 괄목할 만한 성장을 이룰 수 있었는지에 대해 오랫동안 고민했다고 했다. 그 수수께끼를 풀어야 회사를 이끌어 갈 수 있다고 생각했기 때문에 그 답을 찾기 위해 노력했는데, 마침내 그 답을 찾았다고 했다. 아들은 내게 "어머니, 우리 회사가 이렇게 클 수 있었던 것은 하나님의 은혜 때문이라는 걸 알았어요"라고 말했다.

그 말을 듣는 순간 가슴이 찡했다. 얼마나 값진 고백인가, 얼마나 기다리고 바랐던 고백인가.

'하나님 감사합니다. 아들에게 믿음을 주시고 하나님의 시선으로 우리 회사를 바라보게 하시니 감사합니다.'

감격 가운데 주님 앞에 영광을 올리며 나는 아들에게 벅찬 마음으로 대답했다.

"그래, 바로 그거야. 네가 그걸 깨달았다니 너무나 감사하다. 우리가 그동안 모진 고생을 했지만 그 모든 것이 하나님의 섭리 가운데 축복을 주시기 위한 연단이었어. 네가 진정 그걸 믿는다면 앞으로도 걱정하지 말고 기도해. 하나님이 그 뜻 안에서 모든 것을 이뤄주실 거야."

내가 바랐던 기업의 승계는 자본이 아닌 믿음의 대물림이었다. 주님이 세우고 일으켜 주신 회사에 대한 하나님의 비전을 깨닫고 이어나가는 것, 그것이 내가 기도했던 진정한 기업 승계였다. 그런데 아들이 하나님의 은혜로 말미암아 회사가 성장, 발전하고 있다는 걸 깨달았으니 회사를 물려주기에 자격이 충분했다.

아들은 2011년에 회사의 대표이사가 되었다.

우리 회사에 새로운 시대가 열린 것이다.

그날처럼 감격스러운 날은 없을 것이다. 아들이 대표이사 자리에 앉았을 때 나도 모르게 말씀을 선포했다.

"하나님께서 섭리 가운데 우리를 연단하셨고, 우리가 그 과정을 모두 겪었으니 너희 대에는 그런 연단이 없다. 고생이 없다. 그러니 너희는 하나님이 예비하신 모든 큰 복을 누리면서 살아라"라면서 신명기 1장 21절 말씀을 종이에 프린트해 코팅을 해서 아들과 딸들에게 각각 주었다. 아들은 십 년이 지난 지금도 사무실에 있는 아이들 사진 앞에 이 말씀 코팅을 세워놓고 있다.

너희의 하나님 여호와께서 이 땅을 너희 앞에 두셨은즉

너희 조상의 하나님 여호와께서 너희에게 이르신 대로

올라가서 차지하라 두려워하지 말라 주저하지 말라 (신명기1:21)

2011년 새해 아침에 엄마가

아들을 통해 회사는 내 기대보다 더 큰 열매를 맺었다.

아들이 회사를 맡으면서 우리 회사는 가파르게 성장곡선을 그리기 시작했다. 그 시작은 글로벌 기업 A사에서 걸려온 전화 한 통에서 비롯됐다. 우리 회사 기술팀 수장인 K 전무가 스마트폰과 노트북 등에 들어가는 부품을 개발했는데 그 제품의 품질은 이미 업계에 정평이 나 있었다. 여러 기업에서 우리 회사 부속을 납품받았는데 그 소문이 A사까지 들어갔는지 우리 회사를 방문하겠다고 연락한 것이다.

그때 우리 회사에는 영어로 브리핑할 사람이 없었다. 다행히 유학을 다녀온 아들이 있어 A사 관계자와 만나 미팅을 하고, 브리핑도 할 수 있었다. 허술하기 짝이 없는 뚝섬 공장을 방문한 A사 직원들은 회사 외양에는 관심이 없었다. 우리가 보유하고 있는 기술에 집중했고, 제품 생산 환경을 꼼꼼히 따졌다. 미팅을 앞두고 우리 제품을 집에까지 갖고 와서 분석하고 연구했던 아들은 그들의 궁금증을 막힘없이 풀어주었고, 기술과 생산력을 확인한 A사는 곧 우리에게 하청을 맡겼다. 글로벌 기업의 힘은 대단했다. A사에 부속품을 납품하면서 회사는 놀라우리만치 급속도로 성장했다.

아무리 기술이 좋아도 상대방에게 설명하지 못하면 소용없다. 아들은 우리에게 온 기회를 놓치지 않았고, 성장의 발판으로 삼았다. 많은 하청업체가 있지만 우리는 기술을 지속해서 개발하기 때문에 덤핑 판매를 하지 않는다. 우리가 개발한 기술을 몇 년 후에 중국에서 모방해 단가 경쟁에서 뒤처지면 우리는 그 제품의 납품 비중을 낮추고 보다 업그레이드된 기술을 개발한다. 기술경쟁력으로 승부하다 보니 외부 환경에 크게 영향받지 않고 파죽

지세로 성장을 이어나가고 있다.

아들이 대표이사가 된 지 10년 만에 매출도, 회사 규모도, 임원 수도 전부 5배 이상 성장했다. 그뿐만 아니라 10년 후 먹거리를 준비해야 한다는 목표를 세우고 2013년부터 개발한 것이 2018년 9월 남편이 숨을 거두기 몇 시간 전에 삼성 SDI 협력업체로 등록되어 미래 신사업개발에 박차를 가하고 있다. 지표상 결과만 봐도 아들의 기업 승계는 성공적이라고 평가할 수밖에 없다.

아들이 대표를 맡아 경영하면서 기업이 젊어지고, 현대화가 되었지만 모든 직원들이 이런 변화를 반긴 것은 아니었다. 소위 텃세가 있었다. 그들 중에 다수가 아들이 어렸을 때부터 보아온 사람들이었다. 내 치맛자락을 붙잡고 종종걸음으로 따라다니던 아들을 봤던 사람들이었기에 호칭을 바꾸는 것도 힘들어했다. '사장'이 입에 붙지 않는다며 아들의 이름을 부르는 사람도 있었고, 회의할 게 있으면 자기 방으로 오라고 아들을 호출하기도 했다. 나중에 안 일이지만 회식자리에서는 아들에게 "네가 뭔데 우리가 개척한 회사에서 사장을 하려고 하느냐"라며 시비를 건 사람도 있었다고 한다.

아들은 자신을 부정적으로 바라보는 사람들에게 대적하지 않았다. 그들의 말을 끝까지 들었고, 직위를 앞세워 직원들에게 불합리한 행동도 하지 않았다. 대신 실력으로 말했고, 결과로 보여주었다. 그러면서 1년 만에 완전히 서열을 정리하고, 위계질서를 바로잡았다. 젊은 사장이라고 백안시했던 사람들도 이제는 완전히 아들을 인정하고 한 가족으로 마음과 뜻을 다해 도와주고 있다.

아들이 단시간 내에 회사를 장악할 수 있었던 것은 하나님 앞에서 겸손하게 엎드렸기 때문이라고 생각한다. 아들이 언젠가 조회에서 자신은 아침에 출근할 때 차에서 내려 사무실에 도착할 때까지 기도를 한다고 했다. 직원들 앞에서 그런 말을 하기는 쉽지 않은데 아들은 거리낌 없이 우리 회사가 하나님의 기업임을 고백했다.

그 말을 듣는데 하나님이 내 평생의 기도에 응답하셨다는 생각에 가슴이 뭉클했다.

주님의 이름으로 세우신 우리 가문이 믿음의 대를 이어가며 하나님의 말씀이 끊어지지 않게 해 달라는 기도를 주님은 응답하셨다. 학벌이나 젊음, 물려받은 재산을 의지하지 않고 하나님께 엎드리는 겸손한 CEO라면 더 이상 걱정할 게 없었다.

여호수아에게 담대함을 허락하신 하나님, 솔로몬에게 지혜를 주셨던 하나님이 우리 아들에게 꼭 필요한 것으로 채우시리라는 것을 믿어 의심치 않기 때문이다.

💟 당시에는 몰랐지만 / 지금 와 생각해 보니…

이쯤 되면 살만하고, 이쯤 되면 만족한다고 생각했지만 여전히 하나님의 계획은 나의 짧은 생각을 아득히 넘어서 저 멀리까지 이르러 있었다. 지워버리고 싶었던 슬픈 기억조차도 하나님의 섭리 안에 반드시 필요한 일이었다. 내가 생각지도 못한 방법으로 하나님은 나의 회사를 자신의 영광을 위해 들어서 사용해 주셨다. 지나온 과거에 안주하지 말고 여전히 진행 중인 나를 향한 하나님의 원대하신 계획을 위한 도구로 끝까지 충성해야 함을 느꼈던 순간이었다.

"겸손과 여호와 하나님을 경외함의 보상은

재물과 영광과 생명이니라" – 잠언 22:4

35

남편이 세상을 떠났다

2018년 9월, 남편은 희귀성 난치병 진단을 받고 15년을 더 살았다. 리스크가 큰 만큼 효과도 분명했던 골수 치료법 덕분에 남편은 2년 동안 남의 피를 수혈받지 않고 지낼 수 있었다. 물론 그 후에는 기간이 단축되면서 차츰 수혈받는 횟수가 늘어났다. 하지만 처음 불치병 선고를 받고 심리적으로, 육체적으로 소멸되어 갈 때와는 전혀 다른 삶을 살았다. 가족들과 여행도 다니고, 불편함 없이 일상생활도 영위했다. 되찾은 일상에 남편도 한시름 놓는 것 같았다.

하지만 나는 그 정도로는 만족할 수 없었다.

주님이 새 생명을 허락하신 데는 분명한 이유가 있었다. 남편을 세례 받게 하기까지 20년이 걸렸지만 죽음의 목전에서도 나는 남편이 복음을 완전히 받아들였는지 확신할 수 없었다. 아무리 급하고 중요한 일이 있어도 주일 예배는 반드시 드리는 게 우리 집의 철칙이었기 때문에 남편 역시 매주 예배는 드렸다. 시부모님 추도식도 당연히 예배로 챙겼다. 하지만 예수님을 영접했는지는 확인할 길이 없었다. 다른 무엇보다 믿음으로 구원의 확신을 갖는 게 중요했다.

나는 남편이 소생한 후부터는 그의 믿음이 새로워지길 간절히 기도했다. 죽음의 문턱에서 살리신 하나님을 경험하였으니 그 삶에 복음이 넘쳐나길 바랐다. 남편은 내가 기도하는 모습이 보이지 않으면 왜 요즘은 기도를 안 하느냐고 할 정도로 기도의 힘을 믿는 사람이었다.

하지만 남편은 쉽게 복음을 받아들이지 못했다.
모태신앙이었던 나와 달리 남편은 반기독교적 문화에서 태어나고 자랐다. 시부모님은 예수님이란 말만 들어도 경기를 할 정도로 질색하셨다. 새벽에 거실에 나왔다가 내가 무릎 꿇고 앉아서 기도하는 모습을 보면 시아버님은 기겁을 하며 방으로 들어가셨다. 거실에 있는 십자가나 예수님 사진을 보지 않으려고 집에서는 항상 바닥을 보며 걸으셨다. 종교뿐 아니라 시부모님과는 모든 게 맞지 않았던 것 같다.

절약을 삶의 신조로 여기셨던 시어머니의 도를 넘는 절약 정신으로 온 가족이 큰 불편을 느껴야 했다.

사사건건 시부모님과 부딪혔지만 나와는 도통 말씀을 하지 않으시니 해결할 방법도 없었다. 그때는 회사를 재건하기도 바쁜 데다 남편과의 일방적 소통에 지쳐 있었기 때문에 시부모님까지 감당하기가 버거웠다. 밤마다 놀이터로, 교회로 울 곳을 찾아다니던 시절이었다.

하루는 눈이 퉁퉁 부은 채 집에 돌아오니 안방에 불이 환하게 켜져 있었다. 그 시간이면 항상 곯아떨어졌던 남편이 그날따라 화장대 밑에 숨겨놓았던 내 일기장을 발견해 보고 있었던 것이다.

남편은 방으로 들어오는 나를 보더니 눈앞에 일기장을 내밀며 이 내용이 맞냐고 물었다. 가감 없이 쓴 내용을 들켜버려 민망하기도 하고 부부사이지만 일기를 봤다는 사실에 화가 나기도 했지만 나는 고개를 끄덕였다. 그리고 "세상에 일기장에 거짓말을 쓰는 사람이 어딨어요"라고 하는데 또 눈물이 쏟아져 내렸다. 아무것도 정리되지 않는 상황에서 시부모님이라도 따로 모셔야 숨을 쉴 수 있을 것 같았다. 당분간만이라도 따로 살아보자고 말을 꺼냈지만 남편은 대답하지 않았다. 그 후 한참 동안 일기를 쓰지 않았다.

참다못한 내가 '나와 시부모님 중 하나를 택하라'는 쪽지를 남기고 일주일 동안 집을 비우고 나서야 남편은 시부모님과 살림을 나누는데 동의했다. 나는 고덕동에 조그마한 아파트를 구해서 두 분이 사시도록 했다. 우려와 달리 두 분은 내가 마음의 짐을 내려놓을 정도로 알콩달콩 재밌게 사셨다.

그 즐거움도 잠깐이었다. 분가한지 얼마 되지 않아서 시아버지가 뇌출혈로 쓰러지셨다. 워낙 술을 좋아하셨는데 두 분이 사시면서 관리가 안 된 것이다. 증세가 위급하여 중환자실로 모셨는데 시간이 지나도 차도가 없었다. 결국 기관내삽관을 하고 시아버지는 8개월 동안 중환자실과 일반 병실을 오가며 병원에서 지내셨다.

여러 일로 시간이 모자랄 판에 중환자실 시간에 맞춰서 시아버지 간병하는 것이 더해졌으니 내 몸도 부서질 것처럼 아프고 힘들었다. 하지만 그 시간이 시아버지 생에 있어서 마지막이라 생각하면 소홀할 수가 없었다. 간병은 다른 사람에게 맡길 수 있을지 모르지만 시아버지를 구원받게 하는 건 내 책임이었다.

나는 병원에 갈 때마다 큰 종이에 큼지막한 글씨로 주기도문을 써서 갔다. 시아버지가 잘 보실 수 있도록 막내 시누이와 함께 양쪽에서 종이를 붙잡고 서서는 시아버지께 글자를 큰 소리로 읽어 보시라고 했다. 면회 때마다 종이를 눈앞에 펼쳐들다 보니 시아버지는 바스락하는 소리만 들어도 눈을 꾹 감은 채 뜨지 않으셨다. 그렇게 석 달이 지나고 반년이 지났다.

시아버지의 증세는 점점 나빠졌지만 마음은 조금씩 변화되고 있었다.

처음에는 종이를 쳐다보지도 않으셨지만 그때쯤엔 종이를 물끄러미 바라보셨다. 그래서 나는 전략을 바꿔 종이를 펼쳐놓고 내가 주기도문을 읽어드렸다. 그리고 "아멘"으로 고백하시라고 말씀드렸다.

그렇게 시아버지의 마음에 복음의 씨를 뿌리고 구원의 열매를 맺기 위해 줄기차게 노력했다. 결국 시아버지는 병상에서 세례를 받으시고 천국의 소망을 안고 돌아가셨다. 임종 전에 시아버지의 귀에 대고 "아버님, 천국에 먼저 가셔서 편안히 계세요. 저희도 가서 만날게요"라고 말씀드리자 시아버지는 나와 눈을 마주치고는 깜박거리셨다. '알겠다'는 뜻이었다. 그것이 시아버지의 마지막 모습이었다.

시아버지가 돌아가실 때 나는 형제들을 설득해 기독교식으로 장례 예배를 드렸다. 제사 대신 추도예배를 드리고 고향에 계신 친척들에게 더 정성을 다했다. 성묘를 갈 때마다 일부러 찾아뵙고 인사도 드렸다.

예수 믿는 며느리가 들어와 집안이 흥했다는 소문이 고향에 퍼지기 시작하면서 시골에서는 우리가 제사를 드리지 않는 것에 아무도 딴죽을 걸지 않았다. 시어머니는 일찍이 예수님을 믿고 권사 직분을 받았다.

철옹성 같던 시부모님의 마음도 열었으니 남편의 구원에 대한 열망은 점점 커졌다.

나를 이 집안으로 부르신 까닭이 가족의 구원에 있는 것이라는 확신이 들면서 나는 남편을 위해 더 뜨겁게 기도했다. 의사의 만류에도 불구하고 남편이 3차 골수 치료를 고집하여 폐렴에 걸려 죽음의 문턱까지 갔다 온 이후 남편의 구원이 나의 가장 중요한 첫 번째 기도 제목이 됐다.

아이들도 나와 같은 심정이었다.

특히 믿음이 독실한 둘째 딸은 아빠가 구원받지 못할까 봐 노심초사했다. 마지막 임종이 가까울 때는 둘째 딸이 날마다 와서 밤새도록 남편 곁을 지키며 찬송가를 부르고, 성경을 읽어주었다. 미국에 살고 있던 큰딸도 한국에 오면 공항에서 곧장 병원으로 달려와 사흘 동안 병상을 지켰다. 아들 역시 병원으로 퇴근하여 아버지의 용변을 다 받아내고, 몸을 씻겨드렸다. 아이들은 간호사들이 감탄할 정도로 남편을 지극정성으로 대했다. 비록 세상에서의 마지막 1년을 병원에서 지냈지만 남편은 복 많은 사람이었다.

나도 아이들도 남편이 하루라도 더 살 수 있다면 아까울 게 없었다. 조금이라도 남편이 불편할까 봐 장기입원이었지만 특실에서 지낼 수 있도록 했다. 의사와 의논하여 몸에 좋다는 것은 다 구해다 주고, 가족 중 한 사람이 반드시 병상을 지킬 수 있도록 일정을 짜서 남편 곁을 지켰다. 오죽하면 다른 병실의 보호자나 환자가 우리를 부러워할 정도였다.

남편의 마지막 가는 길도 편안하고 순탄했다.
가족들과 마지막 예배를 드리고, 눈인사까지 다 마친 후에 밝은 모습으로 하늘나라로 떠났다. 남편의 장례는 회사장으로 치렀다.

아들은 부의금도 사절하고 하나에서 열까지 꼼꼼히 직접 챙기며 남편의 장례를 치렀다. 조문객을 최소화하겠다고 했지만 긴 세월 인연을 맺은 많은 사람들이 장례식장을 찾았다. 부고장이 나가고 하루 만에 4백여 명이 다녀가고 겹겹이 세워둔 화환이 장례식장 복도를 가득 메웠다. 아름답고 호화로운 장례식이었다. 너무 많은 사람들이 찾아와서 회사 사람들은 임원들만 찾아오게 했고 다른 직원들은 영결예배 때 오도록 조치를 취했다.

내가 남편의 장례식 중에서 가장 잊을 수 없는 장면은 우리 회사 강당에서 드렸던 영결예배다. 그가 남긴 가장 큰 선물인 우리 회사에서 남편의 영정사진을 보니 만감이 교차했다. 영정사진을 들고 남편이 직무실로 사용했던 회장실을 거쳐 공장을 한 바퀴 도는데 직원들이 마당 양쪽에 서서 남편의 마지막 가는 길을 배웅했다.

차마 남편을 보낼 수 없어 그 생명줄을 붙들고 주님 앞에 날마다 간구하며 더 살기를 바랐지만 막상 남편의 장례식을 보며 나는 주님께 감사 기도를 드렸다. 어느 가장, 어느 회장이 이토록 진심 어린 애도 속에서 자신의 삶을 마감할 할 수 있을까, 남편 평생의 숙원이었던 회사는 일곱 번이나 엎치락뒤치락한 끝에 성공하여 세계를 향해 도약하고 있고, 그가 사랑했던 세 아이는 끌끌한 7명 아이들의 부모가 되어 믿음의 대를 이어가고 있다.

함께 손을 맞잡고 기도하진 않았지만 남편과 내가 가정

을 이루어 살면서 바라던 모든 일이 우리의 눈앞에서 이루어졌다. 남편의 영정사진과 함께 그 결실을 바라보니 마음이 감사로 넘쳐났다.

그때 문득 남편이 처음 사업을 시작하겠다고 할 때가 생각났다. 누구나 부러워했던 직장을 마다하고 사업을 시작할 때 남편은 돈을 많이 벌고 싶다고 했다. 그런데 사업을 하는 내내 남편은 한 번도 우리 재산이 얼마나 되는지를 묻지 않았다. 돈을 많이 벌고 싶다던 사람치고는 이상한 일이었다.

평생에 단 두 번, 법인을 설립할 때와 주식을 상속할 때를 제외하고는 자기 소유에 대해 알려고도 하지 않았다. 그런데 그 두 번의 결단이 결국 아들에게 회사 대표를 물려줄 수 있는 바탕이 되었고, 자손들이 풍성한 삶을 누릴 수 있게 돕는 토대가 됐다. 평생 살아오면서 결단이라는 것을 하지 않았던 남편이 딱 두 번, 스스로 판단하여 결정한 그 두 가지 일이 결국 우리 가족을 위한 큰 공로가 되었다.

남편의 영정사진 뒤를 따라 옆을 돌아보니 눈에 닿는 것마다 그가 사랑했던 것들이었다. 그리고 그것은 모두 남편과 내가 함께 일궈온 평생의 합작품이었다. 우리의 아이들, 우리의 회사, 우리의 직원들, 우리의 친구들, 우리…. 그제야 나는 남편이 사업을 하고 싶었던 이유가 무엇이었는지 어렴풋이 깨달을 수 있었다. 왜 사업이 흥하여 재산이 불어나도 관심이 없었는지, 내게서 돈 한 푼 가져가지 않고 평생을 살았는지, 그리고 왜 기업승계와 상속에 대해 스스로 정리하고 싶어 했는지 그제야 깨달았다.

"여보 고마워요. 당신이 남긴 이 모든 것 나를 위한 것임을 이제야 깨닫네요. 사업에 성공해서 돈 걱정 없이 행복하게 살게 해 주겠다고 장담했던 당신, 당신은 성공한 사업가가 아니라 성공한 남편이 되고 싶었다는 걸 너무 늦게 알았어요. 이제 당신이 남기고 간 선물을 누리며 행복하겠습니다. 당신의 마지막 뒷모습이 행복할 수 있도록 당신을 기억하며 행복하겠습니다."

남편은 내게 아무 말도 남기지 않고 떠났지만 그와 함께 살아온 삶의 족적들이 그가 표현하지 못한 깊은 진심을 전해주었다. 그 이야기가 평생 허전했던 내 마음 한편을 채워주면서 비로소 나는 남편 잃은 슬픔에 울 수 있었다.

당시에는 몰랐지만 / 지금 와 생각해 보니…

바로 눈앞에 있는 일들에 집중할 때 우리는 많은 것을 놓치게 된다. 나 역시 마찬가지였다. 평생 의뭉스러웠던 남편의 모든 행동들은 관계가 회복되고, 회사가 성장하고 나서가 아닌 남편을 세상에서 떠나보내면서 진정으로 이해되고 더욱 사랑하게 되었다. 지금 당장 눈앞에 일어나는 일들이 이해가 되지 않더라도, 도저히 그 사람을 용납할 수 없더라도 모든 일을 선하게 이루시는 주님을 믿고 오로지 충성하자. 주님 안에서 만나는 모든 시험과 어려움에는 반드시 나의 사명도 함께 있다. 부족한 나를 위해 남편을 보내시고, 남편을 통해 하나님의 크신 사역을 동역할 수 있게 놀라운 축복을 베풀어주신 주님을 진정으로 찬양합니다.

"…선생들이여 내가 어떻게 하여야 구원을 받으리이까 하거늘

이르되 주 예수를 믿으라 그리하면 너와 네 집이

구원을 받으리라 하고 주의 말씀을 그 사람과 그 집에 있는

모든 사람에게 전하더라" – 사도행전 16장 30–32절

36

가수는 히트곡을 따라간다는 말이 있다

　　우리 회사 역시 회사명대로 조용하지만 끊임없이 성장하고 발전해 왔다. 유명세를 탈 만한 인물을 영입해서 회사가 발전한 게 아니라 평범한 사람들의 눈물과 땀으로 일군 회사가 우리 회사다. 약한 자로 강한 자를 부끄럽게 하시는 주님께서 눈물을 흘리며 씨를 뿌리는 자에게 아름다운 열매를 맺게 하신 것이다.

　"울며 씨를 뿌리러 나가는 자는 반드시

　기쁨으로 그 곡식 단을 가지고 돌아오리로다" – 시편 126편 6절

　나는 해마다 새해 첫날에 일 년의 계획을 세운다.

　날마다 그 목표를 보면서 기도하고 꼭 이뤄주시길 간구

한다.

제품이 새로 개발될 때도 마찬가지다. 사진을 찍어 수시로 보면서 그 제품을 통해 성장할 회사를 그리며 감사기도를 드린다. 날마다 샘솟는 물은 어제와 같아 보여도 새 물이다. 사훈처럼 주님은 때마다 새로운 일터, 지경을 넓혀 주셨다.

아들이 대표이사를 맡고 회사는 점점 더 지경을 넓혀 나갔다. 시화공단에 천 평짜리 부지를 두 번에 걸쳐 샀는데도 또 증축이 필요했다. 다행히 두 번째 매입한 부지와 붙어있는 여유 공간에 3층으로 증축했다. 이삭이 우물을 팔 때마다 하나님께 제단을 쌓듯이 우리 역시 공장이 하나씩 늘어갈 때마다 목사님을 모시고 예배를 드렸다. 이삭이 판 우물로 인해 가나안 사람들과 양 떼가 물을 공급받았듯이 우리 회사라는 우물이 전 세계로 뻗어나가 그 물줄기로 인해 하나님의 영광이 드러나길 기도했다.

맡은 사명을 위해 우리는 열심히 우물을 팠다.

샘물과 달리 우물은 사람이 직접 파지 않으면 물을 얻을 수가 없기 때문에 회사의 온 가족이 한마음이 되어 매년 성실한 땀을 흘렸다. 땀의 열매가 무르익어 증축한 3층 공장도 모자라 공간이 더 필요해졌다. 진즉 사서 묵혀 놓고 있는 동탄 땅이 있었지만 그곳에 근사한 건물을 올리고 싶었던 나는 그 땅은 열외로 두고 다른 곳을 알아보러 다녔다. 그런데 평수나 입지 등의 조건이 붙다 보니 마음에 드는 땅을 찾기가 쉽지 않았다. 터무니없이 가격을 높게 부르거나 지형이 고르지 않아 공장을 짓기에 부적합한 곳이 대부분이었다.

그러던 어느 날 아들이 내 방으로 찾아왔다.

그리고 동탄에 회사 타운을 세워보겠다며 그 땅에 공장을 지을 수 있게 허락해 달라고 했다. 타운을 만들겠다는 것은 회사 브랜드를 확실하게 자리매김하겠다는 의지였다. 오늘과 내일이 아닌 미래를 바라보며 계획하고 투자하겠다고 했다.

아들이 대표이사가 된 지 3년 만의 일이었다.

기특하기도 하고 놀랍기도 했지만 무엇보다 얼떨떨했다. 아들의 포부가 크다는 것은 이미 알고 있었지만 회사 타운을 계획하고 있는 줄은 생각지 못했다.

아들이 회사를 맡고부터 우리 회사는 젊고 역동적으로 변했다. 아들은 급성장하는 오늘에 안주하지 않고 끊임없이 지속 가능한 발전 가능성을 추구하며 미래를 위해 투자했다. 그간에 회사를 운영해 온 것을 보면 아들은 그 계획을 충분히 실행할 수 있겠다는 생각도 들었다. 무엇보다 아들은 회사를 부모님이 고생해서 물려준 유산이자 직원들의 삶의 터전이라 생각하기 때문에 마구잡이로 돈을 쓰는 법이 없었다.

그런 아들의 성향을 잘 알고 있으면서도 나는 선뜻 동탄 땅을 내주지 못했다.

그 땅에 대해서는 나 역시 꿈꾸는 바가 있었기 때문에 그 꿈을 접기가 너무 아쉬웠다. 그래서 완곡하게 거절하며 다른 땅을 알아보자고 했다. 항상 온순했던 아들은 평소와 달리 물러서지 않고 나를 설득했다. 가치가 높은 땅에 공장을 짓는 것이 아깝지 않을 만큼 더 높은 브랜드 가치를 만들겠다고 하며 자신의 계획을 말하는데 오랫동안 고심한 흔적이 느껴졌다.

하지만 그것만으로 동탄 땅을 내놓을 수는 없었다.

아들과 내가 그 땅에 대해 가진 생각보다 하나님의 뜻이 중요했기 때문이다.

나는 내 꿈도 접고, 아들의 계획도 내려놓고 동탄에 대한 하나님의 계획이 무엇인지 구하며 기도했다. 동탄에 대한 기도를 할 때마다 주님은 3천3백여 평 땅이 황금빛으로 둘러싸이는 장면을 보여주셨다. 빛나는 광명은 나의 꿈과 아들의 계획을 넘어선 하나님의 비전이었다. 그 비전을 이룰 통로로 우리 회사를 사용하신다면 기꺼이 그 땅을 드려 축복의 도구로 삼아야 했다.

나는 곧 아들에게 동탄 땅에 공장을 뜻대로 지어보라 했다. 아들은 바로 설계 작업에 착수했다. 처음부터 욕심을 부려 3천3백 평을 다 사용하지 않고 필요한 땅에 공장을 지어 올리면서 상황에 맞춰 증축해 나갔다. 그렇게 두 차례에 걸쳐 증축공사를 하여 현재 디귿(ㄷ) 자 모양의 건물이 완성되었다. 조회 때마다 직원들에게 약속했던 강당도, 본사 건물도 생겼고, 동탄뿐 아니라 안산에도 제2, 제3공장을 세울 만큼 회사가 탄탄하게 자리 잡았다.

증축 예배를 드릴 때마다 나는 하늘을 우러러보시며 말씀하셨던 예수님의 말씀을 기억하며 감사했다.

"아버지여 내 말을 들으신 것을 감사하나이다. 항상 내 말을 들으시는 줄을 내가 알았나이다" – 요한복음 10장 41, 42절

그리고 바랄 수 없는 중에 바랐던 나의 기도가 이루어짐을 보며 직원들이 하나님의 살아계심을 경험할 수 있기를 간절히 기도했다.

회사 타운을 위한 확장은 지금도 계속되고 있다.

동탄 본사를 중심으로 주변 땅을 구매하면서 증축을 준비하고 있다. 그뿐 아니라 헝가리에 해외법인도 설립하여 세계 속의 우리 회사가 되기 위해 시동을 걸고 있다. 우리나라를 넘어 세계를 향해 일하고 있는 아들과 회사 가족들을 위해 지금 내가 할 수 있는 것은 힘껏 기도하며 작은

힘이라도 보태는 것이다.

그중 하나가 전 직원이 모였을 때 전달하는 짧은 조회사라고 생각한다.

1999년에 대표이사를 맡은 후부터 내가 조회사를 담당했는데 매번 긴 시간을 할애하여 정성껏 준비했다. 신문이나 잡지에서 좋은 내용을 발견하면 메모하거나 스크랩해 두고 시의적절한 말과 문장을 만들기 위해 많은 노력을 기울였다. 마치 내 삶을 노래한 것 같아 가슴에 와닿았던 도종환 시인의 〈자작나무〉는 조회에서 직원들에게 소개하고 한 장씩 나눠주기도 했다. 그런 소통을 통해 직원들과 점점 가까워졌고, 함께 비전을 공유하며 힘을 내기도 했다.

그런데 회사 규모가 커지면서 전 직원이 모이는 조회의 횟수도 줄어들었다. 조회를 하기 위해서는 본사뿐 아니라 안산과 그밖에 흩어져 있는 사업장에서도 와야 하기에 시간이나 비용 소모가 크다. 한번 조회를 할 때마다 많은 비용이 발생하기 때문에 회사에서는 큰 행사로 생각한다. 그럼에도 불구하고 조회를 포기할 수 없는 건 얼굴과 얼굴을 맞대고, 눈을 마주칠 때 서로의 진심이 통하기 때문이다. 이런 마음으로 분기마다 진행하던 조회는 2020년부터 창궐한 코로나19로 시무식 후 한 번도 한자리에 모일 수 없었다.

2018년에 남편을 하늘나라로 떠나보내고 2019년까지는 회장 자리를 공석으로 두었지만 계속 비워둘 수도 없어 2020년에 내가 회장으로 취임하며 시무식을 진행했다.

회장 자리에 오르며 열린 시무식에서 5백여 명의 직원들의 얼굴과 마주하면서 받은 감동은 평소 조회 때와는 비교가 되지 않았다. 여느 때와 달리 특별한 신년사를 준비했기 때문이다.

그동안 나는 직원들 앞에서 크리스천임을 강조하지 않았다. 특별한 날 목사님을 모시고 예배는 드렸지만 공식 석상에서 하나님을 언급하지는 않았다. 나의 실수나 행동으로 인해 하나님의 이름을 망령되이 일컬을 수 있다는 노파심 때문이었다.

그런데 이제 현장의 최전선에 있지 않고 한발 물러서야 하는 위치에 있으니 내가 가장 바랐던 것을 직원들과 함께 공유해도 되겠다는 생각이 들었다. 때가 무르익었으니 이제 용기를 내어 기도할 때라는 생각이 든 것이다.

나는 심호흡을 크게 하고 강단에 올라가 마이크를 잡았다. 그 순간 넓은 강당이 물밑처럼 조용해졌고, 반짝반짝한 직원들의 눈동자가 나를 향해 있었다. 내가 무슨 말을 할지 기대하는 표정이 역력했다. 하지만 그날의 신년사의 주인공은 내가 아니었다.

　우리 직원들과 주님이 주인공이었다.

　나는 화면에 기도문을 올리고 다 같이 기도하자고 제안했다.

"여호와(하나님)는 범천정밀의 목자시니

범천정밀이 부족함이 없으리로다.

그가 범천정밀을 푸른 풀밭에 누이시며

쉴 만한 물 가로 인도하시는도다.

범천정밀의 영혼을 소생시키시고

자기 이름을 위하여 의의 길로 인도하시는도다.

범천정밀이 사망의 음침한 골짜기로 다닐지라도

해를 두려워하지 않을 것은

주께서 범천정밀과 함께하심이라

주의 지팡이와 막대기가 범천정밀을 안위하시는도다.

주께서 범천정밀의 원수의 목전에서

범천정밀에게 상을 차려 주시고

기름을 범천정밀의 머리에 부으셨으니

범천정밀의 잔이 넘치나이다.

범천정밀의 평생에 선하심과 인자하심이

반드시 범천정밀를 따르리니

범천정밀이 여호와의 집에 영원히 살리로다" – 시편 23편 인용

아멘, 주님 말씀대로 이루어지이다.

5백여 명의 직원들이 한목소리로 시편을 인용한 기도문을 읽는 순간은 그야말로 감동이었다. 주님께 올리는 향기로운 기도, 이제 그 기도를 직원들과 함께하려고 한다. 분기별로 모일 때마다 한목소리로 기도를 하면 언젠가 한마음으로 주님을 경배하고 찬양도 하게 되는 순간이 올 것임을 믿는 마음으로, 나와 함께 하신 주님이 앞으로 우리 회사와 동행하며 허락하실 새 땅을 기대하며 나는 오늘도 시편 23편 말씀으로 우리 회사를 위해 기도한다.

2020년부터는 우리 회사 인사말을 "사랑합니다"로 바꾸겠다고 발표했다. 이후 만나는 직원들은 누구라도 "사랑합니다"로 인사한다.

회사 가족들을 이땅에서 계속 만날 수는 없겠지만 그럼에도 주님이 만남을 허락하시는 순간까지는 예수님의 이름으로 사랑하고 싶은 마음에 인사를 바꾸기로 했다.

"의인은 종려나무 같이 번성하며
레바논의 백향목 같이 성장하리로다
이는 여호와의 집에 심겼음이여
우리 하나님의 뜰 안에서 번성하리로다"

– 시편92편 12,13절

당시에는 몰랐지만 / 지금 와 생각해 보니…

나의 한평생을 돌아보며 정말로 하나님은 살아계신다는 사실을 느낄 수 있었다. 메마른 뼈를 살리시고 사막에도 강을 내시는 주님의 놀라운 은혜를 나뿐 아니라 우리 가족, 우리 사원, 그리고 이 글을 보는 모든 분들도 경험하기를 원한다. 이제껏 나를 인도하신 분이 주님이시라는 고백을 드리지만 나는 앞으로도 우리를 인도하실 주님을 여전히 고대한다. 살아계신 하나님, 그 하나님을 붙잡는 사람들에게 주님은 천대까지 은혜를 베푸시며 인도하신다. 사망의 골짜기를 지날지라도 두려워할 필요가 없음은 주님이 나를 인도하시기 때문이다. 한치 앞도 볼 수 없었던 숱한 고난 가운데에서도 언제나 주님은 나를 푸른 초장으로 인도하셨다.

"내가 사망의 음침한 골짜기로 다닐지라도

해를 두려워하지 않을 것은 주께서 나와 함께 하심이라

주의 지팡이와 막대기가 나를 안위하시나이다" – 시편 23편 4절

에필로그

날마다 새벽이면 나는
주님 앞에 무릎을 꿇는다

다윗이 하나님의 은총에 감격하며 드린 기도로 주님께 첫인사를 드린다.

"주 여호와 하나님

나는 누구이오며 내 집은 무엇이기에

나를 여기까지 이르게 하셨나이까.

주 여호와여 주께서 이것을 오히려 적게 여기시고

또 종의 집에 있을 먼 장래의 일까지도 말씀하셨나이다"

– 사무엘상 7장 18,19절

다윗처럼 나도 매일 주님의 은혜에 감사하며 하루를 연다.

'주님, 제가 이 자리에 있는 것은 전부 주님의 은혜입니다. 주님께서 제게 베푸신 은혜대로 저를 사용해 주시고, 예수님 따라가며 닮아가게 하소서.'

가만히 생각해 보면 '내가 누구이기에' 그리고 '내 집이 무엇이기에' 주님께서 이렇게 한없는 은혜를 주셨는지, 지금 내가 서 있는 자리를 바라볼 때 주님께 감사와 찬양밖에 드릴 것이 없다. 어머니가 살아계실 때 가장 경홀히 여겼던 믿음의 기도가 나를 살리고 또 조상 때부터 지켜온 믿음의 유산을 자손들에게 물려줄 수 있게 해 주셨으니 "내 잔이 넘치나이다"라고 고백할 수밖에 없다.

자녀가 태어났을 때 부모는 그들이 줄 수 있는 가장 큰 축복을 담아 아이의 이름을 짓는다. 평생 불릴 이름 속에 아이가 태어났을 때 가졌던 기쁨과 소망 그리고 꿈을 담는다.

우리 부모님은 내 이름 속에 믿음을 심어주셨다.

조신(信)자,

어머니는 언제나 '믿음' 하나만을 강조하셨다.

주님을 의지하면 나머지는 모두 주님이 책임져 주신다고 하시며 '기도하는 자식은 망하지 않는다'는 강한 믿음으로 우리를 키우셨다.

절대 어머니처럼 살지 않겠다고 다짐했지만 나도 어머니처럼 아이들에게 큰소리치지 못하는 엄마였다. 부족한 게 많아서 미안하고, 더 풍족하게 채워주지 못해 혼자 아픔을 삭이며 울었다. 그래서 아이들이 원한다면 무엇이든 들어주었지만 단 하나 주일 성수만은 반드시 지키도록 했다.

가족여행을 갈 때도 주일에는 먼저 예배를 드리고 떠났고, 해외에 있을 때는 미리 주보를 준비해서 다 함께 가족 예배를 드렸다. 해외여행을 가서 주일이 되면 우리 손주들은 자연스럽게 역할을 나눠서 가족들에게 주보를 나누어 주었다.

한 번은 가족여행을 가서 예배를 드리는데 막내 손녀가 울음을 터뜨린 적이 있다. 자기만 빼고 모두 찬송가를 부르는데 아직 아기라서 글씨를 모르니까 주보를 붙잡고 보고 또 보다가 울음보가 터진 것이다. 그만큼 우리 아이들에게 예배는 빠져서도 안 되고, 빠지기도 싫은 삶의 중요한 의미가 된 것이다.

예배와 함께 내가 아이들에게 강조한 것은 '감사'다.

나는 우리 아이들이 범사에 감사하며 살길 기도한다. 그래서 가훈도 '범사 감사'로 지었다. 어떤 상황에서도 주님께 감사하면 내 안에 기쁨이 넘친다는 것을 경험으로 배웠기 때문이다. 내가 '범사 감사'를 가훈으로 정할 때 나는 도저히 감사할 수 없는 상황이었다. 사업이 부침을 겪으며 단련을 당하고 있을 때라 날마다 울며 살았다. 그래도 십자가 아래에서는 감사가 흘러나왔다. 죄인인 나를 사랑하사 구원해 주신 주님을 찬송할 수밖에 없었다. 그때 느끼는 기쁨은 누구도 뺏을 수 없다. 그렇기에 나는 우리 자녀들이 항상 감사하길 바라고 또 기도했다.

외가가 없는 아이들은 믿음의 가문이 어떤지 경험하지 못하고 자랐다.

남편과 시댁은 믿지 않는 집안이었고, 기독교에 대한 반감이 심했다. 그렇기에 나는 아이들에게 믿음의 전통을 물려주기 위해 최선을 다했다. 무엇보다 세 아이 모두 하나님이 주시는 큰 복 안에서 가정을 꾸릴 수 있도록 결혼 예식을 예배로 드렸다. 믿지 않는 집안과 결혼한 큰딸만 시댁을 설득하여 약혼식을 먼저 예배로 드렸고 둘째 딸과 아들은 모두 목사님을 모시고 결혼 예배를 드렸다.

그리고 붓글씨로 쓴 액자를 만들어 결혼 선물로 주었다.

'나는 아침에 기도합니다.

그리고 감사합니다.'

두 줄로 된 기도문을 침대맡에 걸어놓고 날마다 보라고

주었다.

아침마다 아이들이 액자를 보며 기도하고, 감사하길 바라는 마음과 또 그것을 보며 내가 아침마다 각 가정을 위해 기도하고 감사하는 걸 기억하며 든든한 마음으로 하루를 시작하길 원하기 때문이었다.

내 품을 벗어나 각자의 가정을 꾸린 아이들은 각자 믿음의 분량대로 주님을 섬기며 자기가 받은 달란트대로 충성하며 살아가고 있다. 믿지 않는 가정에서 자란 큰 사위는 결혼과 함께 교회에 다니기 시작하여 지금까지 주일을 지키며 믿음을 성장시켜 오고 있고, 둘째 딸 부부는 교회 중심으로 살아가며 봉사와 헌신의 삶을 살고 있다. 어렸을 때부터 교회에서 함께 자라온 아들 부부 역시 믿음의 반석 위에 그 가정을 튼실하게 세워나가고 있다.

내가 정말 감사한 것은 믿음의 물줄기가 우리 손주들에게로 흘러가면서 더 풍성해지고 있기 때문이다. 나에게는 7명의 손주가 있다. 손녀가 4명, 손자가 3명이다. 그 아이들은 내 인생에 허락하신 면류관에 박힌 보석처럼 아름답고 귀한 생명들이다. 손주들을 볼 때마다 감사한 건 내가 우리 아이들을 키울 때 원했던 양육 조건을 다 이루어주셨다는 것이다.

각자 대문 키를 갖고 다니면서도 비뚤어지지 않고 잘 자라준 우리 아이들이 부모가 되었을 때 풍족한 환경에서 자녀들이 자기의 기량을 마음껏 펼칠 수 있도록 키운다면 얼마나 행복할까, 내가 아이들을 키울 때 경험하지 못한 물질의 축복을 내 아이들과 손주들은 누리게 되길 기도했는데 주님은 그것을 다 이루어주셨다.

나는 우리 자녀와 자손들이 세상을 향해 베푸는 사람이 되고, 그런 가문을 일구어 나가기를 바랐다.

그런데 자녀들에게도 이런 나의 마음이 전해졌는지 자기들이 먼저 아버지의 유산 중 일부를 기금으로 활용해 장학재단을 만들겠다고 나를 찾아왔다.

하나님께 얼마나 감사했는지….

우리 부부 이름 중 가운데 글자를 따서 「금신장학재단」을 설립해 둘째 딸이 열심히 운영하고 있다.

둘째 딸은 오직 교회를 섬기고 사회 봉사를 하는 것을 최우선으로 생각한다. 둘째 딸의 국민학교(현재 초등학교) 졸업식 때 만난 담임선생님은 "지금까지 만나지 못한 모범생을 만났는데 어머니의 배려가 모자라서 큰 상을 못 받았어요. 그게 참 마음이 아픕니다"라고 말씀하셨다. 그때 나는 둘째 딸에게 너무도 미안해서 참 많이 울었다. 그때는 형편이 너무 어렵고 사는 게 힘들어서 아이들에게 제대로 신경을 쓰지 못할 때였다. 그런 엄마를 원망할 법도 한데 아이들은 그런 내색없이 너무도 자랑스럽게 커주었다. 둘째 딸은 현재 장학재단 일을 사명으로 감당하며 매주 수요일 점심시간이면 직원들과 함께 예배를 드린다.

그리고 미국으로 이민 갔던 큰딸은 "이제부터는 큰 복을 주신 하나님께 감사하는 삶으로 사회에 보답하고 싶다"라며 미련 없이 영주권을 반납하고 한국으로 돌아왔다. 조용한 성격에 결혼 후 전업주부로만 살아온 큰딸의 그 마음이 너무 고마워 감사 기도를 드리며 구체적으로 요즘 유행하는 카페(컴블커피) 사업을 제의한 결과, 담대하게 창업했다.

'집에서 살림만 하던 큰딸이 잘 할 수 있을까?'라는 걱정이 기우가 될 만큼 이 어려운 시기에 창업한 큰딸의 사업은 예상보다 더 앞을 기대할 만큼 순조롭게 항진 중이다. 딸이지만 너무 고마웠다.

큰딸의 사업이 번성하기를 바라는 이유 중 하나는 수익의 일정 부분을 「금신장학재단」에 기부하기로 결정했기 때문이다.

이제 내가 원하는 것은 우리의 자녀들이 주님이 허락하신 큰 복을 주님의 뜻대로 정금같이 사용하는 것이다. 이것을 위해 나는 손주들에게 돈에 대한 철학을 가르치고 있다. 나는 손주들이 10원의 소중함을 알길 바란다. 누구나 큰돈을 바라지만 언제나 돈은 가장 작은 화폐가치에서 시작한다. 10원을 우습게 알면 결코 1천만 원을 모을 수 없다.

엄청난 돈을 만지면서 1원을 무시했을 때 나는 그 많은 돈을 쥐어보지도 못하고 흘려보냈다. 남의 눈을 의식해서 길바닥에 떨어진 1원을 줍지 않았을 때는 절대 천만 원을 모을 수 없었지만 1원의 소중함을 깨닫고 얼굴이 붉어지는데도 불구하고 버스에 굴러떨어진 1원을 주울 용기를 가졌을 때 비로소 천만 원을 모을 수 있었다. 거대한 산도 한줌 흙에서 시작하는 것을 그때 비로소 알게 된 것이다.

나는 우리 손주들이 돈의 가치를 제대로 알고 값어치 있게 쓰기를 바란다. 그래서 할머니의 노파심으로 용돈을 줄 때마다 꼭 한마디씩 한다.

"할머니가 살아보니 돈도 대우해 주는 사람을 대우해 주더라."

"돈에도 눈과 귀가 있더라."

이런 말을 하거나 봉투에 적어 용돈을 주면 손주들은 그 말을 곱씹어 생각한 후에 각자 카톡으로 답을 보낸다.

그 답장을 받을 때마다 얼마나 기쁜지 모른다.

늙은 할머니의 말을 되새겨 보았다는 것만으로도 감사

하다. 한 번 되새긴 말은 쉽게 지워지지 않기 때문에 손주들이 나중에라도 내 말을 떠올리며 큰돈이든 적은 돈이든 정금같이 사용한다면 더 바랄 것이 없다. 그래서 언제나 답장은 간단하게 쓰되 마지막에는 한 줄 기도로 끝마친다. 나의 바람이나 가르침보다 기도의 힘이 더 센 것을 알기 때문이다.

자녀들을 생각하며 나는 가나안 땅 정복을 마치고 이스라엘 백성을 다시 세겜으로 모이게 한 여호수아와 같은 심정으로 기도한다. 각 지파에게 그 몫대로 기업을 얻게 하는 대장정을 마친 여호수아가 마지막으로 바랐던 것처럼 나도 우리 자손들에게 바라는 것은 오직 하나다.
"오직 나와 내 집은 여호와를 섬기겠노라" - 여호수아 24:15

여기에 나는 한 가지를 덧붙여 이 말씀을 발의 등불로 삼길 바란다.
내가 회사 경영 일선에서 물러날 때 붓글씨로 써서 세 가정에 준 말씀이다.

"여호와(하나님)께서 사람의 걸음을 정하시고
그의 길을 기뻐하시나니
그는 넘어지나 아주 엎드러지지 아니함은
여호와께서 그의 손으로 붙드심이라.

내가 어려서부터 늙기까지 의인이 버림을 당하거나

그의 자손이 걸식함을 보지 못하였도다.

그는 종일토록 은혜를 베풀고 꾸어 주니

그의 자손이 복을 받는도다" – 시편 37:23-26

우리 가문은 이미 주님께서 우리의 걸음을 정해놓으신, 택함 받은 믿음의 가문이다.

그러니 어떤 상황에서도 주님은 우리 자손들을 붙드시고 넘어지지 않게 하실 것이다. 나는 그런 주님을 아이들이 은혜 가운데 만나길 기도한다. 하나님이 우리를 택하셨다는 것을 잊지 않고 항상 베풀고 꾸어주는 삶을 살아가면서 주님의 붙드심을 축복 가운데 누리길 기도한다. 그리하여 나와 내 아이들, 우리의 후손이 대대로 하나님이 살아계심을 증거하는 믿음의 가문이 되길 간절히 소망한다.

'주님,

제가 어머니의 뒷모습을 따라가며 주님을 만났듯이

우리 아이들도 내 뒷모습 속에서 주님을 바라보며

그 형상을 닮아가기를 예수님의 이름으로 기도합니다. 아멘.'

갚을 길 없는 주님의 놀라운 은혜와 사랑에 감격하며…

주님 안에서 조신자

망망한 바다 한가운데서 배 한 척이 침몰하게 되었습니다.
모두들 구명보트에 옮겨 탔지만 한 사람이 보이지 않았습니다.
절박한 표정으로 안절부절 못하던 성난 무리 앞에 급히 달려 나온 그 선원이
꼭 쥐고 있던 손바닥을 펴 보이며 말했습니다.
"모두들 나침반을 잊고 나왔기에⋯ "
분명, 나침반이 없었다면 그들은 끝없이 바다 위를 표류할 수 밖에 없을 것입니다.

우리는 삶의 바다를 항해하는 모든 이들을 위하여
그 나침반의 역할을 하고 싶습니다.
우리를 구원하신 위대한 주 예수 그리스도를 널리 전하고 싶습니다.

"하나님은 모든 사람이 구원을 받으며
진리를 아는 데에 이르기를 원하시느니라"
(디모데전서 2장 4절)

대화가 기도되어

지은이 │ 조신자
발행인 │ 김용호
발행처 │ 나침반출판사

제1판 발행 │ 2021년 5월 20일

등   록 │ 1980년 3월 18일 / 제 2-32호
본   사 │ 07547 서울특별시 강서구 양천로 583
          블루나인 비즈니스센터 B동 1607호
전   화 │ 본사 (02) 2279-6321 / 영업부 (031) 932-3205
팩   스 │ 본사 (02) 2275-6003 / 영업부 (031) 932-3207
홈   피 │ www.nabook.net
이   멜 │ nabook365@hanmail.net

자료 정리 │ 함혜원 외
일러스트 제공 │ 게티이미지뱅크

ISBN 978-89-318-1609-9
책번호 가-9082

값은 뒤표지에 있습니다.